그리스도인의 중보기도

이가. 날카로운. 새. 타작. 기계. 같이. 소그룹으로. 기도하라.

당신이 하나님을 더 깊이 알아가고 더 널리 알리는 사람이 되는 것, 이 책에 담겨진 예수전도단의 마음입니다. 말씀을 통해 저자가 깨닫고, 원고를 통해 저희가 누릴 수 있었던 그 감동이 책을 통해 당신에게도 전해지기 원합니다. 그리고 당신을 통해 그 기쁨과 은혜가 더 많은 이들에게 계속해서 흘러가기를 기도하겠습니다. 이 책을 통해 당신이 받은 은혜를 다른 분들께도 나눠주십시오. 사랑하고 축복합니다.

크리스츌인의 줄발기로

이가. 날카로운. 새. 타작. 기계. 같이. 소그룹으로. 기도하라.

이광임 지음

예수전도단

차례

추천의 글 · 6
감사의 글 · 10

1부 부르심을 받은 중보기도자 · 13
나의 부르심 | 세상을 재창조하시는 하나님의 사역 | 열방을 치리하는 선지자

2부 중보기도자의 특권 · 29
하나님의 얼굴 | 천국 열쇠 | 왕의 어전회의 | 왕 같은 제사장

3부 하나님의 일을 대행하는 중보기도자 · 54
이가 날카로운 새 타작 기계 | 하나님의 심판을 막아서는 자 |
무너진 곳의 수축자 | 적의 침투를 경계하는 파수꾼 |
적진을 파하는 공격자

4부 하나님의 성품을 기반으로 하는 중보기도 · 78
중보기도의 유익 | 동일시하는 기도 | 용서하는 기도 | 연합하는 기도 |
거룩한 삶의 기도 | 정직한 기도 | 생명을 걸고 하는 기도 |
적극적인 기도 | 지적인 기도 | 창조적인 기도 | 응답이 지연될 때

5부 땅밟기 기도 · 137

하나님이 만드신 땅 | 땅을 다시 회복하라 | 영적 용사로 무장시켜라 | 영적 지도 그리기 | 실제 전투에 들어가기

6부 중보기도의 영역 · 190

교회의 부르심 | 여덟 기둥 | 아홉 개의 변방 지역 | 선교사를 위한 기도

7부 소그룹 기도 · 222

이제는 일어나 소그룹으로 기도할 때다 |
효과적인 소그룹 기도를 위한 조건 | 소그룹 기도를 실제로 인도하기 |
한국 교회 안에 소그룹 기도 팀을 일으키라

8부 중보기도자의 덫과 탐 마샬의 기도 서클 · 253

중보기도자의 덫 | 탐 마샬의 기도 서클

추천의 글

예수전도단에서 사역하는 동안, 저자는 열정적이고 설득력 있는 복음 증거자였다. 그녀는 대학 시절부터 아주 헌신적으로 하나님께 기도하는 시간을 내어드렸고 말씀을 진지하게 공부했다. 또한 적극적으로 복음을 전하며 그리스도의 증인 된 삶을 살았다.

그러한 신실한 삶을 통하여 한층 더 영적으로 성숙해졌고 하나님과 그분의 길을 분별하는 것에서도 성장해왔다. 하나님께서는 지금도 여전히 당신과 친밀한 교제를 나누며 능력 있게 기도하는 그녀를 기뻐하시리라 믿는다.

그녀는 강한 기도의 군사로서 중보기도의 능력과 방법을 가르치는 교사다. 또한 목회자의 아내로서 한 지역 교회를 가슴 깊이 사랑할 뿐만 아니라, 믿음의 사람들로 하여금 열방과 잃어버린 영혼을 위해 기도하게 하고, 그 일이 어떤 것보다 시급한 일임을 깊이 인식하게 하고 있다.

하나님을 사랑하는 그녀의 삶을 알기에 중보기도 관련 서적을 오랫동안 기다려 온 한국 독자들에게 이 책을 적극 추천한다. 이것은 단순히 관심을 끌기 위해서나, 기도에 대한 새로운 방법을 제시하려는 것이 아니라 수년간 끊임없이 드려진 성경적인 중보기도와 개인적 체험을 집약한 것이다.

하나님께서 이 책을 사용하셔서 사랑 없는 이 세대 가운데 열방의 아픔을 몸소 감당하는 많은 중보기도자들을 일으키시기를 소망한다.

예수전도단 설립자, **오대원**(David E. Ross) 목사

추천의 글

현재 지구촌 곳곳에서는 매년 16만 명의 그리스도인들이 순교하고 있다. 초대 교회 때, 혹은 주후 3세기에 있었던 일을 이야기하고 있는 것이 아니다. 문명과 인권이 최대로 보장된 현대 세계에서 벌어지고 있는 참상이다. 이슬람권, 불교권, 힌두교권, 공산권에서 우리 믿음의 동지들이 치열하게 영적 전쟁을 하며 피를 흘리고 있다.

이 영적 전쟁은 예수님이 다시 오실 때에 하나님 나라의 승리로 종전될 것이나 당분간은 지속될 것이다. 이런 위기 상황에서 후방의 그리스도인들이 가만히 앉아 상 받기만을 바라는 것은 너무나 안일한 생각이다. 우리도 중보기도라는 날카로운 무기로 사탄의 세계를 공격해야 한다.

사무엘 선지자는 '기도하지 않는 것'을 단순하게 보지 않았다. "너희를 위하여 기도하기를 쉬는 죄"(삼상 12:23), 즉 중보기도를 쉬는 것은 사탄의 나라가 승리하도록 방조하는 무서운 죄악이다. 회개하고 용서받아야 하는 것이다. 그러므로 우리 모두 즉시 이 중보기도의 대열에 서야 하고, 뒤로 물러서지 않아야 한다.

이광임 사모의「그리스도인의 중보기도」는 우리가 마땅히 읽고 실천해야 할 중보기도의 필수 교과서다. 필요적절한 시기에 출간된 이 책은 한국 교회에 내리신 하나님의 큰 선물이다. 이 책을 통해 저자의 풍부한 영적 경험과 주님을 깊이 사랑하는 마음을 읽을 수 있다. 이 아름다운 하나님의 딸이 부르짖는 호소가 한국 교회를 살리는 힘이 되었으면 한다.

이제는 개인 기도 시간과 대중 예배 때에 중보기도가 당연히 행해져야 한다. 나와 내 가정만을 위하는 이기적인 한계를 뛰어넘어야 기도의 영역을 나라와 세계로 광범위하게 확대하며 이웃 사랑을 실천해야 한다.

또한 우리의 기도로 살아가는 선교사들을 기억해야 한다. 지구촌 곳곳으로 파송된 12,000명의 한국인 선교사들에게 줄 수 있는 가장 값진 선물은 한국 교회 성도들의 중보기도다.

각 선교 단체와 교회가 중보기도 팀을 만들어야 한다.

"모세가 손을 들면 이스라엘이 이기고 손을 내리면 아말렉이 이기더니"(출 17:11). 이러한 사건은 지금도 우리에게 그대로 이루어지고 있다. 두 손 높이 들고 세계의 구원을 위해 호소하는 중보기도자가 무엇보다도 요청되는 시대다.

'급구(急求)! 중보기도자!' 할렐루야!

안디옥교회 **이동휘** 목사

추천의 글

저자인 이광임 자매는 영혼을 사랑하는 전도자며, 사람들에게 하나님의 가르침을 전하고 있는 교사로서 하나님께 쓰임 받는 지도자다.

20여 년 전 내가 한국에 왔을 때 그녀를 알게 되었다. 그 때 이광임 자매가 열정적으로 사역하는 모습을 지켜보며 열방대학의 중보기도 학교에 초청하였다. 중보기도 학교는 세계 각처에서 온 학생들이 기도에 대해 함께 배우는 곳이다.

1991년, 그녀는 두 번째로 시작된 싱가포르 중보기도 학교의 학생이 되었다. 그 때 그 학교의 책임자였던 나는 광임 자매를 더욱 잘 알게 되었다.

그녀는 하나님이 어떤 분인지, 또한 하나님의 성품은 어떠한지 잘 이해했고 중보기도에 담겨진 하나님의 방법을 잘 알 만큼 많은 경험을 했다.

또한 수년간 예수전도단에서 지도자로서 섬겨 왔고, 지역 교회에서는 목회자의 아내로서 세계의 문제들을 끌어안고 기도해 왔다.

나는 하나님이 오랫동안 그녀를 준비시키셨다고 확신한다. 내가 한국인이 아니어서 이 책을 읽고 활용할 수 없는 것이 안타깝다.

이광임 자매가 이 책에서 보여 주는 효과적인 중보기도 원리를 삶에서 직접 실천할 때, 하나님의 축복이 한국 교회와 독자들에게 있기를 소망한다.

전 YWAM International Prayer Center 책임자
폴 호킨스

감사의 글

내가 대학 4학년이던 1980년도에 예수님이 나에게 찾아오셨다. 당시 극심한 정치적 혼란으로 많은 대학생들이 공허감과 분노로 휘청거렸고 그 속에서 나 또한 방황하고 있었다. 그러나 동시에 성령 하나님이 강한 바람처럼 임하시는 시대였다. 많은 대학생들이 성령님을 경험했는데, 나 또한 그 때 예수님을 만났다. 주님은 휴교령으로 인해 3개월간 홀로 불안에 떨던 나에게 찾아오셔서 지금까지 놀라운 길로 인도하셨다.

주님께 내 삶을 드린 지 이제 이십 여 년이 지났다. 지금은 어떤 것과도 비교할 수 없는 수많은 보화들이 내 마음속에서 열매 맺고 있다.

그 보화 중 하나는, 1991년도 싱가포르 YWAM 중보기도 학교에서 전세계에서 온 학생들과 함께했던 것이다. 나는 이 학교에서 내가 해왔던 모든 기도에 대해 정리할 수 있었다. 또한 부족하거나 잘 알지 못했던 부분을 보충하고, 한국 교회의 기도와 세계 교회의 기도를 비교해 볼 수 있는 기회가 되었다.

이 때를 기점으로 나는 새로운 사역을 시작하게 되었다. 중보기도 학교 졸업 후 춘천에서 예수전도단의 전 대표인 홍성건 목사님과 함께한 중보기도 세미나를 필두로, 예수전도단뿐만 아니라 타 선교 단체와 지역 교회에서 개최한 중보기도 강의와 세미나에 초청받았다.

중보기도 세미나를 하면서 하나님께 배우고 훈련받은 내용을 책으로 써냈으면 하는 소망이 마음 깊은 곳에서 불타올랐다. 이후로 그 소망이 꿈틀거릴 때마다 기도했는데 그로부터 꼬박 12년 후에 출간 의뢰를 받게 되었다. 하나님의 신실하신 응답에 미소짓게 되었고, 흔쾌히 응했다.

책을 쓴다는 것이, 사실은 굉장히 부끄럽다. 나 자신의 부족함을 잘 알기 때문이다. 또한 나 자신이 과장되게 드러나는 것에 대한 두려움도 있다. 그러나 한국 교회와 많은 성도의 헌신을 생각할 때 결국 이 책을 써야겠다는 담대한 열정도 생겼다. 이 책을 통해 부족하기 이를 데 없는 우리에게 온 열방을 맡기고 기쁘게 동역하시는 하나님의 사랑과 신실하심이 모든 독자에게 공감되기를 기도한다.

한국 교회는 지금까지 통성 기도, 부르짖는 기도, 새벽 기도, 철야 기도, 금식 기도 등으로 전세계 많은 교회에 영향을 주었다. 나는 이 책을 통해 한국 교회가 이러한 기도를 회복하고, 또한 성장하기를 기대한다. 특히 하나님의 음성을 들으며 그분과 동역하는 기도와 능력 있는 소그룹 기도 운동이 더욱 일어나고 활성화되기를 기대한다.

끝으로 많은 분들께 감사를 드린다.

딸을 위해 한밤중에도 일어나 울며 기도하시는 어머니, 기도의 역군이신 시어머님, 강의와 집필을 성경과 신학적으로 뒷받침해 주며 지원과 격려를 아끼지 않는 남편, 엄마를 기다려 주고 기쁘게 해주는 사랑스런 딸 수아에게.

예수전도단에서 나를 신뢰하고 세워주셨던 영적인 아버지 오대원 목사님, 엄격하지만 친근하게 성경 말씀으로 나를 훈련시켜준 홍성건 목사님, 교회가 나아가야 할 방향에 대해 실제 삶을 통해 보여 주시며 우리 부부에게 늘 도전을 주시는 이동휘 목사님, 그리고 한국인을 사랑하며 한국인이 세계 속에 세워지도록 돕고 격려하시는 폴 호킨스께.

함께 기도하며 전도했던 모빌 팀(Mobile Team, 예수전도단의 전도팀) 식구들인 춘희, 경숙, 상균, 미연, 수영, 미옥, 영민, 문헌, 원, 윤경, 영미, 춘자, 양규, 병오에게.

사모의 역할을 제대로 못하고 늘 바쁘게 뛰어다니는 나를 용납하고 기도해 주는 원삼성결교회 성도님들과 오미숙 선생, 그리고 수정이에게.

조카 만성이와 찬양이, 재희에게.

예수전도단 출판사 여러분께.

무엇보다도 하나님 말씀에 순종하여 모든 안락과, 때론 결혼도 미루고 전세계로 선교하러 나간 나의 동역자들에게.

그리고 가장 깊은 감사를 하나님께 드린다. 깊은 수렁 속에 있는 나를 이끌어 내셔서, 나의 발로 암사슴 발 같게 하시며 나를 높은 곳에 세우시고 내 손을 가르쳐 싸우게 하셔서 내 팔이 놋 활을 당기도록(시 18:33-34) 하신 신실하신 하나님 아버지께 이 책을 바친다.

오늘날 이 세상의 위대한 사람들은 기도하는 사람들이다. 그들은 기도에 대해 말하거나 설명하는 사람이 아니라, 바로 지금 시간을 내서 기도하는 사람이다. 기도 외에도 중요한 일들이 많다. 어떤 일은 대단히 중요하고 또한 긴급하다. 그러나 결코 기도만큼 긴급하지는 않다.

✢ S.D. 고든

| 1부 |
부르심을 받은 중보기도자

나의 부르심

예수님께서 중보하지 아니하시면 우리에게 하나님과의 교제란 없다.
✝ 암브로스

영혼을 사랑하도록 부르심

나는 대학교 4학년 때 하나님을 만나고 헌신한 늦깎이 그리스도인이다. 그래서 대학 생활 중 하나님을 만난 후에 그분 안에서 보낸 4학년 2학기는 그 이전과 너무나 달랐다.

나는 당시에 기도를 잘할 줄 몰랐지만 "하나님이 세상을 이처럼 사랑하사 독생자를 주셨으니 이는 저를 믿는 자마다 멸망치 않고 영생을 얻게 하려 하심이니라"(요 3:16)는 말씀을 읽고 나서 벅찬 감동을 느낀 후로는 예수님을 믿지 않는 친구들과 교수님의 구원을 위해 간절히 부르짖었다.

또한 예수전도단을 우리 대학교에 동아리로 등록하기 위해 부지런히 뛰어다녔다. 등록을 위해서는 30명의 회원이 필요한데, 당시에는 나를 포함해 단 둘뿐이었다. 결국 친구들과 다른 기독 동아리 지체들의 도움을 얻고서야 간신히 등록하게 되었다.

등록한 후에는, 실제 회원도 없이 어떻게 지도 교수를 모시고 첫 예배를 드려야 할지 걱정이 앞섰다. 그런데 놀랍게도 하나님은 30명을 보내 주셨고, 우리는 은혜 가운데 첫 예배를 드렸다. 나는 이 과정을 통해 작은 신음에도 응답하시는 하나님을 경험하며 격려를 받았다.

전도하기 위해 교정을 여기저기 다니며 '지금은 초신자인 저와 다른 한 명뿐이지만, 내년에는 신실한 형제자매들을 많이 보내주세요', '하나님! 이 대학 안에 비기독교적인 문화가 너무 많이 있어요. 앞으로는 강당에서도, 인촌 묘소 앞에서도 하나님을 찬양하는 소리가 울려 퍼지게 해주세요' 라고 간절히 기도했다.

하나님의 응답은 신실해서 우리는 그 이듬해에 기도의 열매를 볼 수 있었다. '부흥' '비전' 등을 작곡한 고형원 전도사, 키르기스스탄에서 선교하는 이찬우 선교사, 국내에서 열심히 목회하고 있는 박혁 목사, 직장 선교에 열심이었던 인명철 형제, 유일한 여학생이었던 서주선 자매 등 신실한 신입생들이 우리 동아리에 가입하게 된 것이다. 이들은 나를 영적인 엄마라고 불렀다.

강당과 운동장에서 대형 찬양 집회를 열었다. 성경 지식도 없고 영적으로도 어렸지만, 하나님은 내가 마음속으로 고백한 한 마디 한 마디를 경청하고 세밀하게 응답하셨다.

대학을 졸업한 후에는 예수전도단 대학부에서 간사로 일하며 동료 간사들과 함께 대학의 부흥을 위해 철야하며 정기적으로 기도했다. 그리고 매년 두 차례 있는 대학생 전도학교에 많은 학생들이 와서 훈련받게 해 달라고 기도했다.

어느 해에는 400명이란 숫자까지 말씀드리며 채워 달라고 간절히 부르짖었지만 결국 200명밖에 오지 않아 낙담하기도 했다. 그런데 지금은 이 훈련에 매년 2천 명 정도가 참석한다고 한다(현재는 M.C.-Mission Conference-라는 공식 명칭을 사용하고 있다).

당시에는 기도한 대로 사람 수가 채워지지 않아 낙담했지만 시간이 지난 후에 더욱 넘치도록 하나님이 응답해 주시는 것을 알게 되었다. 믿음 위에 뿌려진 기도의 씨앗은 자라서 언젠가는 결실을 맺는다!

공동체를 섬기도록 부르심

대학부 간사로 섬기는 동안 나에게는 예수전도단을 위해서 특별히 기도해야 한다는 부담감이 있었다. 그러던 어느 날, 지금은 인도에서 선교하는 최철만 선교사로부터 예수전도단을 위해 함께 정기적으로 기도하자는 제의를 받았다. 나는 기쁘게 이 제의를 받아들였다. 우리는 마음을 합하여 예수전도단의 간사들을 위해, 예수전도단이 나아가야 할 방향을 위해 하나님이 부어 주시는 소원을 따라 기도했다.

기도 모임을 시작한 지 얼마 안 되어, 예수전도단 위원회에서 최철만 선교사와 나를 위원회의 위원으로 촉탁하였다. 위원회는 교회의 당회와 같은 기구다. 어릴 뿐만 아니라 예수님을 믿은 지 얼마 안 되는 내가 그런 자리에 있어도 되는지 나는 하나님께 물어보았다.

하나님은 마음에 평강을 주시며 지도자의 말을 따르라고 하셨다. 그 후로 하나님 말씀에 순종하여 위원회에 꾸준히 참석하면서, 예수전도단의 중보기도자로서 더 많은 정보를 얻게 하시는 하나님의 부르심을 깨닫게 되었다.

현재 나는 예수전도단의 간사는 아니지만 하나님이 예수전도단을 위한 기도의 자리로 여전히 나를 부르시는 것을 확신한다. 예수전도단은 이제 규모가 커지고 인정도 받으며, 많은 사역과 훈련을 통해 지역 교회와 열방에 영향을 미치고 있다. 그래서 중보기도자로서 내가 느끼는 기도의 의무도 더욱 커졌다.

나는 예수전도단이 하나님의 처음 부르심 그대로 땅끝까지 복음을 전하는 사명을 지키고, 겸손과 순수한 열정을 잃지 않고, 주님께 순종하며 섬기는 단체가 되기를 기도하고 있다. 교회나 단체가 커질수록 깨어서 기도하는 중보기도자들이 더 많아야 한다.

한국 교회를 위한 부르심

나는 선교에 대한 부름을 받음과 동시에 마음에 새긴 기도 제목이 있다. 바로 천만 명의 성도를 가진 저력 있는 한국 교회와 훈련이라는 강점을 가진 선교 단체가 서로의 장점을 살려 연합하는 것이다. 그러면 더욱 역동적이고 활발하게 선교가 이루어지겠다는 믿음이 있었기 때문이다. 나는 교회의 이름을 하나씩 불러가며 지역 교회를 위해, 그리고 선교 단체인 예수전도단과의 연합을 위해 기도했다.

그 기도를 하고 난 후에, 나는 예수전도단의 위원회로부터 모빌 팀의 리더를 맡아 달라는 제안을 받았다. 위원회는 하나님이 예수전도단 안에 기름 부으신 사역과 정신을 어떻게 한국 교회에 전달할 수 있을지 고민하고 있었다. 그리고 그 가교 역할을 해줄 모빌 팀을 만들고 그 팀의 리더로서 내가 가장 적합하다고 결론을 내린 것이다. 그렇게 해서 생겨난 모빌 팀은 찬양, 드라마, 댄스를 통해 교회 집회를 인도하며 노방전도를 했다.

모빌 팀에 있는 동안 나는 우리 나라와 전세계를 다니며 많은 경험을 했으며 한국 교회를 위해서 무엇을 기도해야 할지 구체적인 비전을 갖게 되었다. 하나님은 지금도 강의 차 방문하는 교회의 여러 사정을 알게 하시고 기도해야 할 바를 가르쳐 주신다. 뿐만 아니라 때로 한국 교회 전체가 어떤 방향으로 나아가야 될지에 대한 부담을 주시며 기도하도록 도와 주신다.

어느 날 갑자기 '내가 너를 중보기도자로 세웠다' 라는 하나님의 음성을 듣고 중보기도를 시작하는 사례는 극히 드물 것이다. 그러므로 중보기도자는 자연스런 부르심을 따라 하나님이 주신 곳에서 깨닫게 하시는 마음에 순종하며 기도하면 된다.

중보기도는 신앙 생활을 오랫동안 해야만 할 수 있는 것이 아니다. 더 많은 성경 지식이 필요하지도 않다. 단지 하나님이 주시는 작은 부담감 혹은 소원을 가지고 무릎 꿇으며 더 큰 것을 보여 주시도록 머물면 된다. 이를 통해 우리는 세계를 재창조하시는 하나님의 동역자로 세워질 수 있다.

세상을 재창조하시는 하나님의 사역

> 기도는 마술이 아니고 또한 항상 결과가 드러나는 것도 아니다. 기도는 우리가 무언가를 하는 것이 아니라, 하나님이 우리 안에 그리고 세상 안에 이미 행하신 일에 대해 반응하는 것이다. 우리가 기도하는 동안 하나님은 우리의 자유를 침해하지 않으면서 하나님의 일을 행하실 것이다. 하나님께 이와 같은 문을 열어 드리는 것이 기도다. 우리가 기도하는 것은 궁극적으로 하나님과 협력하는 것이다.
>
> ✝ 월터 윙크

중보기도 학교에서 깨달은 교훈

하나님은 혼자 일하기를 원하지 않으시고, 동역하기를 원하신다. 하나님의 어떤 부분이 부족해서가 아니라, 그분의 성품 자체가 함께 일하는 것을 좋아하시기 때문이다. 하나님이 세상을 만드신 후 사람에게 위임하신 것도, 또한 구약 시대에 선지자들을 세우신 것도 모두 동역하시기 위해서였다. "주 여호와께서는 자기의 비밀을 그 종 선지자들에게 보이지 아니하시고는 결코 행하심이 없으시리라"(암 3:7).

하나님은 지금도 그분의 일을 이루시기 위해 순종하는 동역자를 부르고 계신다.

대학 4학년 때 헌신한 나는 그 후 나름대로 많은 권리들을 포기했다. 그 중 하나가 결혼을 포기하는 것이었다. 여자로서 주님의 일을 하기 위해서는 결혼하지 않는 것이 좋겠다고 생각한 나는 독신으로 살겠다고 다짐을 했었다.

결혼을 안 하겠다는 나의 말에 상심하셨던 어머니도 "그래, 잘 포기했다. 내가 해 보니 결혼도 별것 아니더라. 주님께서 곧 오신다고 하셨으니 그 때까지 참고 주님의 일에 매진해라"하며 격려해 주셨다.

어머니와 나는 주님의 재림이 아무리 늦어도 10년을 넘지 않을 것이라 믿었다. '곧' 이란 단어를 그렇게 생각한 것이다. 그래서 뒤로 물러가 안주하고 싶을 때도 있었지만 그럴 때마다 오히려 열심히 전도하고 선교하며 기도하는 삶에 매진했다.

그런데 예상했던 10년이 지나도 주님이 오시지 않았다. 나는 실망했지만, '곧' 이란 단어는 우리가 생각할 수 있는 기간이 아니라 백 년 혹은 천 년일 수도 있다는 것을 깨닫게 되자 굳이 결혼까지 안 하면서 헌신하는 것이 옳은 것일까? 나는 하나님께 물었다.

'하나님, 제가 필요하세요? 그렇지 않다면 자유롭게 살고 싶어요. 결혼도 하고, 쇼핑도 하고, 놀기도 하면서 말이에요. 제가 얼마큼 필요한 사람인지 알려주세요.'

하나님은 이 기도의 응답으로 싱가포르에서 열리는 중보기도 학교로 나를 인도하셨다. 기도는 골방에서나 하는 것이지 학교까지, 게다가 싱가포르까지 가서 공부할 필요가 있는지 의문이 들었지만 하나님의 인도하심은 분명했다. 그리고 그 학교에서 나는 생각지도 못했던 큰 축복을 받았다.

지난 10년 동안 내 나름대로 열심히했던 기도가 얼마나 제한적이었는지 강의를 들으며 알게 되었다. 강의뿐만이 아니었다. 다른 나라 사람들이 기도하는 모습을 보며, 나와 한국 교회의 기도에 보완해야 할 부분이 많다는 것을 깨닫게 되었다.

특히 정보가 기반이 되는 기도, 하나님의 음성을 기다리는 훈련, 연합하는 기도의 능력, 다양하고 창조적인 기도 방법 등에 대해 새롭게 알게 되었다. 무엇보다도 파괴된 세상을 재창조하시는 하나님과 기도로 동역하며 세상을 변화시켜야 하는 부르심을 특별하게 깨달았다.

하나님의 두 번째 위임 명령

그러던 어느 날, 하나님은 나에게 강하게 임하시며 내가 예전에 했던 '하나님, 제가 꼭 필요하세요?' 라는 질문에 답해 주셨다. '나는 너를 나의 동역자로 삼았다' 라는 것이 하나님의 응답이었다.

그러면서 창세기 1장 28절 "하나님이 그들에게 복을 주시며 그들에게 이르시되 생육하고 번성하여 땅에 충만하라, 땅을 정복하라, 바다의 고기와 공중의 새와 땅에 움직이는 모든 생물을 다스리라 하시니라"는 말씀을 떠올려 주셨다. 이 말씀은 만물을 창조하신 하나님이 사람을 만드시고 그에게 세상을 맡기시는 위임 명령이었다.

하나님이 이 명령을 내리실 때 사람에게 세상을 다스릴 만한 권세와 능력을 부여하셨다. 그런데 애석하게도 창세기 3장에 보면 인간이 불순종하는 사건이 나온다. 인간이 하나님의 말씀을 거역하고 마귀의 말을 들은 것이다. 이 때부터 인간은 하나님이 그에게 부여해 주신 권위와 능력을 상실하게 되었고 세상 역시 파괴되었다. 그러나 하나님은 아들을 십자가에서 죽게 하심으로써 파괴된 세상과 사람을 구원할 계획을 세우셨다.

그리고 창세기 1장 28절의 재현인 마태복음 28장 18-20절을 통해 하나님을 믿고 따르는 사람에게 권세와 능력을 다시 부여하시며 파괴된 세상을 재창조하도록 다시 한번 위임 명령을 하셨다.

"예수께서 나아와 일러 가라사대 하늘과 땅의 모든 권세를 내게 주셨으니 그러므로 너희는 가서 모든 족속으로 제자를 삼아 아버지와 아들과 성령의 이름으로 세례를 주고 내가 너희에게 분부한 모든 것을 가르쳐 지키게 하라 볼지어다 내가 세상 끝날까지 너희와 항상 함께 있으리라 하시니라"(마 28:18-20).

이 말씀을 통해 한 가지 예화가 떠올랐다. 어떤 사장이 사랑하는 직원에게 회사를 맡겼는데, 그만 회사가 망하고 말았다. 이 때 사장이 그에게 베풀 수 있는 용서는 그 손해 비용을 받지 않는 것이다. 그러나 이보다 더 큰 용서는 회사를 다시 세울 때, 그 직원에게 회사를 맡기는 것이다.

마태복음 28장 18-20절의 말씀은 우리를 신뢰하기로 하신 하나님의 사랑을 알게 해주었으며 내가 지금까지 하나님의 일을 하면서 갖던 의무감, 강박 관념 등을 깨뜨렸다. 하나님이 '광임아, 이 세계를 너에게 맡긴다. 이 파괴된 세상을 새롭게 창조하는 일에 내가 너와 동역하길 원한다. 함께하지 않겠니?' 하며 마치 손을 내미시는 것 같았다.

하나님의 손을 잡은 나는 엉엉 울며 '하나님, 그렇습니다. 연약하고 실수투성이인 저를 용서하실 뿐 아니라, 신뢰하기로 작정하시고 이 세계를 맡겨 주셔서 감사합니다. 세상을 새롭게 창조하는 일에 하나님과 동역하겠습니다' 라고 고백했다.

그렇다! 첫 번째 아담처럼 거역하는 영을 가진 우리를 하나님은 변함없이 신뢰해 주신다. 우리가 불순종할 때 하나님의 일은 지연된다. 그럼에도 하나님은 우리와 동역하기로 결정하셨고, 순종하는 우리를 통해 이 세상을 재창조하고 계신다.

하나님과 동역하고 싶지 않은가? 그렇다면 세상을 두 팔과 가슴으로 꽉 안아 보라.

우리의 가슴 속에 북한의 어린이들이 꿈틀거려야 한다. 우리의 가슴 속에 전쟁 중에 있는 이라크가 꿈틀거려야 한다. 우리의 가슴 속에 아직도 복음이 들어가지 않은 미전도 종족들이 꿈틀거려야 한다.

하나님의 동역자로서 세계를 품고 기도할 때 온 열방이 주를 경외하고 하나님의 나라는 왕성해질 것이다.

열방을 치리하는 선지자

중보기도는 교회를 통해 예수님의 사역을 확장하는 것이다. 중보기도로써 우리는 하나님과 인간 사이에 서서 화목을 이루기도 하고, 사탄과 인간 사이에 서서 갈보리의 승리를 집행하기도 한다.

✝ 더치 쉬츠

성도 안에 있는 영광

하나님의 부르심에 예레미야는 "내가 가로되 슬프도소이다 주 여호와여 보소서 나는 아이라 말할 줄을 알지 못하나이다"(렘 1:6)라며 감히 나서기를 두려워했다. 그러나 하나님은 예레미야를 부르시고 그가 알지 못했던 사명을 일깨워 주셨다. "여호와께서 그 손을 내밀어 내 입에 대시며 내게 이르시되 보라 내가 내 말을 네 입에 두었노라 보라 내가 오늘날 너를 열방 만국 위에 세우고 너로 뽑으며 파괴하며 파멸하며 넘어뜨리며 건설하며 심게 하였느니라"(렘 1:9-10).

하나님은 나라들을 훼파하고 건설하는 일에 예레미야를 부르셨다. 그러나 예레미야에게만 이 약속의 말씀을 주신 것은 아니다. 예레미야를 부르신 것처럼 열방을 다스리는 선지자로서 모든 그리스도인들을 부르셨다.

"성도들은 영광 중에 즐거워하며 저희 침상에서 기쁨으로 노래할지어다 그 입에는 하나님의 존영이요 그 수중에는 두 날 가진 칼이로다 이것으로 열방에 보수하며 민족들을 벌하며 저희 왕들은 사슬로, 저희 귀인은 철고랑으로 결박하고 기록한 판단대로 저희에게 시행할지로다 이런 영광은 그 모든 성도에게 있도다 할렐루야"(시 149:5-9).

우리에게는 하나님이 주신 권세와 무기가 있다. 그것은 자신과 몇몇 사람만을 위해서가 아니라 열방을 다스리라고 주신 것이다. 이로써 민족들을 다스리고, 왕들을 세우거나 폐하고, 혹은 장관들도 다스릴 수 있다.

하나님이 주신 무기를 사용할 때 우리는 하나님의 능력과 성품을 경험할 수 있다. 그래서 시편 기자는 '이런 권세와 영광이 나에게도 있구나' 하고 기쁨에 겨운 나머지 소리 높여 '할렐루야!'를 외쳤던 것이다.

내가 어떤 성도에게 나를 위해서 기도해 달라고 했더니, "제가 어떻게 사모님을 위해 기도해요? 사모님이 나를 위해서 기도해 주셔야죠"라고 했다. 겸손한 것 같지만, 사실은 영적 자존감이 없는 모습이다. 어느 누구라도 하나님께 기도로 나아갈 수 있다. 사도 바울은 성도에게 있는 기도의 능력을 알았기에 교회에게 자신을 위해 기도하라고 반복해서 부탁하고 있다. "많은 사람의 기도로 얻은 은사를 인하여"(고후 1:11).

성도들이 현장에서 일하는 사역자들을 위해 기도해야 하나님의 능력을 경험할 수 있다. 더 나아가 모든 성도들에게는 열방을 다스리며 기도할 수 있는 권세가 있다. 나는 주일학교에서도 중보기도 훈련을 해야 한다고 생각한다. 어린아이들에게도 나라를 위해, 또한 열방을 위해 기도하는 법을 가르쳐야 한다.

"주의 대적을 인하여 어린 아이와 젖먹이의 입으로 말미암아 권능을 세우심이여 이는 원수와 보수자로 잠잠케 하려 하심이니이다"(시 8:2).

어떤 조그마한 개척 교회에서는 주일학교 어린이들에게 중보기도 훈련을 시키며 열방을 품게 한다. 나는 초등학교 2학년 아이가 미전도 종족의 복음화를 위해서 간절히 기도한다는 이야기를 그 교회 사모님에게 전해 들었다. 그 교회의 주일학교 어린이들은 2004년에 러시아에서 일어났던 체첸 반군의 학교 인질극 사건을 위해서도 기도했다. 기도 중에 많은 아이들이 고통 가운데 있다는 것을 깨달으며 그들의 아픔을 품고 기도할 수 있었다고 한다. 최근에는 세계지도를 펴놓고 기도한다는 말도 들었다.

이와 같이, 어리지만 하나님의 권세를 가진 주일학교 어린이들을 훈련시켜 세계 복음화에 적극 참여하게 해야 한다. 그들에게도 열방을 다스리는 권세가 있기 때문이다.

나 또한 10살된 어린 딸아이와 함께 이라크 전쟁과 인도의 가난 그리고 북한 어린이들에 대해 자주 이야기를 나누며 기도하고 있다. 아직 기도의 내용을 깊이 이해하지 못하지만 장차 열방을 품고 기도하는 성숙한 중보기도자가 되도록 어릴 때부터 훈련을 시키는 것이다.

열방의 역사가 달라지고 있다
싱가포르에서 중보기도 학교에 참여하는 동안, 나는 시편 149편 5-9절의 말씀을 깊이 체험할 기회가 있었다. 싱가포르의 여러 교회들과 함께 밥 피츠라는 찬양 인도자를 초청해서 연합 찬양 집회를 할 때였다. 집회가 있기 전날에 우리는 뉴스를 통해 소련의 KGB가 쿠테타를 일으켜 정권을 장악했고, 개혁과 개방 정책을 통해서 소련의 큰 변화를 이끌던 지도자 고르바초프를 쫓아냈다는 소식을 듣게 되었다. 우리는 곧바로 찬양 집회의 주제를 소련을 위한 중보기도와 영적 전쟁으로 바꾸었다.

우리는 소련을 향해 손을 들고 '소련 땅의 왕은 예수 그리스도 한 분뿐이시다' 라고 선포하며 기도와 찬양으로 영적 전쟁을 했다. 약 1시간 동안 기도하자, 혹시 고르바초프가 죽임을 당한 것은 아닌지 염려했던 마음이 사라졌다. 그리고 하나님이 우리의 기도를 들으시고 응답하신다는 확신이 들었다. 그 후부터는 승리를 선포하고 기뻐하며 춤추고 찬양했다.

다음날 우리는 뉴스를 통해서 그 기도의 응답을 들었다. 3일 동안 쫓겨나 있었던 고르바초프가 다시 돌아오고 KGB가 완전히 물러났다는 소식이었다.

그 후로 중보기도 학교에서는 소련을 위해 더욱 기도하였는데, 우리는 하나님께로부터 여호수아 1장 3절의 말씀을 받았다. "내가 모세에게 말한 바와 같이 무릇 너희 발바닥으로 밟는 곳을 내가 다 너희에게 주었노니." 소련 땅을 직접 밟으면서 기도하면 더 효과적이겠지만 그렇게 하지 못하니까, 커다란 소련 지도를 바닥에 펴놓고 그 위에 올라가 발로 밟으며 큰소리로 선포했다. '이 땅의 왕은 KGB도, 공산주의도 아니다. 예수 그리스도만이 이 땅의 왕이시다!'

그 때, 교장 선생님이셨던 폴 호킨스가 내 옆구리를 쿡 찌르더니 뭘 찢으라고 했다. 잘못 들은 줄 알고 다시 물어보니 역시 찢으라는 것이었다. 나는 지도를 찢었다. 찢는 기도는 그 때가 처음이었다. 이런 기도를 예언적 행위 기도라고 한다는 것을 나중에야 알았다.

그런데 얼마 지나지 않아 소련이 정말로 찢기기 시작했다. 처음에는 4개의 독립국가로 찢어지더니, 두 달 후에는 15개의 독립국가로 완전히 나뉘었다. 신문에는 '공산주의 종주국 소련 사망'이라는 기사가 실렸다.

나는 그 기도의 한가운데서 시편 149편 말씀 그대로, 하나님이 열방과 민족과 왕들과 귀인들을 치리하면서 우리의 기도를 통해 역사하시는 것을 보게 되었다. 오늘날에도 하나님은 우리의 기도를 통해서 나라들을 세우신다. 그리고 올바르지 못한 나라들을 파멸하고 쪼개신다.

권력자들이 백성을 돌아보지 않고 자신의 부귀 영화만을 위하여 권좌에 앉아 있다면 그 자리에서 내려오도록 담대히 기도해야 한다. 계속해서 교회를 핍박하며 복음이 들어가지 못하도록 방해하는 국가가 있다면 복음을 대적하는 세력이 무너지고, 복음이 들어갈 수 있는 문이 열려지도록 기도해야 한다. 이렇게 할 수 있는 권세가 우리에게 있다. 열방을 다스리는 선지자로서 우리의 권세를 사용할 때 하나님의 능력은 반드시 나타난다.

기도는 친밀한 관계다. 기도할 때는 하나님, 다른 사람들, 그리고 자신과 더 깊은 관계로 들어가는데 그 관계는 날마다 팽창하는 드넓은 우주와 같다.

✤ 제임스 휴스톤

| 2부 |
중보기도자의 특권

하나님의 얼굴

중보기도는 우리를 깨끗하게 하는 욕조와 같다. 우리는 날마다 중보기도 속으로 들어가야 하며 그 곳에서 하나님과 교제해야 한다.

✚ 디트리히 본회퍼

부모와 자녀가 얼굴을 마주하듯

예수님을 믿는 우리가 누리는 축복 중 가장 귀한 것은 하나님의 자녀가 된 것이다. 우리는 만왕의 왕이며 온 우주를 통치하시는 하나님의 자녀요 그분의 형상대로 창조된 걸작품이다. 이보다 더 감격스럽고 영광스러운 일은 없다.

나는 결혼이 늦다 보니 다른 사람들보다 아이도 늦게 갖게 되었다. 임신 기간 동안 아이가 태 속에서 하루가 다르게 커가는 것을 느낄 때마다 큰 감동과 소망으로 벅찬 나날을 보냈다. 하나님의 작품인 아이가 태에서 나올 때의 환희 또한 뭐라 말로 표현할 수 없다. 세상에 나온 아이가 엄마인 나와 얼굴을 마주하고 눈을 맞추며 옹알이를 할 때를 떠올리면 지금도 설렌다.

엄마가 자신의 품에 안긴 아이와 얼굴을 마주 대할 때의 감격을 말로 표현하기 어려운 것처럼, 영적 아버지이신 하나님도 사랑하는 자녀들의 얼굴을 대할 때 그 기쁨을 이기지 못하신다.

사람의 얼굴에는 그의 인격과 성품이 드러난다. 마찬가지로 하나님의 얼굴에도 그분의 인격과 성품, 영광이 담겨 있다. 그러나 하나님의 얼굴을 본 사람은 아무도 없다(요 1:8). 그분은 영이시기에 우리가 만질 수도 없다. 모세가 하나님의 영광을 보여 달라고 기도했을 때 하나님은 그분의 얼굴 대신에 등만 보여 주셨다(출 33:18-23). 모세는 그렇게 하나님의 임재를 체험했다.

하나님의 얼굴을 구하라

하나님의 얼굴을 본다는 것은 하나님의 임재 속으로 들어간다는 것이다. 하나님이 임재하실 때 그분의 얼굴, 즉 하나님의 영광을 보게 되는 것이다. 아이들은 장난감을 가지고 놀다가도 엄마의 얼굴이 보이지 않으면 엄마를 찾는다. 어린아이들은 부모가 곁에 있고 부모의 얼굴이 보여야 안정감을 갖는다. 이와 같이 우리도 하나님의 얼굴 보기를 소원해야 한다. 중보기도자들은 하나님의 사랑을 기억하며 하나님의 얼굴을 구하는 사람들이다.

"너희는 내 얼굴을 찾으라 하실 때에 내 마음이 주께 말하되 여호와여 내가 주의 얼굴을 찾으리이다 하였나이다"(시 27:8).

하나님은 모세에게 명하셔서 대제사장 아론으로 하여금 백성들을 축복하도록 하셨다. 그러자 아론은 순종하면서 하나님의 얼굴이 백성들 한 사람 한 사람을 향하도록 간구하였다. "여호와는 네게 복을 주시고 너를 지키시기를 원하며 여호와는 그 얼굴로 네게 비취사 은혜 베푸시기를 원하며 여호와는 그 얼굴을 네게로 향하여 드사 평강 주시기를 원하노라"(민 6:24-26).

우리가 하나님의 얼굴을 구하지 않으면 하나님은 우리에게 그분의 얼굴을 숨기실 것이다(시 27:9). 우리가 기도로 하나님의 얼굴을 구하며 그분을 바라볼 때 하나님이 그분의 얼굴빛을 우리에게 비추실 것이다.

어느 날 나는 시골길을 운전하며 주님과 깊은 교제를 나누었다. 찬양을 하고 하나님이 만드신 푸른 하늘을 감상하며 즐거운 마음으로 하나님을 묵상했다. 그 때에 하나님은 전쟁 중인 아프가니스탄에서 어린 자녀를 데리고 피난 행렬을 따라가는 한 아주머니의 모습을 보여 주셨다. 두려움과 겁에 질린 모습이었다.

하나님의 슬픔이 전해져 오며 나의 두 눈에 뜨거운 눈물이 고였다. 전쟁 중에 고통당하는 사람들을 향한 하나님의 눈물이었다. 더 이상 운전을 할 수가 없었던 나는 길가에 차를 세우고 흐느껴 울었다. 하나님의 얼굴에 흐르는 뜨거운 눈물을 느끼며 아프가니스탄의 고통을 품고 전쟁이 그치도록 간절히 기도했다.

미국이 전쟁을 왜 일으켜야만 했는지 질문하면서 하나님의 얼굴을 구하고 그분의 임재 속으로 깊이 들어갔다. 그러는 동안 어느덧 냉랭했던 마음이 뜨거워지고 혼란스러웠던 생각이 명료해졌다.

하나님의 얼굴을 바라보라. 우리가 하나님과의 교제 속에서 대화하며 기도해야 할 때 그분의 마음이 느껴질 것이다.

하나님을 닮아가기

부부는 남남으로 만났지만 오랜 세월 동안 가깝게 살며 마주보고 대화하는 동반자이므로 서로 얼굴이 닮는다. 친밀한 관계를 형성하고 서로 닮는 데에는 많은 시간이 필요하다.

교제를 잘 하기 위해서는 대화를 많이 해야 한다. 대화란 일방 통행이 아니다. 함께 주고받는 것이다. 게다가 대화를 잘하기 위해서는 상대의 이야기를 잘 들어야 하는데, 이 원리는 하나님과의 대화에도 고스란히 적용된다. 우리는 말씀과 기도로 하나님과 친밀한 교제를 나눌 수 있다.

모세는 늘 회막에서 하나님과 만나 교제하였고, 하나님은 모세를 친구처럼 대면하셨다(출 33:11). 하나님과 깊이 사귀며 그분의 얼굴에 있는 영광의 빛을 받은 모세의 얼굴에서 찬란한 빛이 발하였다.

하나님과의 교제를 통해 모세의 얼굴에서는 광채가 났다. 그로 인해 그의 성품이 변화되었는데, 지상에서 가장 온유한 사람이 되었다(민 12:3). 하나님과 교제할 때 우리는 그분의 성품을 닮아갈 뿐만 아니라 동시에 얼굴 모습도 변하게 된다.

예수님은 하나님과의 친밀한 교제를 위하여 분주한 사역 가운데서도 따로 시간을 떼어 놓으셨다. 많은 사람들의 필요와 해야 할 사역이 눈앞에 펼쳐져 있음에도 불구하고 한적한 곳으로 물러나셔서 기도로 은밀하게 하나님과 교제하신 것이다(막 1:35).

예수님은 결코 사람과 일에 끌려 다니지 않으셨다. 하나님께 기도하는 동안 예수님은 하나님의 마음과 뜻을 이해하고 아시게 되었다. 예수님은 늘 하나님이 기뻐 하시는 일을 행하셨으며(요 8:29), 하나님의 뜻을 온전히 이루어 드렸다.

예수님이 돌아가시기 전, 빌립은 예수님께 아버지를 보여 달라고 요청하였다. 그러자 예수님은 "빌립아 내가 이렇게 오래 너희와 함께 있으되 네가 나를 알지 못하느냐 나를 본 자는 아버지를 보았거늘 어찌하여 아버지를 보이라 하느냐"(요 14:9)라고 말씀하셨다.

빌립을 포함한 제자들은, 오랫 동안 예수님과 함께 지냈으면서도 예수님이 하나님을 나타내 보여 주고 계신 것을 알지 못했다. 예수님의 형상은 곧 하나님의 형상이며, 예수님을 본 자는 하나님을 본 것이다.

바울은 고린도 교회 성도들에게 우리가 예수 그리스도를 바라보면 성령의 도우심으로 그분의 형상을 닮게 되고 거울로 보듯 주의 영광을 분명하게 보게 될 것이라고 가르쳤다(고후 3:18). 늘 주님과 교제하며 주님의 얼굴을 바라본다면, 언젠가는 주님의 형상을 닮아가고 있음을 알고 행복해하며 만족한 미소를 지을 것이다(시 17:15).

가슴이 벅차 오르지 않는가? 게다가 주님이 다시 오실 때는 실제 하나님의 얼굴을 보게 될 것이다!(계 22:4)

얼굴을 구할 때 얻는 복

모든 어머니의 눈에는 자신의 자녀가 가장 예쁘고 멋있게 보인다. 남들이 보기에는 평범한 아이일지라도 부모는 자식을 매우 자랑스럽게 생각한다. 이러한 원리는 하나님이 자신의 자녀들을 보실 때도 마찬가지다.

혹시 '하나님의 자녀'로서 자신의 존귀함을 망각한 채 낮은 자존감으로 괴로워하고 있지는 않은가? 다른 이들의 기도는 응답하시면서 내 기도는 외면하신다고 하나님께 서운함을 가지고 있지는 않은가? 그렇다면 자신감 없는 태도를 과감히 버리고 하나님이 주시는 선물꾸러미보다 하나님의 얼굴 구하는 데에 더 관심을 쏟아야 한다.

태양이 비춰면 온 땅의 동식물에 유익이 있듯이, 하나님의 얼굴이 우리를 향하시면 하늘로부터 풍성한 은혜가 주어지며 세상이 줄 수 없는 평강을 얻게 된다(민 6:24-26).

하나님을 찾을 때에 다음과 같은 축복이 임한다.

- 말씀을 잘 깨달아 알게 되며(시 119:125)
- 병든 땅이 치유되며(대하 7:14)
- 세상에서 죄와 악이 심판을 받게 되고(시 34:16)
- 선을 베풀고 살 수 있게 되며(시 4:6)
- 구원이 임하게 되고(시 80:19)
- 주의 형상으로 변화되며(시 17:15)
- 온 땅 위에 복음이 전파된다(시 67:2).

하나님의 자녀는 기도로써 그분과 친밀한 교제를 나누며 그분의 형상을 닮아가야 한다. 또한 하나님과 마주함으로써 우리 얼굴에 나타나는 그분의 얼굴빛을 세상에 비추어야 한다.

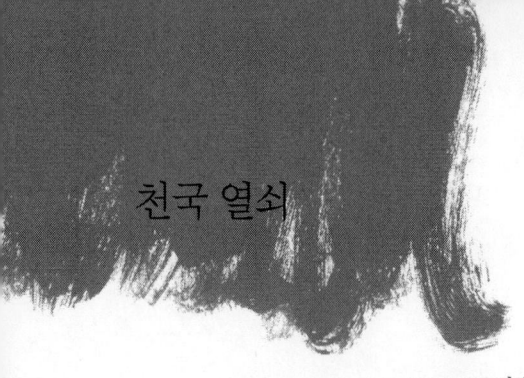

천국 열쇠

사탄의 주요 계략 중 하나는 우리를 방해하여 우리가 주님께 받은 권세와 능력을 알지 못하도록 하는 것이다. 원수는 우리의 신분을 알지 못하게 하려고 다양한 책략을 사용한다. 그러므로 우리는 알아야 한다. '우리가 누구인가?', '성전(聖戰)을 하는 우리에게 하나님께서 주신 능력이 얼마나 위대한가? 성패는 여기에 달려 있다.

✛ 찰스 크래프트

"또 내가 네게 이르노니 너는 베드로라 내가 이 반석 위에 내 교회를 세우리니 음부의 권세가 이기지 못하리라 내가 천국 열쇠를 네게 주리니 네가 땅에서 무엇이든지 매면 하늘에서도 매일 것이요 네가 땅에서 무엇이든지 풀면 하늘에서도 풀리리라 하시고"(마 16:18-19).

다윗의 열쇠를 지니신 분

요한은 "다윗의 열쇠를 가지신 이 곧 열면 닫을 사람이 없고 닫으면 열 사람이 없는"(계 3:7) 예수님을 빌라델피아 교회에 소개하고 있다. 절대주권자이신 그분이 어느 지역에 복음의 문을 열면 아무도 닫을 수 없고, 마귀를 묶어 닫으면 마귀 스스로 문을 열고 나올 수가 없다.

다윗 왕은 자신의 궁전 어디에든 들어갈 수가 있었다. 다윗의 후손으로 오신 예수님은 다윗의 위(位)에 앉아서 다윗의 왕국보다 훨씬 크고 견고한 나라를 영원토록 공평과 의로 다스리신다(사 9:7).

다윗의 열쇠를 손에 쥐고 영원한 나라를 열고 닫을 수 있는 예수님은 하늘 문을 여시고 이 땅에 오셨다. 그분은 십자가 우편에 달려 있던 강도가 낙원에 들어가는 것을 허락하셨으며 부활 후에는 하늘 보좌에 왕으로서 좌정하시기 위해 하늘 문을 열고 들어 가셨다. 또한 사탄을 잡아 무저갱에 던져 잠그고 그 열쇠를 천사에게 주어 천 년 동안 나오지 못하게 하셨다(계 20:1-2).

천국의 열쇠를 받은 우리
예수님은 교회를 세우시고 사랑하는 자들에게 천국 열쇠를 선물로 주신다. 그러면 어떠한 사람이 천국 열쇠를 받을 수 있는가? 예수님은 "주는 그리스도시요 살아 계신 하나님의 아들이시니이다"(마 16:16)라고 고백하는 사람에게 천국 열쇠를 주신다.

믿음이 있는 사람이라면 누구나 예수님이 신부인 교회에게 주시는 천국 열쇠를 받을 수 있다. 아무리 외모가 아름답고 물질이 풍부하고 학력이 높고 좋은 가문에서 태어났을지라도, 그 이유만으로는 천국 열쇠를 받을 수 없다.

천국 열쇠는 우리의 진정한 신랑이신 예수님이 그분을 믿고 따르는 자들에게 주시는 선물이다.

결혼하기 얼마 전, 가구들을 사택에 들여 놓은 후에 남편이 줄 것이 있다며 눈을 감으라고 했다. 그리고 내 손에 새로 만든 사택 열쇠를 쥐어 주었다. 그 열쇠를 받는 순간 '진짜 결혼하는구나' 라는 생각이 들었다. 마치 남편이 '내 것은 다 네 것이야' 라며 위탁하는 것 같았다. 그 열쇠를 가진 다음부터 나에게는 그 집에 마음껏 드나들 수 있는 자격이 생긴 것이다.

또한 하나님을 경외하는 자에게도 천국 열쇠를 주신다. 하나님을 경외한다는 것은, 종이나 노예로서가 아니라 자녀의 신분으로 존경하며 두려워하는 마음을 말한다. "너의 시대에 평안함이 있으며 구원과 지혜와 지식이 풍성할 것이니 여호와를 경외함이 너의 보배니라"(사 33:6). 여기서 '너의 보배'에 해당하는 말을 영어 성경(NIV)에서 살펴보면, '보물을 여는 열쇠'(the key to this treasure)다. 이처럼 하나님은 그분을 경외하는 사람에게 하늘의 열쇠를 주신다.

천국 열쇠에 대한 책임

이제 우리는 주님께서 주신 천국 열쇠의 용도에 관심을 가져야 한다. 이 열쇠는 땅에 묻어 두라고 주신 것이 아니며, 장식품처럼 전시용도 아니다. 심심풀이 장난감은 더더욱 아니다.

예수님이 빌라델피아 교회를 위해 복음의 문을 활짝 열어 놓으신 것처럼, 우리도 복음의 문을 여는 기도를 하며 이 열쇠를 사용해야 한다. 바울은 골로새 교회에 다음과 같이 편지를 썼다. "또한 우리를 위하여 기도하되 하나님이 전도할 문을 우리에게 열어 주사 그리스도의 비밀을 말하게 하시기를 구하라 내가 이것을 인하여 매임을 당하였노라"(골 4:3). 우리가 항상 깨어 기도하고 감사할 때 복음의 문은 열린다.

이 땅에 하늘의 복과 각양 좋은 은사와 온전한 선물이 내려오도록 하기 위해서도 기도하며 열쇠를 사용하여 천국의 문을 열어야 한다(약 1:17, 말 3:10).

또한 "영광의 복음의 광채가 비취지 못하게"(고후 4:4) 방해하는 흑암의 세력들을 결박하고 가두어야 한다.

우리는 천국 열쇠를 사용하는 자세와 방법을 잘 알고 있어야 한다.

천국 열쇠는 이 세상에 있는 수많은 열쇠들과 다르다. 최고급 승용차, 화려한 별장, 값비싼 건물의 어떤 열쇠와도 비교할 수 없다. 천국 열쇠의 가치를 깨닫지 못하는 사람은, 마치 고액의 수표를 갖고도 그 가치를 몰라 굶어죽는 사람과 다를 바 없다.

천국 열쇠가 이미 우리에게 주어졌다는 사실을 확신해야 한다. 사람이 나이가 들거나 건망중이 있으면 열쇠를 손에 쥐고서도 찾는다. 그러나 믿음이 있는 한 천국 열쇠는 결단코 빼앗기지도, 잃어버리지도 않을 것이다.

우리에게는 천국 열쇠를 사용해야 할 책임이 있다. 성전에는 동서남북, 네 곳에 문이 있는데 레위 사람 4명이 매일 아침 그 문을 연다(대상 9:26-27). 우리도 사람들이 구원을 얻고 천국에 들어가도록, 또한 천국의 복이 이 땅에 쏟아지도록 매일 이 열쇠를 사용해야 한다.

처음 마태복음 16장 19절의 말씀을 읽었을 때는 내가 성경을 잘못 본 줄 알았다. 하늘에서 매면 땅에서도 매이고 하늘에서 풀면 땅에서도 풀리는 게 맞는 이치 아닌가? 그러나 성경은 하늘의 문을 열 수 있는 열쇠가 바로 땅에 있는 교회와 성도들의 손에 있다고 선언한다. 그리고 나는 그 말씀이 진리임을 깨달았다.

예수님이 하시는 것이 아니다. 우리가 먼저 주도적으로 이 땅에서 천국 열쇠를 사용해야 하는 것이다. 우리가 땅에서 무엇이든지 매면 하늘에서도 우리를 도와서 매는 일을 시작하신다. 또한 우리가 땅에서 무엇이든지 풀면 하나님이 천사들을 동원하여 풀게 하시는 것이다.

가까이에서 고통당하는 북한 사람들의 문제를 누가 풀 수 있을까? 정치인이나 경제인, 미국이나 중국이 할 수 있을까? 아니다. 다른 공산주의 국가들이 무너진 사례를 자세히 들여다보면, 끈질기게 기도했던 사람들이 있음을 알 수 있다. 천국 열쇠를 갖고 있는 교회와 성도들이 기도할 때 모든 문제가 해결될 것이다.

이스라엘과 팔레스타인의 문제를 누가 풀 수 있을까? 이 문제 역시 전쟁이나 돈으로 풀 수 없다. 오직 천국 열쇠를 가진 자만이 그 열쇠로 하늘 창고 문을 열고, 사탄의 저주를 맬 수 있다.

왕의 어전 회의

> 역사는 미래를 만들어 가야 한다고 믿는 중보기도자들의 몫이다. 고정 관념에 사로 잡히지 않고 상상력을 발휘하면서, 꼭 이루어야 할 일에 대해 전적으로 헌신한 소수의 사람들만 있으면 미래는 변화될 것이다. 이처럼 현재와는 다른 새로운 미래를 갈망하며 쉬지 않고 소리쳐 구하는 중보기도자들이 미래를 결정한다. 그들은 미래를 만들어 가야 한다고 믿기 때문이다.
>
> ✢ 월터 윙크

낯설게 들릴지는 모르겠으나, 하나님은 중요한 일을 논의하시기 위해 회의를 여신다. 그 회의를 나는 '어전 회의'라고 부른다. 어전 회의는 '국가의 대사를 앞두고 중진들이 왕 앞에 모여서 하는 회의'를 말한다. 즉, 하나님 나라의 성부, 성자, 성령께서 주재하시는 회의인 것이다.

하나님은 그분이 원하시는 사람들이 어전 회의에 참여할 수 있도록 문을 열어 놓고 계신다. 그리고 기다리신다.

그분은 그들과의 회의를 통해 세상 역사를 이끌어 가신다.

창조에 관한 회의

태초에 하나님이 천지만물을 창조하실 때에 삼위일체 하나님은 회의를 하셨다. 성부 하나님은 말씀으로 하늘과 땅을 만드셨고(창 1:1), 성령님은 수면에 운행하셨으며(창 1:2), 하나님과 함께 계셨던 성자 예수님이 아니었다면 만물이 지음 받을 수 없었을 것이다(요 1:3).

또한 삼위일체 하나님은 만물을 창조하신 후에, 다시 한번 회의를 여시고 사람을 만들기로 계획하셨다. "하나님이 가라사대 우리의 형상을 따라 우리의 모양대로 우리가 사람을 만들고 그로 바다의 고기와 공중의 새와 육축과 온 땅과 땅에 기는 모든 것을 다스리게 하자 하시고"(창 1:26).

이 말씀에 '우리'라는 단어가 나온다. 삼위일체 하나님이 회의를 하시는 것이다. '우리가 직접 우리를 닮은 사람을 만들어 모든 것을 다스리게 하여 그들에게 복을 주자.' 하나님은 계획하신 대로 흙으로 사람을 만들어 코에 생기를 불어 넣으셨다. 그리고 최고의 걸작품으로 만들어 만유의 영장이 되게 하셨다.

한(개인) 가정에 관한 회의

하나님은 한 개인(가정)에 대해서도 지대한 관심을 갖고 계시다.

어느 날 어전 회의에서 하나님은 그분을 경외하는 욥을 칭찬하셨다. 그러자 사탄이 욥을 참소했다. "하나님이 욥과 그의 모든 재산을 보호하시기 때문에 욥이 하나님을 경외하는 것입니다. 만약 그의 모든 소유물을 치시면, 즉시 하나님을 욕할 것입니다." 하나님이 사탄에게 욥의 모든 소유물을 치도록 허락하심으로써 회의가 끝났다(욥 1:6-12).

하루아침에 모든 소유를 다 잃어버렸건만 욥은 커다란 재난 가운데서도 죄를 범치 않고 여전히 하나님을 경배했다(욥 1:20-22). 경건한 욥을 무너뜨리기 위해 또다시 욥을 참소하는 사탄에게 하나님은 욥의 생명을 건드리지 않는 조건으로 건강을 해치도록 허락하신다(욥 2:1-7).

그는 열 명의 자녀와 모든 재산을 잃었으며, 악창 때문에 온 몸을 기와 조각으로 긁어야 하는 신세가 되었다. 극한 시련 속에서 어찌할 바를 몰랐던 욥은 자기가 태어난 날을 저주하기도 한다.

그러나 마지막에 욥은 티끌과 재 가운데 앉아 이렇게 고백한다. "내가 주께 대하여 귀로 듣기만 하였삽더니 이제는 주를 뵈옵나이다"(욥 42:5). 욥기는 우리에게 하나님을 경외하는 자가 인내로 고난을 통과할 때는 갑절의 복을 받게 된다는 것을 보여 준다(욥 42:10).

하나님의 회의에 참여하지 않았던 사람들은 욥에 대한 하나님의 뜻을 몰랐다. 그 결과 욥의 아내는 욥에게 "하나님을 욕하고 죽으라"(욥 2:9)고 했고, 욥의 친구들은 위로보다는 큰 상처를 주었다.

지금도 하나님은 개인이나 우리의 가정에 대해 회의를 하시면서, 하나님의 일을 이루어 가신다.

국가 간 전쟁에 관한 회의

이스라엘의 아합 왕은 아람 왕에게 빼앗겼던 길르앗 라못을 다시 찾기 위해 전쟁을 계획한다. 그래서 자신과 사돈 관계인 유다의 여호사밧 왕을 방문하여 같이 전투에 임하도록 요청한다.

아합 왕의 요청에 경건한 여호사밧 왕은 선지자에게 전쟁에 대한 하나님의 뜻을 물어보자고 제안한다. "이스라엘 왕이 이에 선지자 사백 인쯤 모으고 저희에게 이르되 내가 길르앗 라못에 가서 싸우랴 말랴 저희가 가로되 올라가소서 주께서 그 성을 왕의 손에 붙이시리이다"(왕상 22:6). 아합의 선지자 400명은 전쟁을 하면 아합 왕이 승리할 것이라고 했다.

여호사밧 왕이 또 다른 선지자에게 한번 더 물을 것을 제안하자, 아합 왕은 이번엔 자신에게 나쁜 일만 예언하는 미가야 선지자에게 전쟁의 승패 여부를 묻기로 하였다. 어전 회의에 참석했던 미가야 선지자는 왕에게 하나님의 말씀을 정확히 전달한다. "미가야가 가로되 그런즉 왕은 여호와의 말씀을 들으소서 내가 보니 여호와께서 그 보좌에 앉으셨고 하늘의 만군이 그 좌우편에 모시고 서 있는데 여호와께서 말씀하시기를 누가 아합을 꾀어 저로 길르앗 라못에 올라가서 죽게 할꼬 하시니 하나는 이렇게 하겠다 하고 하나는 저렇게 하겠다 하였는데 한 영이 나아와 여호와 앞에 서서 말하되 내가 저를 꾀이겠나이다 여호와께서 저에게 이르시되 어떻게 하겠느냐 가로되 내가 나가서 거짓말하는 영이 되어 그 모든 선지자의 입에 있겠나이다 여호와께서 가라사대 너는 꾀이겠고 또 이루리라 나가서 그리하라 하셨은즉"(왕상 22:19-22).

그러나 아합 왕은 그 말을 듣지 않고 오히려 미가야를 옥에 가두었다. 하나님의 회의에 참석한 참 선지자의 경고를 무시한 채 전장에 나섰던 아합 왕은, 비록 자신을 알아보지 못하도록 변장하고 나섰지만 우연히 적군이 쏜 화살을 맞고 전쟁터에서 비참하게 최후를 맞이했다.

400명의 선지자들이 하나같이 하나님의 말씀이 자신들에게 임했다고 주장해도, 사실은 거짓말하는 영에 의해 속았을 뿐이다. 항상 다수가 옳은 것은 아니다. 비록 혼자라도, 하나님의 회의에 참여했던 미가야가 옳았던 것이다. 그들이 하나님의 회의에 참여한 선지자의 말을 들었다면 승리하였을 것이다. 우리는 하나님이 회의한다는 사실을 의식하고 살아야 한다.

도시에 관한 회의

온 땅의 언어가 하나였을 때, 동방으로 이동하던 사람들은 시날 평지에 정착하게 된다. 그들은 더욱 안정되고 견고한 도시를 만들기 위해 다음과 같이 회의를 했다.

"서로 말하되 자, 벽돌을 만들어 견고히 굽자 하고 이에 벽돌로 돌을 대신하며 역청으로 진흙을 대신하고 또 말하되 자, 성과 대를 쌓아 대 꼭대기를 하늘에 닿게 하여 우리 이름을 내고 온 지면에 흩어짐을 면하자 하였더니"(창 11:3-4).

그들은 도시를 건축하고 성을 하늘 꼭대기까지 쌓아서, 자신들의 이름과 업적을 알리고 흩어지지 않기 위해 단합해서 살기를 원했다. 하나님이 인본주의적인 도시를 건축하는 그들을 보시고 하늘에서 회의를 여셨다.

"자, 우리가 내려가서 거기서 그들의 언어를 혼잡게 하여 그들로 서로 알아듣지 못하게 하자 하시고 여호와께서 거기서 그들을 온 지면에 흩으신고로 그들이 성 쌓기를 그쳤더라"(창 11:7-8).

하나님은 성을 건축하는 그들의 언어를 혼란케 해서 대화를 할 수 없도록 하셨다. 그 결과 사람들은 그들의 목적과는 다르게 곳곳으로 흩어지게 되었다.

열방들이 분노하며, 민족들이 하나님을 대적하여 헛된 일을 경영한다면 하늘에 계신 분이 비웃으시며 회의를 열고 그들의 도모가 허사가 되도록 하시는 것이다.

오늘날에도 하나님은 온 세계에 있는 도시들을 보고 계신다. 그리고 그 도시가 하나님을 찾고 예배하는 곳이 되기를 기대하신다.

'나의 회의에 참예하였더면'

회의의 주관자는 하나님이시다. 그런데 놀라운 사실은, 하나님이 주재하시는 어전 회의에 선지자들을 초대하신다는 것이다.

> "누가 여호와의 회의에 참예하여 그 말을 알아들었으며 누가 귀를 기울여 그 말을 들었느뇨… 그들이 만일 나의 회의에 참예하였더면 내 백성에게 내 말을 들려서 그들로 악한 길과 악한 행위에서 돌이키게 하였으리라"(렘 23:18,22).

이 말씀은 어전 회의에 참석하지 않은 선지자들이 자신의 소견대로 말하므로 백성들이 돌이키지 않았다고 탄식하시는 말씀이다.

왕이 주관하는 회의에 참석하지 않은 관리는 왕의 마음과 의도를 모르기 때문에 잘못된 방향으로 백성을 이끌 수밖에 없다. 또한 왕의 인정과 보호를 받지 못하게 되므로 권위가 상실되고 무력해질 것이다.

하나님은 온 땅에 대한 구체적인 청사진을 가지고 계시며 그분의 사역을 감당할 일꾼을 찾으시며 그분이 주재하시는 회의에 중보기도자들을 부르셔서 참여하게 하신다.

이 회의에서 중보기도자들은 하나님의 음성을 듣게 되며 그들이 순종할 때 하나님의 위엄과 권능이 이 땅에 나타나게 될 것이다.

왕 같은 제사장

전능하신 하나님께서 이 세상을 다스린다는 사실을 결코 잊어서는 안된다. 그분은 교회를 다스릴 뿐 아니라 이 세상도 다스리고 계시는데 그것은 그리스도인들의 기도를 통해서이다.
✤ E.M. 바운즈

"오직 너희는 택하신 족속이요 왕 같은 제사장들이요 거룩한 나라요 그의 소유 된 백성이니 이는 너희를 어두운 데서 불러내어 그의 기이한 빛에 들어가게 하신 자의 아름다운 덕을 선전하게 하려 하심이라"(벧전 2:9).

구약 시대에는 중보기도가 제사장들의 몫이었고 가끔 선지자나 왕이 할 때도 있었다. 하지만 이스라엘 백성들이 하는 경우는 드물었다. 그러나 신약 성경에서는 모든 그리스도인들이 왕 같은 제사장의 신분으로 변화되었기 때문에 중보기도할 책임이 있음을 말해주고 있다.

사무엘을 통해 보는 제사장의 역할

한나의 서원 기도로 태어난 사무엘은 하나님이 세우신 제사장이었다. 그는 실로에 있는 성막 엘리 제사장 앞에서 하나님을 섬기며 어린 나이에 하나님의 음성을 듣는 훈련을 받았다. 그리고 엘리 제사장이 죽은 후에는 제사장과 선지자로서의 사역을 감당하였다.

사무엘은 이스라엘 백성들에게 이방신을 제거하고 하나님만 섬기도록 촉구하였다. 그 후에 사무엘은 백성들을 미스바에 모이게 한 후 (삼상 7:5), 백성들과 함께 금식하며 회개하였다. 이 소식을 듣고 블레셋 군사들이 침략해오자, 사무엘은 어린양을 번제로 드리고 백성들을 위해 하나님께 부르짖어 중보기도를 했다. 하나님은 기도의 응답으로 큰 우레를 보내어 적을 어지럽게 하고 패배하게 하셨다(삼상 7:9-10).

사무엘은 제사장으로서 백성들을 위해 중보기도하며, 제사를 드리고, 하나님의 말씀을 전하였다. "나는 너희를 위하여 기도하기를 쉬는 죄를 여호와 앞에 결단코 범치 아니하고 선하고 의로운 도로 너희를 가르칠 것인즉"(삼상 12:23).

블레셋과의 전쟁을 앞두고 사무엘 대신 제사를 드렸다가 하나님께 버림받은 사울 왕의 예에서도 볼 수 있듯이(삼상 13:12-14), 중보기도와 제사를 드리는 것은 제사장만의 특권이었다.

다윗을 통해 보는 왕의 역할

몇 마리의 양을 돌보는 목동이었던 다윗은 골리앗을 쓰러뜨린 후에 인기가 올라가자 사울 왕의 질투로 쫓기는 신세가 되었다. 이 때 400명의 환난당한 자, 빚진 자, 마음이 원통한 자들이 찾아오고 다윗은 그들의 장관이 되었다(삼상 22:1-2).

길보아 산 전투에서 사울 왕과 그의 아들들이 전사하자, 다윗은 헤브론에서 유다 족속의 왕으로 추대되었다(삼하 2:4).

7년 6개월이 지난 후에 북쪽의 왕 이스보셋이 죽자, 이스라엘 모든 지파는 헤브론에 있는 다윗을 찾아 약조를 맺고 기름을 부은 후 그를 왕으로 추대했다. 이제 그는 명실공히 통일왕국의 왕이 되어 이스라엘 전체를 통치하게 된다.

전쟁에 능한 다윗은 통치 영역을 차츰 확장하여 시온 성을 빼앗고 블레셋을 쳤을 뿐아니라 아람, 암몬, 에돔, 모압을 공격해서 식민지로 삼고 조공을 받았다.
　그는 하나님의 마음에 합한 사람으로서 왕권을 강화했으며, 이스라엘 역사상 영토를 가장 넓게 확장한 왕이 되었다. 이처럼 왕의 역할은 백성을 잘 다스리며, 전쟁 때 앞에 나가 싸워 적을 물리치고 승리하며 영토를 확장시켜 나가는 것이다(삼상 8:20).

만왕의 왕이며 대제사장이신 예수님
예수님께 이르러서야 사무엘의 제사장 직분과 다윗의 왕권이 통합되어 나타난다. 예수님은 제사장으로서 늘 하나님께 중보기도를 드렸다. 하루 종일 분주한 사역이 있음에도 불구하고 새벽 미명에 한적한 곳에서 열두 제자를 선택하기 위해, 임금 삼고자 하는 군중을 피해 밤새 홀로 기도하셨다. 사랑하는 제자 베드로를 위해, 십자가에 못박으라고 외치는 군중들을 위해, 십자가의 쓴 잔을 마시기 위해서도 기도하셨다.
　예수님은 대제사장으로서 하나님께 자신과 사랑하는 제자와 세상을 위해 중보기도하셨다(요 17). 또한 이 땅에 머무는 동안 심한 통곡과 눈물로 소원과 간구를 올리셨다(히 5:7). 마침내는 온 인류를 구원하기 위해, 자신을 십자가 제단 위에 제물로 바쳐 단번에 영원한 제사를 드리셨다.
　예수님은 섬기며 다스리는 왕으로 이 땅에서 사셨다. 그분은 눈에 보이는 국가의 왕이 아니다. 그분은 풍랑을 멈추게 하고, 문둥병을 고치고, 더러운 귀신을 쫓고, 죽은 자를 살리셨다. 예수님은 자연, 질병,

귀신, 죽음 이 모두를 다스리는 왕이시다. 그래서 하늘과 땅의 모든 존재가 하늘 보좌에 앉으신 지극히 높으신 그분 발 아래 무릎 꿇고 다스림을 받게 되는 것이다(빌 2:10). 동시에 그분은 하늘 보좌에서 지금도 우리를 위해 계속 기도하시는 대제사장이시다.

우리도 왕 같은 제사장이다
예수님은 영적으로 이미 우리를 보좌에 앉게 하셨다(엡 2:6). 그리고 우리를 '왕 같은 제사장'으로 부르셨다. 예수님은 그분의 직책인 왕의 직분과 제사장 직분을 우리에게 위임하여 주셨다. 예수님으로 인해 우리의 신분은 왕 같은 제사장으로 변화된 것이다. 이 얼마나 영광스러운 일인가!

다윗은 왕이었지만, 제사장은 아니었다. 사무엘은 제사장이었지만 왕은 아니었다. 그러나 우리는 왕권과 제사장 직분을 동시에 누리며 수행할 수 있는 왕 같은 제사장이다.

사울 왕은 함부로 제사를 드린 후 쓴 뿌리가 생겨서, 다윗을 도운 아히멜렉을 포함한 85명의 제사장을 한꺼번에 죽이는 죄를 범하였다(삼상 22:17-18).

웃시야 왕은 나라를 부요하게 하고 국방을 든든히 했던 업적을 남겼지만, 제사장의 만류를 뿌리치고 성소에 들어가서 향단에 분향하려다가 문둥병자가 되었다(대하 26:16-19).

아론과 그의 아들들은 제사장이지만 통치하는 왕은 아니었다.

제사장이었던 사무엘도 왕은 아니었으므로 인접한 나라처럼 왕의 제도를 원하는 백성들의 요청을 하나님의 허락 가운데 들어주게 되었다.

그러나 우리는 이 두 가지 직분을 다 행할 수 있는 왕 같은 제사장이다.

"내게 구하라 내가 열방을 유업으로 주리니 네 소유가 땅 끝까지 이 르리로다"(시 2:8).

영적 의미에서 우리는 왕이다. 세상을 다스리는 자다. 그러므로 전쟁에 참여해서 다윗처럼 사탄에게 넘겨주었던 영토를 찾아 회복시켜야 한다.

또한 대제사장으로서 세상을 위해 중보기도하며 자신을 제물로 드린 예수님처럼 우리도 우리 몸을 하나님께 산제사로 드리는 삶을 살아야 한다(롬 12:1).

왕 같은 제사장의 사역

왜 예수님이 우리에게 이와 같은 신분을 주셨을까? 성경에 해답이 있다. "어두운 데서 불러내어 그의 기이한 빛에 들어가게 하신 자의 아름다운 덕을 선전하게 하려 하심이라"(벧전 2:9). 우리는 어둠에 속한 사람들에게 예수님을 증거하여 그들도 우리처럼 놀라운 빛 안으로 들어오게 해야 한다.

우리는 왕으로서 어둠에 묶인 사람들을 풀어주어 빛으로 이끌어 내야 한다. 또한 어둠의 나라 임금인 사탄을 결박하고 쫓아내야 한다. 이것이 사탄을 다스리는 것이다. 이는 제사장으로서 중보기도할 때 가능하다. 어둠의 왕국이 빛의 왕국이 되도록 우리는 기도로 다스려야 하는 것이다. 이것이 우리에게서 드러나야 할 참된 모습이다.

IMF 때, 나는 국가의 경제적 위기에 절망과 두려움을 느꼈다. 경제적인 어려움을 겪는 여러 나라들의 상황을 떠올리며 우리 나라가 다시 보릿고개를 넘는 것은 아닌지, 한강의 기적이 이제 끝난 것은 아닌지 불안한 마음이 들었다.

재정적으로 어렵고, 기도의 무게도 너무 무겁게 느껴지던 그 때, 한 선교사의 편지를 받았다. 그 편지에는 하나님의 주 되심과 자녀들의 모든 필요를 채우시는 아버지 하나님을 인정하는 고백이 담겨 있었다. "여러분, IMF라서 어렵죠? 그러나 저는 아닙니다. 왜냐하면 내 나라는 하나님의 나라이고 내 나라의 임금은 하나님이시며, 하나님 나라의 재정 원칙이 오늘도 나를 다스리기 때문입니다."

그 당시 선교사들은 지금보다 더 어려웠다. 이전에 100달러의 가치를 가졌던 한화가 IMF 때에는 60달러로 그 가치가 떨어져 선교사가 받는 헌금의 액수는 적어질 수밖에 없었다. 그런데도 그 선교사는 흔들림 없는 믿음 속에서 아름다운 고백을 자아낸 것이다.

이 편지를 읽고 나는 크게 도전을 받았다. IMF에 눌려 있지 말고 나 자신의 영적 권위를 기억하며 기도해야겠다고 생각했다. 나의 영적인 위치는 하나님의 보좌 우편이며 예수 그리스도와 함께하는 자리다. 그러므로 IMF라는 위기 상황은 당연히 내 발 아래 있는 것이다.

생각이 여기에 미치자 'IMF야! 평지가 될지어다! IMF의 산아, 너는 하나님 앞에 무력하다. 무너지고 부서질지어다!'라고 호령하며 유다 지파의 사자처럼 '다스리는 기도'를 했다.

그러자 하나님은 오히려 어렵고 힘든 이 시기에 교회가 정결해지고 부흥할 것이라는 기대감을 주셨다.

IMF가 터지기 몇 개월 전에 '부흥'이라는 곡이 발표되었다. 나는 이 곡이 위기 가운데 있는 우리 나라 백성을 격려하는 소망의 예언임을 깨달았다. 부흥이라는 찬양을 부르며 더욱 이 나라를 품고 기도하도록 하나님이 인도하신 것이다.

국가적인 문제뿐만 아니라 개인적인 문제에 직면할 때에도 왕권을 사용할 줄 알아야 한다. 예수님을 믿는다고 문제가 피해 가는 것은 아니다. 우리도 예수님을 믿지 않는 사람들과 동일하게 자녀, 직장, 질병, 관계 등 여러 문제를 만난다.

그러나 그리스도인의 해결 방법은 다르다. 세상 사람들은 문제의 파도 속에 이리저리 휩쓸리며 살아가지만 우리는 하나님의 보좌 우편에 올라 하나님과 함께 다스리고 명령하면서 기도해야 한다. 그렇게 하면 우리를 삼키려고 으르렁거리던 문제들이 우리의 발 밑에서 움츠러들고 부서질 것이다.

하나님은 우리가 왕 같은 제사장의 특권을 사용하여 개인의 문제뿐 아니라 온 열방을 다스리며 그분의 나라를 확장하기 원하신다.

기도의 골방은 피가 뿌려지는 전쟁터다. 이 곳에서 결정적이고도 격렬한 전투가 수행된다.

✝ 오 할레스비

| 3부 |
하나님의 일을 대행하는 중보기도자

이가 날카로운 새 타작 기계

"지렁이 같은 너 야곱아, 너희 이스라엘 사람들아 두려워 말라 나 여호와가 말하노니 내가 너를 도울 것이라 네 구속자는 이스라엘의 거룩한 자니라 보라 내가 너로 이가 날카로운 새 타작 기계를 삼으리니 네가 산들을 쳐서 부스러기를 만들 것이며 작은 산들로 겨 같게 할 것이라 네가 그들을 까부른즉 바람이 그것을 날리겠고 회리바람이 그것을 흩어버릴 것이로되 너는 여호와로 인하여 즐거워하겠고 이스라엘의 거룩한 자로 인하여 자랑하리라"(사 41:14-16).

우리 교회에서 가까운 곳에 축구학교가 세워지는 것을 본 적이 있다. 커다란 기중기가 큰 골짜기의 땅을 메우고 있었는데 만약 이 작업을 삽으로 한다면 어떨까? 기술 문명의 시대, 시간이 돈으로 여겨지는 요즘 시대에는 결코 있을 수 없는 일이다.

땅을 팔 때 삽을 사용하는 것과 대형 크레인을 이용하는 것은, 사람의 힘과 하나님의 능력에 비유할 수 있다. 내 힘으로 할 수 없는 일을 전능하신 하나님의 손에 맡기는 것이 중보기도의 위력이다.

하나님은 야곱을 작고 볼품없는, 연약한 지렁이라 부르셨다. 20년 동안 복수의 칼을 갈며 400명의 부하들을 훈련시킨 형 앞에서 두려워 떨 수밖에 없는 야곱처럼, 우리도 강한 적 앞에서 지렁이 같지 않은가?

그런데 하나님은 지렁이 같은 우리를 강한 타작 기계로 변화시켜 능력 있는 존재가 되도록 도우시겠다고 말씀하셨다. 연약해서 방어할 힘조차 없는 지렁이가 천하무적의 이가 날카로운 새 타작 기계로 변화되는 것은 참으로 놀라운 일이다. 이는 거대한 산처럼 우뚝 서 있는 문제들을 부수고 겨같이 날려버리는 능력 있는 기도의 사람으로 우리를 만드시겠다는 하나님의 약속이다.

하나님이 만드시는 타작 기계의 특징
첫째, 이가 날카롭다. 기도하는 사람이 목표나 믿음 없이 기도한다면 이것은 마치 날이 무딘 도끼로 나무를 베는 것과 같다. 익은 곡식의 이삭을 떨어서 낟알을 거두어야 할 타작 기계의 이가 무디면, 타작도 잘 안 되고 힘만 든다.

그러므로 지혜로운 나무꾼이 먼저 도끼날을 갈아 놓듯 우리도 타작 기계의 이를 날카롭게 하여 기도해야 한다. 이것을 위해서는 하나님의 음성을 듣고 어떻게 기도해야 할지 방향을 잡아야 한다. 응답하실 하나님에 대한 믿음 또한 날카로운 타작 기계를 효과적으로 사용하는 것과 같다.

둘째, 기계가 새 것이다. 오래된 중고 차는 아무래도 새 차보다 고장도 잘 나고 성능도 떨어진다. 무의미한 기도를 반복하는 일은 우리를 지루하게 하고 생명력 없게 한다.

우리는 날마다 새롭게 기도해야 한다. 그것은 언제나 새롭게 역사하시는 성령님의 능력을 의지하며 기도할 때 가능하다. 하나님은 우리가 새로 뽑은 차처럼 역동적으로 기도하기를 원하신다.

지렁이가 변하여 이가 날카로운 새 타작 기계로

야곱이 언제 지렁이에서 새 타작 기계로 변화되었는가? 얍복 강가에서 밤을 지새우며 하나님의 사자와 기도로 씨름했을 때였다. 그 때 주님은 야곱의 마음속에 있는 에서에 대한 두려움을 드러내셨다. 그리고 야곱이 분투하는 것을 지켜보셨다. 분명한 목표 의식을 갖고 밤새 씨름했던 야곱의 기도는 그 동안 복수의 칼을 갈던 에서의 마음을 녹였다. 20년 만에 고향으로 돌아가면서, 자신 안에 있는 두려움의 산마저 부수어 버렸다(창 32:22-33:12). 하나님이 지렁이 같은 야곱을 이가 날카로운 새 타작 기계로 변화시켜 주신 것이다.

우리 앞에 아무리 많은 태산과 준령이 놓여 있다 할지라도 두려워하거나 염려할 것이 없다. 우리들이 이가 날카로운 새 타작 기계와 같이 기도할 때, 두려움이나 염려들은 날리는 겨같이 흩어져 버릴 것이다.

이슬람의 큰 산도 겨같이

강의차 파키스탄에 갔을 때, 라호르 공항에서 현지 청년과 이야기할 기회가 있었다. 그는 우리 나라에서 4년간 외국인 노동자로 일하고 귀국하는 길이었다. 문득 '어쩌면 지금이 그가 복음을 들을 수 있는 마지막 기회일지도 모른다!' 는 생각이 머리를 스쳐 그에게 예수님만이 구원자이심을 설명했다.

그러자 그렇게도 친절했던 청년이 얼굴빛을 바꾸며 당장이라도 경찰에 고발할 것 같은 태도를 취했다. 그의 갑작스런 행동에 나는 당황스러웠고 이슬람의 장벽이 얼마나 큰지 몸으로 느낄 수 있었다.

그 때는 이슬람의 라마단 금식 기간이었다. 무슬림들은 30일간의 라마단 금식 기간 동안 해뜰 때부터 해질 때까지 금식하며 기도한다.

한번은 금식하며 기도하던 한 무슬림에게 배가 고프지 않냐고 물어봤는데 그는 아주 강력하게 알라가 도와주기 때문에 배고프지 않다고 말했다. 무슬림들의 철벽 같은 신앙을 새삼 느꼈다.

새벽 3시부터 회교당에서 내보내는 기도 소리를 들으며 내 마음속에 이슬람에 대한 절망감이 차올랐다. 그러자 하나님이 말씀하셨다. "광임아, 이 일은 사람은 할 수 없지만 나는 할 수 있다." 이 한마디 말씀으로 나의 절망감은 눈 녹듯 사라졌다. 대신 하나님의 능력을 기대하는 믿음이 솟아 올랐다.

나는 이 믿음으로 이슬람의 장벽을 깨뜨리기 위한 기도를 하고 있다. 사람들을 속이는 거짓과 두려움을 몰아 내고 그 땅에 진리와 은혜의 강물이 넘칠 때까지 기도해야 한다. 이 일을 위해 우리가 하나님의 능력을 대행하는 자로서 부르심을 입은 것이 아닌가!

> "그가 내게 일러 가로되 여호와께서 스룹바벨에게 하신 말씀이 이러하니라 만군의 여호와께서 말씀하시되 이는 힘으로 되지 아니하며 능으로 되지 아니하고 오직 나의 신으로 되느니라"(슥 4:6).

하나님의 심판을 막아서는 자

그리스 신화에 나오는 거인 아틀라스가 지구를 양팔로 버티고 서 있는 것처럼, 이 세상은 사랑이 식지 않은 사람들의 기도를 통해 지탱된다. 다른 어떤 것에 의해서가 아니라, 하늘을 향해 들어올리고 기도하는 두 손에 의해 살아가는 것이다.

✛ 헬무트 틸리케

"이 땅 백성은 강포하며 늑탈하여 가난하고 궁핍한 자를 압제하였으며 우거한 자를 불법하게 학대하였으므로 이 땅을 위하여 성을 쌓으며 성 무너진 데를 막아서서 나로 멸하지 못하게 할 사람을 내가 그 가운데서 찾다가 얻지 못한 고로 내가 내 분으로 그 위에 쏟으며 내 진노의 불로 멸하여 그 행위대로 그 머리에 보응하였느니라 나 주 여호와의 말이니라"(겔 22:29-31).

결렬된 틈에서

우리가 범죄하면 하나님과의 관계가 소원해진다. 만약 계속해서 회개하지 않으면 급기야 그 관계는 결렬되고 만다. 이 때에 공의의 하나님은 심판을 행하셔야 하지만 긍휼이 풍성하신 하나님의 성품 때문에 심판을 철회하고 범죄한 백성들을 구원하려 하신다.

그렇게 하기 위하여 하나님은 그분의 심판과 재앙을 멈추게 할 사람을 찾고 계신다. 그런 사람을 찾지 못할 때 안타깝지만 그 시대에 하나님의 진노가 임한다.

그러나 죄악을 깊은 바다에 던지듯, 하나님의 심판을 저 멀리 던지며 막아선 사람도 있었다. 아브라함은 소돔과 고모라를 심판하시려는 하나님의 계획을 들었을 때(창 18:16-33), 하나님께 탄원하였다. "의인을 악인과 함께 멸하시려나이까 그 성 중에 의인 오십이 있을지라도 주께서 그 곳을 멸하시고 그 오십 의인을 위하여 용서치 아니하시리이까"(창 18:23-24).

이에 아브라함은 의인 열 명이 있으면 심판하지 않으시겠다는 하나님의 약속을 받고서야 기도를 마쳤다.

의인 열 명이 없던 소돔과 고모라는 하나님의 심판을 받게 되지만 하나님은 아브라함을 생각하시어 그의 조카 롯의 가족에게 심판을 피할 길을 주셨다(창 19:29).

하나님의 심판을 막아선 또 다른 한 사람, 모세가 있다. 출애굽기 32장 7-14절에 보면, 모세가 시내산에서 십계명을 받고 있을 때 아론과 백성들이 금송아지를 만들어 우상을 숭배했다. 그 죄악으로 인해 크게 노하신 하나님은 백성들을 멸하기로 결정하시고 그것을 모세에게 미리 말씀하셨다. 이와 같은 하나님의 결정에 모세는 하나님이 노를 돌이키시고 백성들을 멸하지 않으시도록, 하나님의 약속과 신실하신 성품을 의지하여 간절히 기도하였다.

"어찌하여 애굽 사람으로 이르기를 여호와가 화를 내려 그 백성을 산에서 죽이고 지면에서 진멸하려고 인도하여 내었다 하게 하려 하시나이까 주의 맹렬한 노를 그치시고 뜻을 돌이키사 주의 백성에게 이 화를 내리지 마옵소서 주의 종 아브라함과 이삭과 이스라엘을 기억하소서 주께서 주를 가리켜 그들에게 맹세하여 이르시기를 내가 너희 자손을 하늘의 별처럼 많게 하고 나의 허락한 이 온 땅을 너희의 자손에게 주어 영영한 기업이 되게 하리라 하셨나이다"(출 32:12-13).

마침내 하나님은 한 사람의 중보기도자, 모세의 기도를 들으시고 뜻을 돌이켜 백성에게 화를 내리지 않으셨다.

"그러므로 여호와께서 저희를 멸하리라 하셨으나 그 택하신 모세가 그 결렬된 중에서 그 앞에 서서 그 노를 돌이켜 멸하시지 않게 하였도다"(시 106:23).

과원지기의 수고

"이에 비유로 말씀하시되 한 사람이 포도원에 무화과나무를 심은 것이 있더니 와서 그 열매를 구하였으나 얻지 못한지라 과원지기에게 이르되 내가 삼 년을 와서 이 무화과나무에 실과를 구하되 얻지 못하니 찍어버리라 어찌 땅만 버리느냐 대답하여 가로되 주인이여 금년에도 그대로 두소서 내가 두루 파고 거름을 주리니 이 후에 만일 실과가 열면이어니와 그렇지 않으면 찍어 버리소서 하였다 하시니라"(눅 13:6-9).

어떤 사람이 포도원에 무화과나무를 심고 3년 동안이나 열매를 얻지 못하게 되자 과원지기에게 나무를 찍어버리라고 명령했다. 그 때 과원지기는 무화과나무가 열매를 맺을 수 있도록 다시 한번 땅을 파고

정성스럽게 거름을 주겠다고 주인에게 약속했다.

이 말씀에 나오는 주인을 하나님으로, 과원지기를 중보기도자로, 무화과나무를 인간(또는 세상)으로 연관지어 생각해 보자. 주인(하나님)은 3년 동안이나 기다려 주었지만 계속해서 소득 없이 땅만 버리는 것을 원치 않았다. 그러자 과원지기(중보기도자)는 열매 없는 무화과나무(인간, 세상)가 주인의 심판을 면하도록 중재 역할을 했다.

하나님은 우리를 인내해 주시지만 또한 심판도 행하신다.

열매 없는 무화과나무처럼, 지금도 전세계에는 죄로 인해 심판의 예고를 받은 나라들이 많이 있다. 그러므로 전쟁, 질병, 태풍 등의 재앙이 더 이상 퍼지지 않도록 막아서는 기도가 필요하다. 음란과 탐욕에 물든 서구의 땅, 우상 숭배로 더럽혀진 힌두교와 불교의 땅, 거짓의 영에 묶여 함부로 생명을 죽이는 테러리스트들이 활동하는 이슬람 땅….

죄악이 관영한 땅 위에, 공의로운 하나님의 진노가 임박해 있다. 이것을 안타까이 바라보며 하나님의 심판을 막아서는 과원지기 같은 중보기도자가 필요하다.

중보기도자는 죄로 인해 열매를 맺지 못하는 개인과 나라와 지역이 열매를 맺을 수 있도록 땅을 파고 거름을 주는 사람이다. 나 역시 한때 나라의 위급한 상황을 깨닫고 부담감을 가진 적이 있었다. 백성들과 지도자들의 죄로 인해 이 나라에 큰 재앙이 임할 것 같은 느낌이 들어서 마음의 부담감이 사라질 때까지 하나님의 심판을 막아서는 기도를 드렸다. 지금도 이 세상 어딘가에서 익명의 중보기도자들이 나라와 민족을 위하여 기도하기 때문에 하나님의 심판이 멈추거나 감해지는 것이다.

이처럼 우리 모두가 아브라함, 모세, 아모스, 그리고 과원지기와 같이 간절히 기도할 때, 하나님은 이 땅을 긍휼의 강물로 덮으시며 고치실 것이다!

"내 이름으로 일컫는 내 백성이 그 악한 길에서 떠나 스스로 겸비하고 기도하여 내 얼굴을 구하면 내가 하늘에서 듣고 그 죄를 사하고 그 땅을 고칠지라"(대하 7:14).

무너진 곳의 수축자

기도를 하려고 두 손을 모으는 것은 이 세상의 혼란에 대항하여 일어서는 행동의 시작이다.
✚ 칼 바르트

"주 여호와의 말씀에 본 것이 없이 자기 심령을 따라 예언하는 우매한 선지자에게 화가 있을진저 이스라엘아 너의 선지자들은 황무지에 있는 여우 같으니라 너희 선지자들이 성 무너진 곳에 올라가지도 아니하였으며 이스라엘 족속을 위하여 여호와의 날에 전쟁을 방비하게 하려고 성벽을 수축하지도 아니하였느니라"(겔 13:3-5).

성벽을 재건하는 일이 가장 시급하다

성이 무너지고 있다면 급히 성벽을 재건해야 한다. 성벽의 무너진 틈으로 적들이 들어와 사람을 해치고 재산을 노략질해 갈 수 있기 때문이다. 영적인 면에서도 성벽은 중요하다. 우리의 마음과 생각에 생긴 작은 틈을 외면하거나 하나님의 경고를 무시한다면 사탄이 들어와 우리를 해치고 또한 공동체에도 악한 영향력을 주게 될 것이다.

그리스도인이라면 누구나 자신과 자신이 속한 공동체의 삶에 둘러쳐진 성을 수시로 살피며 혹시 무너진 곳이 있는지 돌아봐야 한다. 그렇지 않고 무관심하다면, 사탄이 찾아와서 성벽의 작은 틈을 갉아댈 것이기 때문이다. 그리고 우리와 우리 이웃의 삶과 관계를 모두 무너뜨리려 할 것이다.

하나님은 우리에게 무너진 곳이 어디인지 가르쳐 주신다. 그리스도인들은 이러한 하나님의 경고에 귀를 기울이고 부지런히 무너진 성벽을 재건하는 데 앞장서야 한다(겔 13).

"황무지에 있는 여우"와 같은 거짓 선지자
에스겔은 "자기 마음에서 나는 대로 예언하는" 이스라엘의 우매한 선지자들을 "황무지에 있는 여우"에 비유했다. 그들의 마음은 피해를 보지 않으려는 이기심으로 가득찼고 성 무너진 곳을 돌아보지도 않았다. 또한 무너진 성벽을 수축하거나 전쟁을 대비하지도 않았다.

요즘 많은 가정이 도박이나 술, 음행, 잘못된 카드 사용으로 무너지고 있다. 또한 그동안 묻혀있던 많은 사회적 비리들이 드러나고 있다. 이러한 때에 그리스도인들은 자신의 생각에서 나오는 거짓 메시지로 평안이나 형통을 말하는 거짓 선지자들을 경계해야 한다. 그들은 지금도 하나님의 경고를 무시하며 '괜찮다' 거나 '지금이 좋다' 고 말하면서 안이하게 자신의 성벽만을 돌아보고 있다.

어떻게 무너진 성벽을 수축해야 할까?
무너진 성벽을 수축하기 위해서는 먼저 그것을 제대로 파악해야 한다. 그러려면 성벽 위로 올라가 진리의 다림줄(집이나 건물을 짓기 전 수평과 수직을 볼 때, 추를 달아 늘이기 위해 쓰는 줄)을 내려야 한다. 그리고 올바르게 수축하기 위해서는 아무리 힘들더라도 해야 한다.

느헤미야는 고향 땅 예루살렘 도시가 화재로 불타 잿더미가 되었다는 소식을 듣게 된다. 그는 실제로 머나먼 바사에서 예루살렘까지 와서 그곳의 상황을 조사한다. 그리고 그 도시를 부흥케 하기 위하여 그의 동족들을 설득하고 도전한다. 주변에 많은 방해가 있었지만 연합하여 일을 할 때 무너진 예루살렘 도시와 성벽을 수축하고 보수하는 것이 중보기도자의 역할이다. 혼자 힘으로 할 수 없다면 사람들을 모아 연합해야 한다. 때로 파괴된 가정을 위해 중보기도할 때 혼자서는 벅찰 때가 있다. 그 때는 기도 팀에게 부탁하여 함께 기도하는데 그러면 무너진 성벽 사이에 갇힌 사람들이 자유케 되는 것을 본다. 또한 소망이 이루어지는 것을 보며 이루 말할 수 없는 기쁨이 생긴다. 중보기도의 보람이 느껴지는 순간이다.

우리는 가정뿐 아니라, 교육, 정치, 언론, 경제, 교회의 무너진 곳에 올라가야 한다. 그리고 어디가 무너져 있는지 보고, 하나님의 다림줄을 세우고 기도의 벽돌을 쌓아야 한다. 만약 중보기도자들이 부지런히 성벽을 건축하지 않는다면 악한 마귀의 세력이 우리 나라를 파괴하고 견고한 진을 세울 것이다.

> "네게서 날 자들이 오래 황폐된 곳들을 다시 세울 것이며 너는 역대의 파괴된 기초를 쌓으리니 너를 일컬어 무너진 데를 수보하는 자라 할 것이며 길을 수축하여 거할 곳이 되게 하는 자라 하리라"(사 58:12).

열방까지도 수축할 수 있다
열방은 어떠한가? 하나님의 공의와 사랑은 간 곳이 없고, 우상 숭배와 피흘림과 음란함이 가득한 땅들이 얼마나 많은지 아는가?

나는 인도에서 하나님의 형상대로 만들어진 수많은 사람들이 카스트 제도에 묶여 비참하게 살고 있는 모습을 보았다. 세습적 신분 제도인 카스트 제도는 하나님의 공평함에 반하는 계급 제도다. 우리는 하나님의 공의와 공평이 무너진 성벽을 다시 수축하기 위해서 천민으로 분류된 사람들이 하나님의 형상을 회복할 수 있도록 기도해야 한다.

우리는 이슬람의 극단주의자, 테러리스트들이 복수의 칼을 들고 자신들이 섬기는 신의 이름으로 많은 사람을 죽이며 자폭하는 것을 본다. 그러므로 그들을 위해 하나님의 사랑으로 용서와 진리가 무너진 성벽을 보수하고 수축하는 일을 해야 한다.

아무리 오랫동안 황폐한 상태로 있었을지라도 하나님은 보수하는 자를 통해서 다시 수축할 것이라고 말씀하셨다. 즉 천 년, 이천 년 동안 저주에 묶인 우상 숭배의 땅이라도 중보기도자가 무너진 성벽을 수축한다면 그 곳에 하나님의 왕국이 세워질 것이다.

"그들은 오래 황폐하였던 곳을 다시 쌓을 것이며 예로부터 무너진 곳을 다시 일으킬 것이며 황폐한 성읍 곧 대대로 무너져 있던 것들을 중수할 것이며"(사 61:4).

적의 침투를 경계하는 파수꾼

"그러나 파수꾼이 칼이 임함을 보고도 나팔을 불지 아니하여 백성에게 경고치 아니하므로 그 중에 한 사람이 그 임하는 칼에 제함을 당하면 그는 자기 죄악 중에서 제한 바 되려니와 그 죄를 내가 파수꾼의 손에서 찾으리라 인자야 내가 너로 이스라엘 족속의 파수꾼을 삼음이 이와 같으니라 그런즉 너는 내 입의 말을 듣고 나를 대신하여 그들에게 경고할지어다 가령 내가 악인에게 이르기를 악인아 너는 정녕 죽으리라 하였다 하자 네가 그 악인에게 말로 경고하여 그 길에서 떠나게 아니하면 그 악인은 자기 죄악 중에서 죽으려니와 내가 그 피를 네 손에서 찾으리라"(겔 33:6-8).

"그 때에 이리가 어린 양과 함께 거하며 표범이 어린 염소와 함께 누우며 송아지와 어린 사자와 살진 짐승이 함께 있어 어린아이에게 끌리며"(사 11:6).

이사야가 예언한 이러한 평화로운 삶은 아직 오지 않았다. 이 세상에는 우리에게 피해를 입히는 사람들과 사회악이 여전히 존재하고 있다. 그렇기 때문에 더욱 이런 무방비 상태에서 살 수 없는 것이다.

몇 해 전, 우리 부부는 사택의 문을 잠그지 않고 심방을 다녀왔다. 농촌이라 괜찮을 것이라고 생각했는데 집에 돌아와 보니 결혼 예물과 사례비 받은 것이 없어졌다. 방심한 채로 심방을 다녀온 1시간 동안 누군가 우리집에 들어왔던 것이다.

경찰서에 신고하고 조사를 부탁했지만 이미 잃은 것을 찾기는 어려웠다. 그 일로 문을 잠그고 집을 지키는 것이 얼마나 중요한지 다시 한번 깨달았다. 파수꾼이란 일정한 곳에서 개인의 생명과 재산과 땅을 보호하기 위해 경계하며 망을 보는 사람이다. 파수꾼에게는 사명 의식이 있어야 한다. 군인은 국민의 생명과 국토를 지키겠다는 사명 의식이 투철해야 한다. 그렇지 않고 애인이 배신했다거나, 가족이 보고 싶다 하여 국토 방위의 임무를 소홀히 한다면 그 나라가 어떻게 되겠는가?

조선 시대에 이율곡 선생은 일본의 침략으로부터 나라를 지키기 위해 10만 대군을 양성해야 한다고 주장했다. 그러나 선생의 주장은 묵살당했고 급기야 우리 나라는 임진왜란으로 인해 풍전등화의 위기에 놓이게 되었다. 이 때 자신의 사명에 대한 의식이 투철했던 또 다른 인물, 이순신 장군이 생명을 걸고 끝까지 바다를 사수한 결과 왜군을 물리칠 수 있었다.

"작전에 실패한 병사는 용서할 수 있어도, 경계에 실패한 병사는 용서할 수 없다"는 말이 있다. 기도하는 파수꾼도 마찬가지다. 자신이 기도하고 있는 사람, 영역, 도시, 국가에 대한 분명한 사명 의식을 가지고 기도해야 한다.

그렇다면 파수꾼이 해야 하는 역할은 무엇인가?

높은 곳으로 올라가야 한다

성을 보호하기 위해서는 성벽 위로 올라가야 하며, 포도원을 지키기 위해서는 포도원에 망대를 세우고 그 위에 올라가야 한다. 높은 곳은 하나님이 계신 곳이다. 하나님과 친밀하게 교제하고 하나님의 음성을 들을 수 있는 곳, 즉 하나님의 임재가 있는 곳을 의미한다.

높은 곳에 올라가기 위해서는 대가를 지불해야 한다. 시간을 내야 하며, 수고해야 한다. 이렇게 높은 곳에 올라간 파수꾼은 먼 곳까지 자세히 볼 수 있기 때문에 적이 들어오는 것을 효과적으로 막을 수 있다.

이처럼 우리도 하나님의 임재를 누리는 곳에서 세상을 바라보면 마귀의 공격을 방어하는 중보기도의 임무를 다할 수 있다.

깨어 있어야 한다

> "도적이 오는 것은 도적질하고 죽이고 멸망시키려는 것뿐이요 내가 온 것은 양으로 생명을 얻게 하고 더 풍성히 얻게 하려는 것이라"(요 10:10).

> "근신하라 깨어라 너희 대적 마귀가 우는 사자같이 두루 다니며 삼킬 자를 찾나니"(벧전 5:8).

마귀는 오늘도 하나님이 주신 생명과 평화를 도둑질하기 위해 우는 사자같이 두루 다니며 삼킬 자를 찾는다. 이러한 마귀의 공격에 대해 안전하려면 '깨어 있으라'는 명령을 들어야 한다. 기도하는 사람들이 자신이 기도하는 영역에서 방심하거나 게을러지면 마귀가 그 틈을 타서 많은 것들을 노략질할 것이다.

나는 딸아이가 커가는 모습을 보며 깨어 기도해야겠다는 생각을 많이 한다. 하나님의 사랑과 보호 속에서 안전하게 자라길 바라지만 세상에는 비성경적인 문화, 유해 식품, 불안한 교통 환경, 나쁜 사람의 유혹 등이 지뢰처럼 숨겨져 있다. 이런 것들이 눈에 띄면 안이한 마음에서 깨어나 기도의 무릎을 세우곤 한다. 세상 악으로부터 보호되어 하나님이 주신 순수하고 밝고 명랑한 성품을 가지고 건강하게 열매 맺는 삶을 살도록 기도한다.

또한 우리 나라도 하나님이 주신 비전을 잃지 않고 열매를 맺을 수 있도록 깨어 기도해야 한다. 주변에서 우리의 역사를 왜곡시켜 정체성을 흔들고 영토를 빼앗으려 할 때 구경만 하는 것이 아니라 깨어서 왜곡과 강탈을 막는 기도를 해야 한다. 그러면 이런 문제들이 오히려 기회가 되어 국가의 정체성을 확립하고 하나님이 우리 나라에 주신 사명을 이루게 될 것이다.

보고 들은 대로 나팔을 불어야 한다

> "인자야 내가 너를 이스라엘 족속의 파수꾼으로 세웠으니 너는 내 입의 말을 듣고 나를 대신하여 그들을 깨우치라 가령 내가 악인에게 말하기를 너는 꼭 죽으리라 할 때에 네가 깨우치지 아니하거나 말로 악인에게 일러서 그 악한 길을 떠나 생명을 구원케 하지 아니하면 그 악인은 그 죄악 중에서 죽으려니와 내가 그 피 값을 네 손에서 찾을 것이고"(겔 3:17-18).

하나님은 이스라엘의 파수꾼으로 에스겔을 세우고, 그에게 하나님의 뜻을 말씀하셨다. 에스겔이 이스라엘 백성에게 가서 깨우치지 않는다면 에스겔에게 죄를 묻겠지만, 하나님께 들은 대로 전해도 백성들이 회개치 않는다면 그 때는 에스겔에게 죄를 묻지 않겠다는 것이다.

파수꾼이 나팔을 불어 경고하지 않으면 백성과 재산이 파괴되어 나라가 멸망한다(겔 33). 적이 침투하는 것을 볼 때 파수꾼이 곧 나팔을 불어 전쟁에 대비하도록 해야 하는 것처럼, 우리도 하나님께 들은 대로 말해서 백성들이 돌아오도록 해야 한다.

어느 교회의 집회에서 기도를 인도할 때 그 교회를 향한 하나님의 말씀을 들었다. "너희는 이전 일을 기억하지 말며 옛적 일을 생각하지 말라 보라 내가 새 일을 행하리니 이제 나타낼 것이라 너희가 그것을 알지 못하겠느냐 정녕히 내가 광야에 길과 사막에 강을 내리니 장차 들짐승 곧 시랑과 및 타조도 나를 존경할 것은 내가 광야에 물들을, 사막에 강들을 내어 내 백성, 나의 택한 자로 마시게 할 것임이라"(사 43:18-20).

그 교회는 목사님과의 관계에서 여러 번 상처를 입고 분열을 거듭했다. 그래서 지금 새로 부임하신 목사님에게도 마음의 문을 열지 못하고 있었다. 집회 중에 하나님이 주신 대로 이사야 43장의 말씀을 선포했다. 과거의 일은 용서함으로 잊어버리고 하나님이 주신 소망을 붙들고 나아간다면 하나님의 복이 임하는 교회로 바뀐다는 내용의 말씀이었다.

성도들이 이 말씀에 반응하는 것을 보며 하나님께 감사했다. 파수꾼이 하나님께 들은 대로 선포할 때 하나님은 나아갈 길을 열어 주신다!

조이 도우슨 여사는 파수꾼의 좋은 모델이다. 그녀는 20년 전에 한국이 선교에 적극적으로 순종하지 않는다면 하나님의 심판이 있을 것이라는 경고의 나팔을 불었다. 나 역시 이 예언을 듣고 선교에 대한 헌신의 각오를 단단히 했다. 이렇듯 파수꾼의 기도와 예언적 선포는 백성들을 회개시키며 나라가 나아가야 할 방향을 깨우치는 역할을 한다.

여호와가 세상에서 찬송을 받으시기까지

그렇다면, 언제까지 기도해야 하나? "예루살렘이여 내가 너의 성벽 위에 파수꾼을 세우고 그들로 종일 종야에 잠잠치 않게 하였느니라 너희 여호와로 기억하시게 하는 자들아 너희는 쉬지 말며 또 여호와께서 예루살렘을 세워 세상에서 찬송을 받게 하시기까지 그로 쉬지 못하시게 하라"(사 62:6-7).

우리는 세상에 하나님의 나라가 세워질 때까지 쉬지 말고 기도해야 한다.

이 땅에 악이 드러나고 하나님의 공의와 사랑이 세워질 때까지(암 5:24), 물이 바다를 덮는 것처럼 하나님을 아는 지식이 온 세상에 가득해질 때까지(합 2:14), 각 나라와 족속과 백성의 큰 무리가 흰옷을 입고 손에 종려 가지를 들고 보좌 앞과 어린 양 앞에 서서 예배드릴 때까지(계 7:9-10), 파수꾼은 쉬거나 잠잠치 말아야 한다.

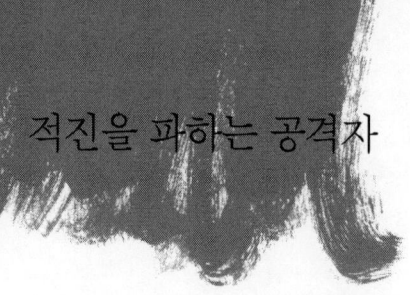
적진을 파하는 공격자

> 기도는 숨어 있는 적을 향해 승리의 일격을 가하는 것이다. 그리고 사역은 우리가 만나고 교제하는 사람들 가운데서 그 타격의 결실을 거두어 들이는 것이다.
> ✝ S. D. 고든

> 기도는 우리의 무기고에 있는 무기들 중 하나가 아니라 영적 전쟁 그 자체다.
> ✝ 딕 이스트만

기도는 적극적인 전투다

중보기도자는 하나님 앞에서 수축하는 사람, 파수하는 사람으로만 머부는 것이 아니라 적진에 용감하게 뛰어들어 공격하는 사람이다. 공격은 최선의 방어라는 말이 있듯이, 중보기도자는 영적 전쟁에서 승리하기 위해 적극적인 기도를 통하여 적진을 향해 공격을 가해야 한다. 성경에 보면 이러한 사례들이 많이 있다.

모르드개와 유대인을 학살하려는 하만의 진으로, 에스더는 '죽으면 죽으리라'는 각오로 금식기도하며 뛰어들었다. 그 결과 위기에 처한 백성과 국가를 구해 냈고 원수인 하만을 몰락시킴으로써 역전승을 거두었다.

예수님도 70명의 제자들을 적진으로 파송하실 때 먼저 영적 전쟁을 하셨다. 파송된 이들이 돌아와 주의 이름으로 귀신들이 항복했다고 승리의 보고를 했을 때 예수님은 사탄이 하늘로서 번개같이 떨어진 것을 보았다고 하셨다. 예수님이 이미 기도로 적진을 파하셨기 때문에 가능했다고 생각한다. 기도 없이는 복음을 전하는 자들이 승리할 수 없다.

이스라엘이 아말렉 군대와의 전투에서 어떻게 승리하였는가? 그것은 모세가 산 위에서 중보기도의 전투를 했기 때문이다. 모세의 기도가 약해지면 전장에서 싸움을 하는 여호수아가 패하고, 모세의 기도가 강해지면 여호수아가 진격하여 적을 물리쳤다.

모세와 아론과 훌이 연합하여 기도의 전쟁에서 승리했던 것이다(출 17:8-16). 이 기도의 승리가 물리적인 전투에서도 승리를 얻게 했다. 전쟁의 승패는 여호수아의 칼날에 있는 것이 아니고 모세, 아론, 훌이 연합하는 중보기도에 달려 있었던 것이다. 영적 전투에서는 수동적인 자세로 기도해서는 안 된다. 적극적으로 적들을 찾아내어 적진을 파하는 공격적인 기도를 해야 한다.

빼앗긴 것을 다시 찾으라

다윗 왕은 통일 왕국을 이루며 이스라엘의 영토를 최대한 확장하기까지 공격적인 싸움을 계속했다. 하나님이 이스라엘에게 주신 땅들을 다 빼앗고 적들을 굴복시키기까지 쉬지 않았다.

다윗의 이러한 하나님의 용사다운 모습은 그가 왕이 되기 전에도 마찬가지였다. 다윗이 그를 따르는 사람들과 시글락에 도착했을 때, 이미 아말렉은 성을 불사르고 여인과 자녀들과 모든 재산을 탈취해 갔다. 이 때 다윗은 낙담하거나 주저앉지 않고 그의 사람들 400명을 데리고 쫓아가서 여인과 자녀들뿐만 아니라 잃어버린 모든 것을 되찾고 아말렉의 소유물을 탈취해 돌아왔다(삼상 30:1-20).

다윗은 왕이 된 후 블레셋을 공격하여 그들의 영토를 빼앗았고, 모압을 굴복시켜 조공을 바치게 했다. 소바 왕 하닷에셀을 쳐서 마병 1,700명과 보병 2만 명을 사로잡고, 병거를 끄는 말의 발 힘줄까지 끊어 버렸다. 뿐만 아니라, 소바 왕을 도운 다메섹 아람 사람들을 쳐서 종으로 삼았다(삼하 8:1-6).

오늘날 하나님은 우리에게 다윗처럼 적극적이며 공격적인 자세로 적의 진을 파하라고 말씀하신다.

모빌 팀으로 사역할 당시, 우리는 공동 생활을 하면서 오전에 나라와 열방을 위해 중보기도하는 시간을 가졌다. 그러던 어느 날, 세계적인 대중가수가 우리 나라에 온다는 이야기를 들었다. 그의 콘서트가 우리 젊은이들에게 아무런 유익을 줄 수 없을 뿐 아니라 마귀에게 젊은이들을 빼앗길 것을 염려하여 그가 오지 못하도록 적극적으로 기도했다. 하나님은 극적으로 응답하셨다.

얼마 후 또다시 그가 우리 나라에 온다는 이야기를 듣고 기도했지만 이번에는 그가 왔고 콘서트도 열렸다. 그 때까지 우리 팀은 계속해서 그 콘서트가 취소되든지 악의 세력이 역사하지 못하도록 공격하며 기도했다. 결국 많은 인파가 몰려들 것으로 예상했던 그 공연은 관객 동원에 실패했고, 한 번 더 예정되어 있던 공연도 취소되었다. 독일에서 열린 공연에서도 전기 합선으로 인해 계속 진행하기가 어려웠다는 뉴스를 보게 되었다.

최근에도 미국의 대중가수가 내한한다는 소식을 들었을 때 그의 공연이 취소되도록 기도해야겠다고 결심하며 내가 속한 기도 팀뿐 아니라 강의하러 가는 곳곳마다 이 문제를 위해서 기도하도록 부탁했다. 그는 사탄교의 하나인 매슨교의 교주로 반기독교적인 행위를 무대 위에서 서슴지 않고 행하는 사람이다. 마귀의 조종을 받는 자인 것이다.

비록 공연은 예정대로 5,000명 정도가 참석한 가운데 시행되었으나 실망하지 않고 공연 시간 내내 기도했다. 그런데 공연 중간에 펑 소리와 함께 정전이 되었다. 그 가수가 공연 도중 부은 샴페인이 앰프에 들어가 터진 것이다. 결국 그는 공연을 마치지 못하고 사라졌다.

나중에 알고 보니 공연장 주위를 돌며 적극적으로 공격하는 기도팀이 있었던 것이다. 하나님의 것이 아닌 마귀의 것이 문화와 사회 영역에 들어와 청소년들을 탈취하는 것을 본다면, 파수하는 데서 그치지 말고 견고한 진을 파하기 위해 적극적으로 공격해야 한다.

전세계 만민에게 복음을 전파하고 하나님 나라를 확장하려면 우리 앞에 놓인 수많은 난공불락의 요새들을 파해야 한다. 이슬람교, 힌두교, 라마불교, 그리고 수많은 언어의 장벽들이 소수 민족들에게까지 복음이 전파되는 것을 방해하고 있다.

심지어 복음을 듣지 못하도록 마귀가 꼭꼭 감추어 둔 숨겨진 민족(hidden people)도 있다. 이러한 견고한 마귀의 세력을 파하고 마귀가 빼앗아 간 영혼을 하나님의 나라로 데려오는 일은 소극적인 기도로는 어렵다.

하나님이 주신 땅들을 다 점령하여 통일 왕국을 세우기까지 다윗은 왕이면서도 안락한 삶을 포기하고 계속 전쟁을 감행했다. 우리의 기도 또한 공격적이며 적극적이어야 한다. 기도가 더욱 강력해지기 원한다면, 모세와 아론, 훌의 연합 기도처럼 연합 전선을 펼쳐서 적진의 요새를 파해야 한다.

하나님이 우리를 부르시는 가장 중요한 이유는 무언가를 하라는 것이 아니라 무언가가 되라는 것이다.

✠ 존 스토트

| 4부 |
하나님의 성품을 기반으로 하는 중보기도

중보기도의 유익

기도란 하나님 앞에서 다른 사람들의 행복을 위해 중재하는 것이다.
✝ 어거스틴

중보기도는 이기심이 없는 기도이며, 심지어 자신을 내어 주는 기도다. 하나님 나라의 계속적인 사역 가운데 중보기도보다 더 중요한 것은 없다.
✝ 리차드 포스터

중보기도는 본질상 남을 위한 기도다. 중보기도는 세상에 유익을 주며 다른 사람으로 열매를 맺게 한다. 그래서 이타적이며 희생적이다. 그리스도인의 가장 큰 기쁨과 축복이 하나님께 쓰임 받으며 남을 섬기는 것임을 기억할 때, 우리는 중보기도하는 자체로써 이미 큰 기쁨과 축복을 누리고 있는 것이다.

누가복음 11장 5-9절은, 밤중에 찾아온 나그네 친구를 위해 떡 세 덩이를 빌리는 이야기다. 비록 고생은 했어도 친구의 필요를 채워준 사람의 마음이 얼마나 흐뭇하고 보람이 있었겠는가? 그는 그것으로 이미 보상을 받은 것이다.

이처럼 중보기도는 남을 유익하게 할 목적으로 대가를 지불하는 것이지만(요 12:24), 덤으로 본인도 하나님이 주시는 귀한 유익을 얻을 수 있다(마 6:33). 어떤 유익이 있는지 살펴보도록 하자.

하나님의 친밀한 벗이 되는 것

예수님은 사랑하는 제자들을 친구라고 부르셨다. "이제부터는 너희를 종이라 하지 아니하리니 종은 주인의 하는 것을 알지 못함이라 너희를 친구라 하였노니 내가 내 아버지께 들은 것을 다 너희에게 알게 하였음이니라"(요 15:15).

친구 관계는 서로 허물이나 비밀이 없이 솔직하게 나누는 사이다.

하나님은 아브라함에게 소돔과 고모라의 심판을 알려 주셨고, 모세에게는 이스라엘 백성에게 임할 심판을 알려 주심과 동시에 성막 설계나 율법에 대해서도 소상하게 설명해 주셨다.

오늘날도 중보기도자는 하나님의 벗이 되어 장래의 비밀을 들으며 하나님과 함께하는 영광에 참여할 수 있다. "너는 내게 부르짖으라 내가 네게 응답하겠고 네가 알지 못하는 크고 비밀한 일을 네게 보이리라"(렘 33:3). 기도하는 사람들에게 놀라운 비밀을 보이시겠다고 약속하신다. 하나님은 또한 말씀하셨다.

"너희가 나의 명하는 대로 행하면 나의 친구라"(요 15:14). 말씀에 순종하여 하나님의 친한 벗이 될 수 있다는 것은 대단한 영광이다. 그리스도인의 소원은 하나님의 진실한 벗이 되는 것이어야 한다.

하나님의 성품을 알아가며, 나의 성품이 변화되는 것

> "나는 인애를 원하고 제사를 원치 아니하며 번제보다 하나님을 아는
> 것을 원하노라"(호 6:6).

우리는 중보기도를 통하여 하나님의 성품을 알아가게 된다. 또한

하나님의 성품을 알아갈수록 우리의 성품도 변화하게 된다.

우리는 중보기도를 하면서 더러운 죄를 미워하는 하나님의 공의가 무엇인지 배우며 심판을 철회하고자 하는 하나님의 무궁한 긍휼을 경험할 수 있다. 그리고 잃어버린 한 사람을 위해 끝까지 참고 기다리시는 하나님의 인내를 알게 된다.

중보기도는 하나님의 마음을 깨달으며 하는 기도이기 때문에, 선불리 어떠한 죄의 모습을 보고 판단하고 정죄하며 기도할 수 없다. 세상을 심판하시는 공의의 하나님이시라도 그분의 마음에는 안타까워하시는 사랑이 있기 때문이다. 이렇게 하나님의 마음을 이해하며 기도할 때 우리의 성품도 하나님을 닮게 된다.

예전에 한 자매가 팀장이던 나와 팀에게 어려움을 준 적이 있었다. 나는 그 자매를 위해 기도했고, 하나님은 그러한 성품의 가시를 가질 수밖에 없었던 자매의 가정 환경과 상처를 보여 주셨다. 판단하며 정죄했던 나의 마음이 녹아내리고, 하나님이 주시는 넓은 사랑으로 그 자매를 위해 기도하게 되었다. 그러자 그 자매를 만나 위로하고 격려하고 싶은 마음이 생겼다. 자매를 위해 하나님의 마음을 가지고 기도하기 전에는 생각할 수 없었던 일이었다.

이 자매는 현재 하나님의 일을 아름답게 감당하는 선교사로서, 성숙한 삶을 살고 있다. 그리고 나는 그 자매뿐 아니라 자매의 가족과도 충성된 관계를 유지하는 귀한 복을 누리고 있다.

하나님께서 나의 문제를 해결해 주시는 것

남을 위해 기도할 때 내 문제에 대한 응답은 보너스로 주신다. "주라 그리하면 너희에게 줄 것이니 곧 후히 되어 누르고 흔들어 넘치도록 하여 너희에게 안겨 주리라"(눅 6:38). 이 말씀은 오로지 재정적인 부분에만 해당하는 것이 아니다. 자신의 문제가 태산같이 많더라도 남에게 관심을 기울이며 남을 위해 기도할 때 나는 그 문제들에서 자유롭게 되어 하나님의 눈으로 볼 수 있게 된다. 더욱이 하나님이 주시는 믿음으로 올바르게 기도하게 되므로 문제가 쉽게 해결되는 경험을 할 수 있다.

욥의 기도로 욥의 친구들은 하나님의 진노를 피할 수 있게 되었다. 욥 자신도 곤경에서 벗어났을 뿐만 아니라 과거보다 갑절이나 축복을 더 받았다(욥 42:7-10).

자신의 상처에 깊이 사로잡힌 상태에서 기도하는 사람은 오히려 남을 원망하며 자기 연민에 빠질 수 있다. 그러나 다른 사람을 위해 기도하면 오히려 자신의 상처까지도 치유될 것이다. 어느 중보기도 세미나에서 강의하던 중, 한 중보기도 소그룹의 간증을 듣게 되었다.

"저희는 2년 전쯤 남편의 사업 문제, 자녀 문제, 장래의 문제로 저마다 갈등이 참 많았습니다. 믿는 친구들끼리 이야기를 나누다가 서로를 위해 기도하기로 했어요. 그런데 1주, 2주 지나면서 우리 문제만 기도할 게 아니라 선교를 위해 중보해야 한다는 마음이 들었어요. 물론 개인적인 문제들은 여전히 산적해 있었죠. 그래도 선교를 주목적으로 기도해 왔는데 2년이 지난 지금 돌이켜 보니 놀랍게도 개인적인 문제들이 모두 다 해결되었어요. 하나님이 우리에게 복을 주셨습니다."

중보기도는 남을 윤택하게 하는 것이 목적이지만, 순종하는 중보기도자는 자신의 문제까지 응답하시는 하나님의 부요함을 경험하게 될 것이다.

하나님이 예비하신 상급

또한 기억해야 할 것이 있다. 중보기도자들은 기도한 모든 것이 하늘에서 완전히 드러날 때 하나님께로부터 받게 될 상에 대한 소망을 가져야 한다. 하나님은 그를 찾는 모든 사람에게 상을 주시는 분이시다(히 11:6). 냉수 한 그릇을 대접해도 그 상을 결코 잃지 않을 것이라 말씀하셨는데(마 10:42), 하물며 자신을 포기하면서 하나님과 동역하는 것에 대한 상은 우리의 상상을 초월할 것이다(고전 2:9).

영원한 영광과 보상이 있는 그 날을 생각해 보라. 중보기도는 세상의 어떤 것과도 비길 수 없는 축복이다.

동일시하는 기도

'중보'에 해당하는 히브리어는 '파가'(paga)로서 이 말은 '만나다'라는 의미다. 중보기도자들은 하나님과 만나며 또한 어둠의 세력과도 만난다. 히브리어 '파가'는 이사야서 53장 6절에서 "담당시키셨도다"로, 12절에서는 "기도"(중보)라는 말로 모두 두 번 쓰였다. '파가'에 해당하는 헬라어에도 두 가지 뜻이 있다. 하나는 '버팀목이 되어 지탱해 주다'라는 의미인 '아네코마이'며, 다른 하나는 '짐을 제거하도록 도와 주다'의 의미인 '바스타조'다. 그러므로 중보기도는 다른 사람의 버팀목이 되어 지탱해 주고, 다른 사람의 어려움(짐)을 없애 주는 행위다.

✟ 더치 쉬츠

"우리에게 있는 대제사장은 우리 연약함을 체휼하지 아니하는 자가 아니요 모든 일에 우리와 한결같이 시험을 받은 자로되 죄는 없으시니라 그러므로 우리가 긍휼하심을 받고 때를 따라 돕는 은혜를 얻기 위하여 은혜의 보좌 앞에 담대히 나아갈 것이니라"(히 4:15-16).

동일시하는(identify) 기도란 기도하는 대상의 상황 속에 들어가 그와 일체감을 느끼며 하는 기도를 말한다. 동일시 기도를 하기 위해서는 대제사장이신 예수님이 우리의 연약함을 체휼하신 것처럼, 우리도 다른 사람의 상황 속에 들어가 그 연약함을 경험해야 한다. 예수님은 문둥병자를 보고 민망히 여기시는 마음으로 손을 대어 고쳐 주셨다. 또한 목자 없이 유리하며 방황하는 군중들을 불쌍히 여기시며 그들을 먹이셨다. 우리도 예수님처럼, 사람들을 불쌍히 여기며 그들을 위해 기도해야 한다.

　이런 기도는 우리의 힘으로는 할 수 없다. 성령님이 우리의 기도 가운데 오셔서 일체감을 갖고 기도하도록 도와 주셔야 한다. 성령님은 그 죄가 얼마나 큰지, 그 사람이 겪는 고통이 어떠한지 보여 주시고 그것을 끌어안고 기도하도록 인도하신다. 이런 과정 때문에, 버겁거나 무겁게 짓눌리는 가운데 기도할 때도 있다.

동일시 기도의 몇 가지 예

10여 년 전, 모빌 팀에서 있었던 일이다. 간사 한 명이 아직 미혼인 친구가 세 번째 낙태를 했다는 전화를 받고 우리에게 기도 부탁을 했다. 그 이야기를 들은 간사들이 모두 모여 그 자매를 위해 함께 기도했다.

　음란한 죄를 반복해서 지을 때 오는 정신적인 손상이 얼마나 큰지 잘 알기 때문에 나는 이 여성의 정서를 보호해 달라고 기도하려 했다. 그러나 주님의 인도하심을 구하며 기다리고 있는 동안 하나님은 우리 국민들이 얼마나 많이 낙태라는 큰 죄를 짓고 있는지 보여 주셨다.

　나는 모태 속에 있는 태아의 환상을 보았다. 낙태 기구가 들어오자 두려움에 떨던 아이의 팔이 잘리고 다리가 잘리고 온몸이 찢기는 모습이 보였다. 거기에 예수님이 십자가에서 고통당하시는 장면이 겹쳐졌다. 이 두 장면이 계속해서 그려지면서 나의 마음은 더욱 짓눌렸다.

　하나님이 국가적인 낙태의 죄짐을 중보기도하는 우리에게 얹어 주신 것이다. 그 죄가 너무 커서 우리는 아무 말도 할 수 없었다. 단지 깊은 신음 소리만 낼 뿐이었다. 신문에 실린 살해 사건을 보면서는 많은 말들을 하지만, 엄마의 뱃속에서 죽어가는 수많은 아이들에 대해서는 눈 하나 깜짝하지 않는다고 하나님이 책망하셨다.

우리는 울지 않을 수 없었다. 진심어린 회개를 하고서야 하나님은 세 번이나 낙태를 한 그 자매를 위해 기도하도록 인도하셨다. 그 후 그 자매는 우리와 함께 공동 생활집에 머물며 점차 안정을 되찾아갔다.

몇 년 전 통계에 의하면 우리 나라에서 1년에 150만 건의 낙태 수술이 행해진다고 한다. 이와 같이 사회적으로도 문제인 낙태하는 죄는 오늘 우리가 지고 가야 할 기도의 짐이다. 그 죄가 우리 사회에 만연해 있기 때문이다. 하나님은 생명을 무고하게 죽이는 죄를 제일 미워하시며, 그 일로 인해 애통해 하신다.

몇 해 전에 제주 DTS(Discipleship Training School, 예수전도단의 국제적인 훈련 프로그램)에서 중보기도 강의를 마치고 기도를 인도할 때였다. 하나님이 부담감을 주시는 대로 북한의 어려움을 함께 나누며 기도했다. 하나님의 음성을 기다리고 있을 때, 한 학생이 쓰러지며 아기가 말하듯이 방언을 했다.

이 방언이 나에게는 "엄마 배고파. 젖 주세요, 젖 주세요"라는 소리로 느껴졌다. 나는 엄마가 아이에게 젖을 주듯이 그 학생을 끌어안고 배고픔을 채워 주는 기도를 했다. 성령님은 함께 있던 모든 학생들에게 운행하시며 북한의 아이들이 얼마나 배고파하는지 그 실상을 느끼게 하셨다.

한 사람, 한 사람 모든 사람들의 연이은 흐느낌 속에 강의실은 급기야 울음바다가 되었다. 우리는 그들의 심정이 되어 하나님께 부르짖어 간구했다. "하나님! 북한에 식량을 공급해 주세요!"

배고픔을 모르고 사는 남한의 젊은이들에게 하나님은 초자연적으로 그 고통이 어떠한지 깨닫게 하신 것이다. 그래서 우리는 북한 어린이의 굶주림을 이해하며 간절히 기도할 수 있었다.

또 한번은 개인적으로 기도하던 중의 일이다. 갑자기 우리 교회의 한 집사님이 생각나서 그 집사님을 불러 함께 기도했다. 그런데 그 집사님의 깨어진 마음이 내게 송두리째 전해졌다. 나는 집사님의 마음을 하나님께 올려드렸다. 그러나 아픈 마음이 너무 심하게 느껴져 계속해서 기도할 힘이 없었다.

조금 쉬었다 하려고 눈을 떴을 때, 집사님의 눈에서 뜨거운 눈물이 주르륵 흘러내리는 것을 보았다. 집사님은 나에게 "사모님, 사모님이 지금 기도하시는 한 마디 한 마디는 바로 저의 상황 그대로예요. 사모님과 기도하면서 저의 짐이 없어지고 가벼워짐을 느껴요"라고 했다.

그렇다. 중보기도자는 다른 사람의 아픔에 동참하며 혼연 일체가 되어 기도해야 한다. 그렇게 기도하기 위해서 때로는 "그 사람(혹은 그 나라)의 죄와 아픔을 나로 알게 해 주세요"라고 하나님께 요청해야 한다. 그럴 때 하나님은 그 사람 혹은 그 나라의 짐을 나에게 옮겨 주신다.

우리가 그 짐을 대신 받아 기도할 때 문제들이 하나씩 하나씩 해결되는 것을 경험할 것이다. 예수님은 지금도 우리의 짐을 지고 기도하시는 대제사장이시다.

용서하는 기도

용서란 네가 나를 해친 것에 대해 너를 해칠 수 있는 나의 권리를 포기하는 것이다.
✣ 아키발드 하트

"너희가 뉘 죄든지 사하면 사하여질 것이요 뉘 죄든지 그대로 두면 그대로 있으리라 하시니라"(요 20:23).

용서하는 기도의 능력

죄를 회개하면 하나님은 늘 용서해 주시는 분이다. 그러므로 하나님께 큰 빚을 탕감받은 우리 역시 사람들을 용서해야 한다. 우리가 누군가의 죄를 용서하지 않은 채 그대로 놔두면 하늘에서도 그 사람의 죄를 그대로 두겠다고 하셨다.

1991년, 싱가포르에서 열린 중보기도 학교의 학생으로 있었을 때의 일이다. 한번은 필리핀에서 온 학생 네 명이 자신의 나라를 위해서 기도해 달라고 했다. 싱가포르 거리를 걷고 있자면 '창녀들이다, 사창가에서 온 아이들이다, 식모다' 라고 손가락질 받는 느낌이 든다는 것이다.

그 이유는 다수의 필리핀 아이들이 성매매를 하고 있기 때문이었다. 아이들을 밤거리로 내모는 것은 다름 아닌 바로 그들의 부모다. 돈을 벌어 오라는 부모의 성화에 아이들은 껌을 팔면서 밤거리를 돌아다니는 것이다. 그러면 외국인들이 그 아이들을 호텔로 데리고 가서 하룻밤을 잔 후 몇 천 원 정도의 돈을 주어 돌려 보내는 것이다.

네 명의 필리핀 학생들은 마치 자신의 아픔처럼 이런 이야기를 토로하며, 필리핀을 위해서 기도해 달라고 간절하게 말했다. 그 자리에 함께 있던 모든 사람들이 하나님의 특별한 인도하심 가운데 기도했다.

먼저 미국과 유럽에서 온 백인 남자들이 필리핀 학생들 앞에서 무릎을 꿇었다. 그리고 자신의 나라와 남성을 대표해서 용서를 구했고, 필리핀 학생들은 자기 나라를 대표해서 울면서 용서했다.

나는 뒤에서 그 모습을 보며 그 네 명의 필리핀 학생들이 필리핀 사람 모두를 대표해서 울고 있다고 생각했다. 그런 후 우리는 그 문제를 위해서 집중적으로 기도했다. 이는 한 민족, 한 나라를 치유하는 기도였다.

우리 나라를 위해서도 기도하는 시간을 가졌다. 그 때 참석했던 세 명의 한국 학생들은 우리 나라의 여러 영적 어려움을 고백하며 기도를 부탁했다. 그것은 국민적으로 느끼는 고립감이나 분열이나 남존여비 사상 등이었다. 그 중 남존여비 사상은 다른 국가에서 온 중보기도자들의 주목을 끌었는데, 한국의 여성들은 하나님의 나라를 위해서 일할 때조차 이 사상의 장벽에 부딪쳐야 했다.

나 역시 여성이기에 차별을 느끼며 사역할 때가 많았다. 여성이 모임인도와 말씀 선포를 하는 것을 꺼려하는 권위자 때문에 불쾌한 적이 여러 번 있었다. 그럴 때마다 나는 내가 교만한 탓이라고 생각했다.

그러나 이런 생각이 국가적으로 여성에 대한 불의한 구조에서 비롯됐다는 진리가 내 마음을 비추기 시작했다. 이러한 생각을 나누며 기도를 부탁했을 때 사람들은 나의 문제뿐 아니라 우리 나라의 남존여비 사상이 뿌리 뽑히도록 기도했다.

이와 같은 기도를 할 때는 상대를 용서하고, 원망한 죄를 고백하고 용서를 구하는 것이 중요하다.

이 기도 후에 즉시 예전에 공평치 못하다고 원망했던 나의 권위자에게 용서를 구하는 엽서를 띄웠다. 그리고 이 기도의 열매로 중보기도 학교를 마친 후 놀랄 만큼 사역의 문이 열리는 것을 경험했다. 하나님의 교회를 위해 하나님이 나에게 주신 은사를 마음껏 쓰도록 풀어 주신 것이다.

진정한 용서는 우리에게 복이 된다
우리가 먼저 용서할 때, 하늘에서도 용서하신다는 말씀을 체험한 적이 있다. 남편과 함께 교회를 건축할 때의 일이다. 시골 교회지만 남편은 유리와 종탑을 사용하여 독특하게 짓고 싶어했다.

그런데 이것을 반대하는 한 집사님이 교회에 다니지 않는 남편에게 목사님이 마음대로 한다고 말했나 보다. 어느 날 술에 취한 집사님의 남편이 교회로 찾아와 고래고래 소리를 질렀다. "야! 목사 나와. 여기가 네 교회야? 네 집이야? 왜 네 마음대로 해!"

며칠 뒤, 그 집사님에게서 남편이 굉장히 아프니 예배를 드리고 싶다는 내용의 전화가 걸려 왔다. 나 같으면 화가 나서 안 가련만, 남편은 기뻐하면서 한달음에 그 집으로 달려갔다. 나도 뒤따라 가 보니 키가 180cm나 되는 건장한 분이 두꺼운 이불을 쓰고 드러누운 채 덜덜 떨고 있었다.

집사님이 그간의 사정 이야기를 들려주기를, 교회에 와서 한바탕 소란을 피우고 돌아간 그날 밤에 집사님의 남편이 꿈을 꾸었다고 한다. 돌아가신 어머니가 나타나서 '이리 오라'고 손짓하는 꿈이었는데, 그 후 몸이 몹시 아파서 병원에 갔지만 무엇 때문인지 원인을 알 수가 없었다.

죽을 병이 들었다고 생각한 집사님의 남편은 겸손한 마음으로 아내가 믿는 하나님을 찾으며 살려 달라고 기도했다.

그 때, 자신의 잘못 중 제일 먼저 떠오른 것이 바로 목사님에게 함부로 말했던 것이어서 회개했다고 한다. 그 말을 듣고 우리 부부는 이분을 정말 용서하는 마음을 가지고 함께 예배를 드렸다. 그러면서 죄로 말미암아 마귀에게 문을 열어 준 병이라 생각하고, 마귀를 대적하며 치유를 위해 기도했다.

그 다음날 집사님한테서 전화가 왔다. 3일 동안 잠 한숨 못 잤던 남편이 어제 예배를 드리고 난 후 편안하게 단잠을 잤다는 것이다. 그러더니 그 주간에 다 나아서 주일날 예배드리러 교회에 왔다. 이후 우리 부부와 아주 가까운 사이가 됐다.

만약 우리가 그 때 진심으로 용서하지 않고 마음의 문을 닫았더라면 아마 병이 낫지 않을 수도 있었을 것이다. 그러나 마음의 문을 열고 용서하며 기도하니까 하늘에서도 묶임이 풀리는 역사가 일어나며 하나님이 그 병을 고쳐주셨다. 용서는 은혜를 받은 사람이 할 수 있고, 은혜 받은 사람이 먼저 용서해야 한다.

우리가 용서를 빌기도 전에 예수님이 먼저 십자가에서 우리를 용서하셨다. 스데반이 돌에 맞아 죽으면서도 용서했기에 사울이란 청년이 바울이 될 수 있었던 것이다. 먼저 용서할 때 용서받은 사람뿐만 아니라 용서하는 사람에게도 하늘에서 내려 주시는 풍성한 복이 넘치게 될 것이다. 그러나 용서하지 않으면 영적으로 묶이고 기도가 막히게 된다.

우리는 자신이 용서하지 않은 사람이 한 명이라도 있는지 낱낱이 살펴야 한다. 마음 깊은 곳에서 진정으로 용서할 때까지 반복해야 한다. 우리가 용서하면 하나님이 상대방을 풀어 주실 뿐 아니라, 우리도 하나님이 주시는 복을 받는다.

광주에서 중보기도 세미나를 인도했을 때의 일이다. 하나님은 정치인들을 용서하는 기도를 하도록 인도하셨다. 많은 정치인들에게 상처를 받았던 광주 시민들에게는 커다란 도전이었다. 그렇지만 용서하는 것이 하나님의 분명한 뜻임을 설명했다.

아픔에도 불구하고, 불의를 겪었음에도 불구하고, 먼저 용서해 줌으로써 풀어지기를 원하는 사람은 일어서라고 했더니 대다수의 사람들이 일어났다. 그리고 정말로 마음을 찢고 눈물을 흘리며 정치인 한 사람 한 사람을 용서했다. 우리 나라의 정치를 변화시키기 위해서는 이러한 기도를 해야 한다.

일본의 문제도 같은 맥락에서 풀어야 한다. 우리보다 먼저 복음을 접했을 뿐만 아니라 현재도 많은 선교사들이 머물고 있지만, 일본의 그리스도인은 아직도 1% 미만이다. 또한 800만의 잡신을 섬기는 우상숭배의 땅이다.

나는 왜 이렇게 일본에 복음이 심겨지지 않는지 생각했다. 그러자 일본의 잔인한 침략 행위로 상처와 아픔을 겪은 많은 사람들과 나라들의 역사가 떠올랐다. 그들은 지금도 일본을 용서하지 못하고 원망하고 있다. 이러한 원망을 풀지 않으면 저주에 묶이게 되는 것이다.

나도 개인적으로 일제 시대를 돌아보며 아파하는 사람 중 한 사람이다. 그러나 예수님은 일본인 한 사람 한 사람을 위해서도 십자가에 못박혀 돌아가셨음을 기억하며, 그 나라를 용서하기로 결정했다. 그리고 저주에 묶여 복음의 빛을 받아들이지 못하는 그들을 위해 어둠의 세력을 파하는 영적 전쟁도 했다. 우리의 용서가 반복해서 쌓일 때 하늘에서도 일본을 용서하고 풀어 주셔서 일본에 복음의 열매가 풍성히 맺힐 것이다.

"진실로 너희에게 이르노니 무엇이든지 너희가 땅에서 매면 하늘에서도 매일 것이요 무엇이든지 땅에서 풀면 하늘에서도 풀리리라"(마 18:18).

연합하는 기도

자신의 백성들이 노력하고 있는 현장에서 함께 일하시면서 그리스도가 느끼는 기쁨을 생각해 보라. 그리스도는 각 부분을 합친 것보다 전체를 더 크게 만드신다.

✚ 필립 버틀러

"모든 겸손과 온유로 하고 오래 참음으로 사랑 가운데서 서로 용납하고 평안의 매는 줄로 성령의 하나 되게 하신 것을 힘써 지키라"(엡 4:2-3).

"어찌 한 사람이 천을 쫓으며 두 사람이 만을 도망케 하였을까"(신 32:30).

다름을 인정하고 하나 되라

성부 성자 성령 하나님은 분열되지 않고 일치하는 분이시다. 그래서 삼위일체 하나님이라고 명명하는 것이다. 하나님의 성품은 하나가 되는 것이다. 예수님의 주된 기도 제목도 성도들이 하나 되는 것이었다.

예수님은 요한복음 17장에서 제자들을 위해 특별히 두 가지를 기도하고 계시다. 첫째는 세상에 물들지 않는 거룩함이고, 둘째는 하나 됨이다.

예수님이 세계 선교를 위해 엄청난 영적 전쟁을 제자들에게 맡기시면서 주신 승리의 비결은 신학적 지식을 많이 쌓거나 선교 자금을 확보하는 것이 아니었다. 그것은 제자들이 거룩하게 살고, 서로 하나 되는 것이었다. 거룩한 삶과 연합에 하나님의 능력이 임하기 때문이다.

'하나'라는 의미는 똑같은 제복을 입고 똑같은 구호를 외치는 것을 의미하지 않는다. 본질이 같다면 서로 다른 것이 있더라도 인정해 주고 받아들여 주는 것을 의미한다. 하나님이 창조하신 세상을 보라. 어느 것 하나 똑같은 것이 없다. 풀잎 모양도 구름의 모양도 저마다 다르다. 그러나 그 안에 놀라운 조화와 통일성이 있다.

사람도 마찬가지다. 눈, 코, 입이 담긴 얼굴이 사람마다 다 다르다. 눈만 해도 동그란 눈, 옆으로 긴 눈, 쌍꺼풀이 있는 눈, 쌍꺼풀이 없는 눈…. 그러나 그 속에 있는 눈동자 하나하나를 볼 때 얼마나 아름답고 소중한지 모른다.

그런데 세상은 이러한 것에 차등을 둔다. 쌍꺼풀이 있으면 예쁜 사람, 쌍꺼풀이 없으면 덜 예쁜 사람, 코가 높으면 멋있는 사람, 코가 낮거나 둥글면 그보다 못한 사람으로 구분한다. 이런 잘못된 메시지 때문에 성형수술이 성행하고 사람들은 감사와 만족 없이 살아간다.

하나님은 우리의 개성을 귀히 여기신다. 그분은 모든 사람에게 적합한 은사를 다양하게 주셨다. 그래서 서로 다름을 인정하고 받아들이며 존중하기를 원하신다. 이렇게 할 때 하나 된 능력이 나타나는 것이다. 이처럼 교회에서도 성도들이 서로 다른 성품과 기질과 은사를 인정하고 용납하면 하나가 될 수 있다. 하나님은 다양성 속에 일치함이 있는 공동체를 기뻐하신다.

연합 기도의 강한 능력

성도들이 하나 되어 기도하면 하늘의 보좌를 움직이는 강한 능력이 나타난다. 한 사람이 대적 천을 쫓아내지만, 연합한 성도 두 사람은 만을 쫓아낸다. 세 사람이 연합하면 십만을 쫓아낼 수도 있다. 그러나 성도들이 서로 분열되어 있다면 아무리 많은 수가 모여서 기도한다 할지라도 능력이 없다. 그래서 마귀는 어떻게 하든지 교회를 분열시키고 성도들의 마음을 흩으려고 공격한다.

나는 모빌 팀에서 함께 기도할 때 강한 기도의 힘을 느꼈다. 그 이유는 수년간 공동 생활을 하면서 각자의 약점과 강점을 알게 되었고 서로 부딪치면서 용납하는 것을 배웠기 때문이다. 또한 같은 목표를 이루기 위해 많은 어려움의 장벽을 함께 넘었다. 이렇게 하는 동안 주님 안에서 결속하는 힘이 생긴 것이다. 연합 기도에는 반드시 놀라운 역사가 일어난다.

나는 하나님의 손을 움직이며 하나님의 역사를 일으키는 강력한 소그룹 기도 팀이 교회 안에 일어나기를 간절히 소원한다. 교회 안의 소그룹 기도 팀에 관하여는 7부에서 자세히 다루도록 하겠다. 교회와 교회, 선교 단체와 선교 단체, 교단과 교단이 서로 인정하고 존중할 때 연합할 수 있다.

교회들이 연합하여 기도한다면 어떤 강력한 진이라도 무너뜨릴 수 있다. 연합 기도의 능력은 아무리 강조해도 부족하다.

이런 기도는 미사일과 같아 적진을 효과적으로 폭파시킬 수 있다. 목회자들이 훗날 하나님 앞에 설 때에는 섬겼던 지역 교회뿐만이 아니라 자신이 속해 있는 도시의 변화를 위해 무엇을 하였는지 책임 있게 답변을 해야 할 것이라고 생각한다.

지역을 변화시키는 일은 굉장히 중요하다. 그리고 이 일은 한 교회만의 힘으로는 어렵다. 그 지역의 교회들과 목회자들이 하나가 되어 교회와 교단의 벽을 뛰어넘는 기도를 해야 한다. 여러 가지 탐심과 이기심으로 마귀에게 내어 준 견고한 세력을 파하고 부흥을 일으키기 위해서는 강력한 연합 기도가 필요하다.

그런 의미로 2004년 6월, 장충체육관에 모여 서울시를 위해 기도했던 'Again 1907'이란 모임은 나에게 많은 격려가 되었다. 교회와 교파를 뛰어넘어 기독 청년 7천여 명이 철야하며 기도했다. 그 모임에서 서울의 세 가지 중요한 죄로 드러난 거역, 물질주의, 음란 죄에 대해 회개하고 우리의 죄로 마귀에게 내어 준 견고한 세력을 파하는 영적 전쟁을 했다. 순수한 청년들의 연합 기도는 서울시를 놀랍게 변화시킬 수 있다.

또한 이런 성공적인 기도 모임 뒤에는 준비위원으로서 겸손하게 연합을 추진하며 노력했던 목사님들이 있음을 나는 보았다. 그들은 이 모임을 준비하며 기도할 때 혹시나 자신들의 이름이 드러날까, 자신들의 단체와 교회가 드러날까 염려하며 깨어진 마음으로 기도했다. 그리고 목사님들끼리 연합을 추구했다. 이런 태도가 이 기도 집회를 능력 있게 이끌어 가는 비결이 되었음을 믿는다.

아프리카의 우간다에서는 연합 기도의 능력으로 미신과 정령 숭배로 인한 파멸의 족쇄가 풀리고, 폭정으로 인한 좌절의 상처가 사라지고, 에이즈가 치유되고, 대통령이 나라 전체를 하나님께 바치는 특별한 일이 일어났다.

연합 기도에는 큰 능력이 있다!

거룩한 삶의 기도

기도에는 삶이 드러난다. 기도의 질을 결정하는 것은 기도하는 사람의 삶이다. 우리는 언제나 기도해야 한다. 또한 기도하는 우리의 생각을 위해서 기도의 배후에 있는 삶에 열 배의 시간을 투자해야 한다. 이것은 결코 지나친 말이 아니다.

✚ 허먼 부인

"내가 내 마음에 죄악을 품으면 주께서 듣지 아니하시리라"(시 66:18).

"무엇이든지 구하는 바를 그에게 받나니 이는 우리가 그의 계명들을 지키고 그 앞에서 기뻐하시는 것을 행함이라"(요일 3:22).

"너희가 내 안에 거하고 내 말이 너희 안에 거하면 무엇이든지 원하는 대로 구하라 그리하면 이루리라"(요 15:7).

기도의 능력은 거룩함에 비례한다

하나님은 죄를 미워하시며 그분의 자녀들이 깨끗하고 거룩하게 살기를 원하신다. 조이 도우슨은 기도의 능력은 거룩한 삶에 비례한다고 했으며, 하나님의 계명들을 지키고 하나님이 기뻐하시는 것을 행해야 기도의 응답을 받는다고 했다. 이 약속은 예수님 안에 거하고 그분의 말씀대로 사는, 곧 제자의 삶을 사는 사람에게 주신 것이다.

여호수아 7장에는, 이스라엘 백성이 견고한 여리고 성을 무너뜨렸지만 그보다 훨씬 작은 아이 성 전투에서 크게 패하는 이야기가 나온다. 바로 아간의 죄 때문이다. 이스라엘은 지도자인 여호수아가 아간의 죄를 철저하게 처리하고 나서야 승리할 수 있었다.

개인이나 공동체의 죄는 영적 전쟁에 커다란 장애물이 될 수 있다. 죄는 성령의 능력을 막아 능력 있는 기도를 하지 못하도록 방해한다. 그러므로 철저히 죄를 회개하고 거룩한 삶을 살지 않으면 안 된다.

가끔 자신의 상한 감정이나 상처를 읊조리며 기도하는 소리를 듣게 된다. 가령, 교회와 지도자에게 상처 받았다고 생각하는 어떤 사람이 그들의 부족함을 끌어안고 눈물로 기도하기보다는 자신이 느끼는 대로 부정적이며 판단하는 기도를 하는 것이다. 이런 기도에는 은혜가 없다. 오히려 듣는 사람의 마음을 무겁게 하거나 같이 정죄하도록 몰아간다. 그러므로 기도하는 사람들이 계속해서 치유를 받아 상한 감정을 제거하고 죄를 회개하는 삶을 사는 것은 매우 중요하다.

거룩한 삶을 추구하는 길

어떻게 해야 거룩함을 유지하며 기도할 수 있는가? 중요한 것은 거룩함을 사모하며 그렇게 살기 위해 기도하고 노력하는 것이다. 거룩한 삶이 곧 죄를 하나도 안 짓고 사는 것만을 의미하지는 않는다. 죄를 지었을 때 올바르게 반응하고 죄를 철저히 다룬다는 의미에 더 가깝다.

그래서 내 안에 죄가 있는지 살펴보고 철저히 회개하는 것이 필요하다. 우리는 기도할 때마다 '혹시 내 안에 하나님의 마음을 아프게 하거나 잘못된 태도 혹은 죄가 있는가?'라고 질문하면서 성령님이 우리 내부를 비추시도록 기다려야 한다. 마치 어두운 방에서 잃어버린 물건을 찾기 위해 플래시를 켜는 것처럼 하나님이 우리의 죄를 떠오르게 하시면 그것들을 하나씩 고백해야 한다.

　소그룹으로 기도할 때에도 죄를 고백하는 시간이 필요하다. 그래야 성령 안에서 은혜와 능력이 있는 기도를 할 수 있다. 내가 인도하던 소그룹 기도 모임에서도 '우리 안에 죄가 있습니까? 비추어 주십시오'라고 기도하며 죄를 회개하는 시간을 갖는다.

　한번은, 의견이 다른 문제로 남편과 이야기하다가 "목사님이 알아서 하세요!"라고 하며 집을 나온 일이 생각났다. 사실 그런 말은 나에게는 습관처럼 익숙한 일이다. 그런데 하나님이 그것을 끄집어내시며 "광임아, 어렸을 때부터 네게는 잘못된 독립적인 마음이 있다"라고 말씀하셨다.

　부모님이 두 딸 중 맏딸이었던 나를 언제나 존중하고 뒷바라지해 주셨기에 나는 항상 내가 원하는 것만 했다. 모든 일을 '진리냐, 아니냐?'를 기준으로 생각하고, 만약 진리라는 확신만 있으면 누가 뭐라 해도 꼭 하고 마는 유형이었다.

　그런데 하나님은 그런 내 성격을 독립적이라고 하셨다. 예수님을 영접한 후, 나를 이해하고 용납하며 격려하는 사람들과 일을 했었기 때문에 내 자신을 잘 몰랐었다. 하지만, 결혼하고 나니까 부딪치기 시작했던 것이다. 남편의 잘못이 아니었다. 하나님은 생각이 다를 때 순복하고 연합하는 가운데 서로의 의견을 조율하는 것을 배우기 원하셨다. 하지만 나는 나의 생각을 내려 놓지 못하는 독립적인 성향을 가지고 있었던 것이다.

　마치 내가 순복한 것처럼 말하지만, "목사님이 알아서 하세요"라는 말은 사실은 독립적인 나의 마음을 드러내는 것이다. 별로 인정하고 싶지도 않고 또한 싸우기도 싫은 것이다. 그러므로 하나님이 기뻐하지 않으셨다.

그 다음에 하나님은 나의 권위자가 누구인지 물으셨다. 나의 권위자는 남편이다. 권위자에게 순복하는 태도를 갖는 것이 하나님의 원칙이다. "사라는 아브라함을 주로 모시며 살았는데 당신은 왜 나를 그렇게 대하지 않느냐"고 남편이 말하면 나는 언제나 "당신이 그럼 예수님처럼 생명까지 내어 주며 나를 사랑했느냐"라고 반감을 품고 대꾸했다. 그런 나에게 하나님은 어떤 것이 남편에게 순복하는 태도인지 가르쳐 주셨다. 나는 진심으로 남편에게 잘못된 태도를 취했음을 하나님께 고백했다.

그 때 하나님은 남편에게도 죄를 고백하고 용서를 구하라고 하셨다. 그대로 순종했더니 남편은 겸연쩍어하며 빙그레 웃고 용서해 주었다. 서로에게 있던 벽이 무너지는 것을 느꼈다. 그리고 우리는 전보다도 훨씬 친밀한 관계 안으로 들어갔다.

나는 회개거리가 많아서, 소그룹 기도 모임에 가기가 창피스러울 때도 있다. 그러나 정직과 겸손으로 나아갈 때, 팀원들의 마음 문이 열리고 모두가 회개의 은혜 가운데 들어가는 것을 볼 수 있다.

때때로 이런 회개의 시간을 갖지 않고 기도를 인도하면 뭔가 막혀 있어 성령님의 은혜가 흐르지 않는 것을 느낄 수 있다. 이 때에는 하던 기도를 멈추고 왜 그런지 질문하면서 나와 팀 안에 있는, 기도를 막는 죄의 문제들을 해결한 후에 기도를 진행하는 것이 효과적이다.

거룩하게 살면서 죄의 문제를 철저하게 해결하며 기도하면, 비록 짧은 시간 동안일지라도 능력 있는 기도를 할 수 있다. 기도의 능력은 거룩함에 비례하기 때문이다.

정직한 기도

"악인의 제사는 여호와께서 미워하셔도 정직한 자의 기도는 그가 기뻐하시느니라"(잠 15:8).

하나님은 거짓말을 못하는 정직한 분이시다(히 6:18). 정직한 기도는 마음 깊은 곳의 소원이나 생각을 하나님께 솔직하게 고백하는 것이다. 아무 포장 없이 어린아이가 부모를 의지하며 자신의 필요와 욕구를 표현하는 것처럼, 개인적이고 사소해 보이는 일이라도 마음에 있는 것을 정직하게 고백하는 기도를 하나님은 기뻐하신다. 아픈 곳이나 먹고 싶은 것, 또는 배우자의 이상형을 하나님 앞에 솔직하게 기도해야 한다.

먹고 싶었던 탕수육
한때 탕수육을 질리도록 먹은 일이 있는데 그 이야기는 이렇다. 어느 날 예수전도단의 공동 생활집에서 내가 손을 들고 울면서 기도하자, 사람들은 '발랄한 광임이가 무슨 일이지? 동생이 힘들다더니 그 기도를 하나?'라며 귀를 쫑긋 세우고 들었다고 한다. 그런데 내 입에서 나온 기도는 그들의 생각과는 전혀 딴판이었다. "하나님, 탕수육 먹고 싶어요!"

공동 생활을 하던 당시에 탕수육을 먹는 일은 쉽지 않았다. 쌀밥에,

김치 혹은 간장과 마아가린을 넣고 비벼 먹으면 호강으로 알던 때였으므로 탕수육이 먹고 싶었던 것이다.

그런데 그 날 오랜 만에 나를 찾아온 친구가 식사를 사주고 싶다고 해서 탕수육을 얻어 먹게 되었다. 그리고 그 기도의 영향이었는지 나중에 어머니가 서울역 앞에서 중국집을 하게 되어 탕수육을 마음껏 먹게 되었다. 하나님은 풍성하게 응답하심으로써 나의 욕구를 채워 주셨다.

파란 무스탕을 선물로

오래 전에 예수전도단 후원회에서 성탄절 즈음 간사들을 한 호텔 뷔페에 초청한 일이 있었다. 호텔에서 파란 밍크 코트를 손에 들고 하늘하늘한 실크 원피스를 입고 있던 한 여인이 내 눈에 들어왔다. 나와 대부분의 간사들은 안에는 빨간 내복을, 겉에는 투박한 옷을 입고 있어 전혀 옷맵시가 나지 않았다. 그 여인의 옷차림과 비교하며 생각했다. '정말 멋있다. 나도 저런 밍크 코트 하나 입고 싶은데….' 그러나 이런 마음도 들었다. '아니야. 나에게 저런 옷이 생기면 가난한 사람에게 나누어 줄 거야.' 그런데 사실, 진짜 내 속마음은 전자 쪽이었다.

그 후 어느 날 태능의 한 대학에서 모임을 마치고 집으로 가기 위해 버스를 기다리고 있었다. 그 곳 바람은 유난히 매섭고 차가웠다. 나는 덜덜 떨면서 생각했다. '아! 이렇게 추울 때 밍크 코트가 필요한 것이구나.' 하지만 하나님께 차마 밍크 코트를 구하지는 못했다. 그리고 당시는 무스탕이 처음 나오던 때였으므로 '호텔에서 본 파란 밍크 코트는 아니지만 파란 무스탕 주세요'라고 기도했다.

하나님은 이 기도에 바로 응답해 주지 않으셨다. 그러나 몇 년 후 결혼할 때 남편이 예물로 파란 무스탕을 사 주었다. 나는 이전에 하나님께 구한 것을 떠올리며 남편에게 그 이야기를 들려주었다. 그리고 남편과 함께 작은 욕구와 간구에도 신실하게 응답하시는 하나님 아버지께 감사했다.

마음속에서는 결혼을

"결혼을 안 하는 건가요, 하고 싶지 않은 건가요?" 결혼 전에 많이 들었던 질문이다. "나는 선교에 헌신했기 때문에 바쁘고 중요한 일이 많아서 결혼은 안 해도 괜찮아." 나는 결혼을 안 해도 혼자 넉넉하게 살 수 있을 것처럼 대답했다. 그리고 결혼하고 싶어서 사람들에게 결혼 기도를 부탁하는 친구들을 보면서 노처녀 망신시키는 짓이라고 생각했다.

그러나 정직하게 나의 속사람을 들여다보니 나도 결혼하고 싶고 남자 친구를 원한다는 것을 깨달았다. 그래서 하나님과 나 자신에게 정직해지기로 결정하고 솔직하게 고백했다. "하나님, 솔직히 저는 외로워요. 그리고 남자 친구가 필요해요. 결혼도 하고 싶어요."

나는 더 이상 강하고 특별한 여자가 아니었다. 외로움을 느끼고 누군가가 필요한 그런 평범한 여자였다. 강한 척하는 가면이 벗겨지기 시작한 것이다. 그래서인지 하나님은 나에게 꼭 맞는 배우자와 결혼의 축복을 허락하셨다. 하나님과 자신에게 솔직한 고백은 하나님의 마음을 움직인다.

부정적인 감정까지도

자신이 느끼는 좋은 감정뿐만 아니라 나쁜 감정이나 상황까지도 하나님께 솔직하게 표현하는 기도가 시편에 많이 있다. 특히 6편에는 극한 어려움에 빠진 다윗의 처참한 상황이 잘 드러나 있다. "나의 뼈가 떨리오니 나를 고치소서… 밤마다 눈물로 내 침상을 띄우며 내 요를 적시나이다."

시편 109편에서도 하나님이 원수를 심판해 주시도록 촉구하며 자신 안에 있는 미움을 그대로 표현하는 것을 볼 수 있다. "그 자녀는 고아가 되고 그 아내는 과부가 되며… 고리대금하는 자로 저의 소유를 다 취하게 하시며… 그 고아를 연휼할 자도 없게 하시며."

나는 이 말씀을 보며 이렇게 잔인하게 기도해도 되는지 생각했다. 그러나 때때로 하나님은 우리를 괴롭게 하는 적에 대한 우리 마음 깊은 곳의 표현을 들으신다.

정직한 기도는 하나님과 더 친밀한 관계로 이끈다

나는 1981년에 받았던 DTS 훈련 중 아버지의 죽음으로 인한 상처를 치유받았던 시간을 잊을 수가 없다. 무엇을 기도해 줄지 묻는 치유 강사의 질문에 나는 대학교 때의 일을 이야기하려고 했다. 그런데 갑자기 생각이 멈추며 막 울음이 터져나왔다. 그러면서 소리쳤다. "우리 아버지 내 놔! 우리 아버지 왜 데려갔어? 나는 하나님보다 우리 아버지가 더 좋아요!"

혈압이 높긴 했지만 건강하셨던 아버지는 내가 고등학교 1학년 방학 때 갑자기 쓰러져 돌아가셨다. 아이스크림을 들려주시고 아침마다 이마에 뽀뽀를 해주셨던 아버지…. 아버지의 죽음으로 나는 굉장히 큰 충격을 받았다.

그 후 다른 사람들을 대할 때마다 드는 생각이 있었다. '당신들도 죽으면 우리 아버지처럼 아무 말도 못하게 되겠지.' 나는 그 때 이후로 아무도 두려워하지 않게 되었다. 어느 누구도 존경스럽지 않았고, 사랑하고 싶은 마음이 들지 않았다. 사람과 관계하는 것이 무의미해졌고, 부정적이며 회의적인 생각을 많이 했다. 그러면서 점차 일 중심의 사람이 되어 갔다. 계획한 일에 정진하고 성취하는 데만 나의 온 힘을 쏟았다. 이러한 나의 태도가 아버지의 죽음으로부터 왔다는 것을 그 때까지 알지 못했다.

중국음식점에도 자주 데려가고, 함께 영화를 보러 다니며 갈비를 사주셨던 아버지가 너무 보고 싶었다. 그러나 그런 아버지를 더 이상 만날 수 없다는 충격 때문에 슬픔과 그리움의 감정을 꾹 눌러 놓고 냉정한 사람으로 변해갔던 것이다.

그런데 그동안 꾹꾹 눌러 놓았던 속사람의 감정들이 봇물 터지듯이 한꺼번에 밖으로 표출되어 나온 것이다. 나는 하나님 앞에서 토해내듯 울부짖었다. 생사화복을 주관하시는 하나님이 우리 아버지를 데려가셨다는 생각에 몸부림치며 원망을 털어놓았다. "하나님, 우리 아빠 내놔! 우리 아버지 살려 놔! 우리 아버지 보고 싶어! 우리 아버지가 하나님보다 더 좋아!"

나는 하나님께 이렇게까지 솔직하게 표현해도 되는지 잘 몰랐지만 계속해서 울면서 기도했다. 그 때였다. 마치 하나님이 나를 꼭 안아 주시는 느낌이 들었다. '광임아, 내가 너의 모든 아픈 감정을 알고 있다. 그 아픔과 원망을 나에게 다 얘기해라.'

그 치유의 시간을 통해 나는 하나님의 무조건적인 사랑을 알게 되었다. 하나님은 내가 우리 아버지를 더 좋아한다고 해서 야단치지 않으셨다. 나의 소원과 아픔의 뿌리를 먼저 알고 계셨으며, 보고 싶은 아버지에 대한 나의 마음을 충분히 이해하고 계심을 깨달았다. 나를 품으시는 하나님의 사랑은 무조건적인 부모의 사랑과 같았다.

이제는 하나님과의 관계가 완전히 바뀌어 주님과의 친밀함을 회복하고 아빠로서의 하나님을 참 많이 경험했다. 그렇기 때문에 탕수육도 얻어내고, 초콜릿도 얻어내고, 옷도 얻어내고, 돈도 얻어냈다. 우리 아버지가 평소에 주셨던 것 이상으로 하나님이 부어주셨다.

그분은 진리를 강요하거나 주장하지 않으시고, 자상하고 섬세하게 베푸시면서 인격적으로 인도하신다. 우리를 몰아붙이는 분이 결코 아니시다. 그런 하나님을 만나면서 나는 정직하게 기도하게 되었고 재미있는 경험도 많이 하게 되었다.

이러한 경험은 모든 그리스도인에게 아주 중요하다.

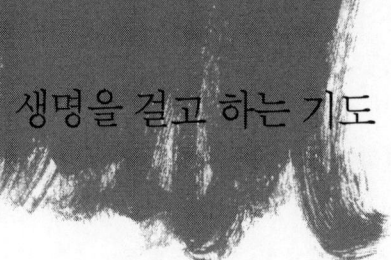

생명을 걸고 하는 기도

> 필사적인 기도는 절실한 필요를 하나님께서 채워 주시기를 간절히 바라는 사람들의 심장에서 흘러나오는 기도다. 이들은 주변을 의식하지 않고 전심으로 기도한다.
> ✞ 조이 도우슨

> 저에게 스코틀랜드를 주십시오. 그렇지 않으면 내 생명을 거두시옵소서.
> ✞ 존 녹스

출애굽기 14장을 보면 전심으로 생명을 걸고 하는 기도가 나온다. 이스라엘 백성을 이끌어 홍해까지 도착한 모세는, 앞으로는 넘실대는 파도를 뒤로는 포효하는 적의 군대를 두게 되었다. 이러한 사면초가, 진퇴양난의 상황에서 이스라엘 민족은 절망하며 모세를 원망했다.

사람은 어려운 상황에 대처하는 태도에 따라 두 부류로 나눌 수 있다. 이스라엘 백성처럼 지도자와 환경을 원망하며 뒤로 물러나는 사람, 또 한 부류는 모세처럼 하나님께 부르짖으며 기도로 매달리는 사람이다.

생명을 건 기도가 일으키는 역사

모세가 전능하신 하나님께 생명을 걸고 부르짖을 때 하나님은 응답하셨다. "너는 어찌하여 내게 부르짖느뇨 이스라엘 자손을 명하여 앞으로 나가게 하고 지팡이를 들고 손을 바다 위로 내밀어 그것으로 갈라지게 하라 이스라엘 자손이 바다 가운데 육지로 행하리라"(출 14:15-16). 지팡이는 천국의 열쇠며 권세다. 모세가 하나님께 받은 지팡이를 들고 손을 바다 위로 내밀 때, 홍해가 갈라졌다.

　에스더, 한나, 야곱 등 이루 헤아릴 수 없는 많은 성경 인물들이 생명을 걸고 기도했다. 에스더가 하만의 계략으로 위기에 빠진 이스라엘 민족을 구하기 위해 금식하는 동안 하나님은 아하수에로 왕에게 모르드개의 업적이 기록되어 있는 책을 보게 하신다. 결국 모르드개를 죽이기 위해 만든 나무에 하만이 매달리게 되었고 에스더는 완전한 역전승을 거두었다. 이 모두가 하나님이 역사하시고 연출하신 일이다. 에스더를 통해 하나님께 전적으로 의지하는 금식 기도의 능력을 볼 수 있다.

　야곱은 20년 동안 자신을 죽이려고 칼을 갈았을 형을 만나기 위해 얍복 강을 앞에 두고 밤새도록 기도했다. 거기에서 그는 이스라엘이라는 새 이름을 얻었고 준비해 간 선물도 마다할 만큼 에서의 마음이 녹아진 것을 보게 된다. 기도를 통해 화해의 역사가 일어난 것이다.

　예수님도 겟세마네 동산에서 기도하실 때 고난의 잔이 지나가길 바라셨다. 하지만 결국 고난의 길을 선택하셨고 핏방울 같은 땀을 흘리며 기도하셨다. 그리고 인간을 구원하기 위해서 십자가에 아들의 생명을 걸었던 하나님의 뜻에 순종하며 십자가를 지셨다.

　힘써서 기도하다 보면 실핏줄이 터질 수도 있다. 예전에 성령 세례를 위해서 기도하는 시간을 가진 적이 있는데 그 때 초등학교 6학년짜리 아이가 코피를 쏟았다. 아직 어린 나이였지만 성령 세례를 받고 싶은 간절한 마음으로 부르짖으며 기도하다가 그렇게 된 것이다. 지금은 서른도 넘었을 그 아이가 잊혀지지 않는다.

　어떤 성경 교사는 만약에 겟세마네 동산에서 세 명의 제자가 예수님처럼 정말 생명을 건 기도를 했다면 예수님을 배반하는 실패는 하지 않았을 것이라고 설명한다. 위기에 처해 있다면 바로 기도해야 할 때이다. 항상 생명을 걸고 코피가 나도록 해야 하는 것은 아니지만, 어느 때에는 금식하고 철야하며 전심을 다해서 기도해야 한다. 문제 해결을 위해서 하나님이 기회를 주신 기도의 때를 제자들은 방관했고, 결국 실패했다.

데이비드 브레이너드 선교사의 이야기는 참으로 감동을 준다. 기도의 사람이었던 그는 폐병 말기 때, 북미 인디언을 섬기라는 하나님의 부르심에 순종했다. 데이비드 선교사가 북미 인디언의 부흥을 위해 전심을 다하며 생명을 걸고 기도하자 그들에게 전무후무한 부흥의 역사가 일어났다. 부흥과 영적 성장과 하나님이 주신 사명을 이루기 위해서는 간구와 기도가 끊이지 않아야 한다.

고통에 대한 하나님의 계획이 있다

예선에 어떤 대학교 광장에서 기독교 동아리 연합 집회의 찬양을 인도하던 중, 벌에게 쏘였다. 그 때까지만 해도 나는 벌에 물리면 죽는 줄로만 알았다. 평소에 "죽으면 죽으리라!" 외쳤던 내 모습은 온데간데 없이 사라졌다. 나는 벌에 쏘인 손을 붙들고 단에서 내려와 알고 있는 모든 기도의 형태를 다 동원하여 기도했다. "나사렛 예수의 이름으로 명하노니 퍼지지 말고 멈출지어다!" "무슨 독을 마실지라도 해를 받지 아니하며." 나는 말씀을 인용해가며 명령했고 또한 간절히 기도했다. "하나님, 살고 싶어요!"

그러고 있는데, 한 간사가 다가와 말했다. "벌에 물렸다고 해서 죽는 것은 아니에요." 다시 물어봐도 여전히 안 죽는다고 했다. 그리고 독을 빨아주겠다고 했는데 그렇게 했어도 그 간사는 안 죽었다. 나도 독을 빨아보았으나 아무렇지 않았다.

그제야 하나님이 벌을 보내셨음을 깨달았다. 안일하게 시간을 보내던 내게 생명을 건 기도를 하게 하신 것이다. 찬양 시간이 끝난 후에는 내가 말씀을 전해야 하는데, 하나님은 그 일을 습관적으로 하길 원하지 않으셨던 것이다. 살기 위해 생명을 건 기도를 하는 동안 나는 성령 충만해졌고 강력한 말씀을 단 위에 서서 전할 수 있었다. 이것은 하나님의 지혜며 유머다.

하나님이 우리의 삶에 이런 벌을 보내실 때가 있다. 재정의 벌, 자녀의 벌, 질병의 벌, 관계의 벌 등 삶의 여러 가지 문제들을 만날 때 어떻게 해야 할까? 그 때에는 모세처럼 생명을 걸고 하나님 앞에 나아가서 부르짖어야 한다. 불이 자신의 발에 떨어졌는데도 "아, 타라, 타라. 괜찮아, 괜찮아" 하면 안 된다.

그럴 때는 정말 하나님만 의지하고 전적으로 그분만이 문제를 해결하실 수 있다는 마음으로, 벼랑 끝에 서는 심정으로 기도해야 한다. 그럴 때, 홍해가 갈라지는 기적의 역사가 일어난다.

어떤 큰 교회의 목사님은 폐병으로 죽음의 문턱까지 갔던 경험을 했다. 그는 고통 속에서 "살려만 주시면!" 하고 기도했다. 건강했으면 하지 않을 기도였다. 하나님은 고통 속에서 "이 병을 고쳐주시면 주님을 위해서 일하겠나이다!"라는 고백을 이끌어 내신 것이다. 그 병이 치유 되었고, 그분은 이제 신유의 은사로 사람들을 섬기고 있다.

삶을 힘들게 하고 어려움을 주는 벌이 올 때 감사하라. 생명을 건 기도를 통해서 역전승하고 기적의 역사가 일어날 것을 믿으라. 절망 가운데서 주님만을 바라보는 사람을 주님이 능력으로 일으키신 사례는 넘치도록 많다. 하나님 앞에서 그런 믿음을 가지고 생명을 걸고 기도하기를 바란다.

적극적인 기도

강청하는 기도의 본질은 무엇인가? 그것은 저항하는 것이다. 타락한 세상에 대해 반항하고, 잘못된 것을 그대로 받아들이는 것을 끊임없이 거부하는 것이다.

✚ 데이비드 웰즈

적극적으로 열방을 취해야 한다

그리스도인의 적극적인 성품은 하나님께로부터 온 것이다. 하나님은 자녀들이 소극적으로 살아가는 것이 아니라 적극적인 순종을 통해 하나님의 뜻이 이루어지도록 계획하셨다.

"내가 모세에게 말한 바와 같이 무릇 너희 발바닥으로 밟는 곳을 내가 다 너희에게 주었노니 곧 광야와 이 레바논에서부터 큰 하수 유브라데에 이르는 헷 족속의 온 땅과 또 해 지는 편 대해까지 너희 지경이 되리라"(수 1:3-4).

아브라함 때부터 주셨던 가나안 땅이지만, 하나님의 약속은 이스라엘 백성이 그 곳에 들어가 취하지 않는다면 결코 얻을 수 없다는 것을 의미한다. 그러므로 이스라엘 백성들은 하나님을 신뢰하며 담대하게 나아가 싸워 그 땅을 취해야만 하는 것이다.

갈렙은 여호수아를 찾아가서 헤브론을 점령하게 해 달라고 요청했다. 헤브론은 어떤 땅인가? 높은 산지에 있는 땅이다. 아낙 자손인 거인들이 살고 있으며 성은 크고 견고하다. 그럼에도 불구하고 당시 85세의 노인이었던 갈렙은 적극적이고 진취적인 자세로 헤브론 땅을 정복하여 기업으로 삼았다.

천국은 적극적으로 침노하는 사람의 것이다. 하나님은 우리들이 적극적으로 취해야 할 부분을 남겨 두셨다.

"내게 구하라 내가 열방을 유업으로 주리니 네 소유가 땅 끝까지 이르리로다"(시 2:8).

예수님을 믿기 전에 나는 그리스도인에 대해 성경책을 옆에 끼고 고개를 숙이며 조심스럽게 걷는 소극적인 모습을 연상했다. 그래서 남자답고 기개가 있는 남자 친구를 원했던 나는 예수님을 믿는 사람을 만나기 싫어했다.

그러나 예수님을 믿은 후에는 내가 잘못 생각하고 있었다는 것을 깨달았다. 그리스도인들은 겉보기에는 연약해 보였지만 적극적이고 용감하게 온 열방을 향해 나아가고 있었다. 온 세상은 그리스도인들이 취해야 할, 하나님이 그리스도인들에게 약속하신 땅임을 알기 때문이다. 이것은 진정한 그리스도인이 품어야 하는 마음이다.

기도도 마찬가지로 이러한 기개로 해야 한다. 나는 브라더 앤드류의 저서 「하나님의 마음을 움직이는 기도」(죠이선교회 역간)를 읽으면서 적극적인 기도에 대해 많은 도전을 받았다. 그 책에서 저자는 세상의 '악', 즉 테러, 질병, 전쟁, 가난 등에 대해 그리스도인의 책임이 무엇인가에 대해 고찰했다. 어느 정도 기도하다가 '하나님을 믿고 맡기면 되겠지' 하는 일부 그리스도인들의 생각에 저자는 분개했다. 하나님이 이 세상에 대한 책임을 그리스도인들에게 주셨기 때문에 하나님의 뜻이 이루어질 때까지 기도하는 것이 마땅하다는 것이 그의 주장이었다.

그리고 적극적으로 기도하여 응답받은 사례를 이야기했다. 저자가 속한 기도 공동체에서는 공산주의가 무너지는 것에 우선권을 두고 그 일이 성취될 때까지 기도했다. 그런데 1년 후에 소련에서 개방 정책을 썼던 고르바초프의 이름이 언론에 보도되기 시작했다. 또한 6년 후에는 동서 베를린 장벽이, 그 후 1년 뒤에는 동유럽 공산권이 와르르 무너진 것이다.

불신앙은 적극적인 기도를 하지 못하게 한다

나는 그 책을 보면서 얼마나 울었는지 모른다. 나 역시 80년대 초에 공산주의가 무너지도록 기도했었다. 하지만 내 생각은 사실 이러했다. '공산주의와 민주주의는 과거에도 있었고 현재도 그대로 있는데, 어떻게 공산주의가 무너지겠는가? 해가 동쪽에서 뜨고 서쪽으로 지는 것처럼 공산주의와 민주주의는 영원히 존재할 거야.' 세상적인 사고 방식에 젖어서 입술로는 공산주의가 무너지게 해달라고 기도했지만 마음속으로는 그럴 리가 없다고 굳게 믿었던 것이다.

그런데 90년대에 실제로 공산주의가 무너지는 것을 보면서 나는 생각했다. 구름이 작게 모일 때는 보지 못해도 그 구름이 커져 비가 되어 쏟아지면 볼 수 있는 것처럼 믿음의 기도도 조금씩 올라갈 때는 느낄 수 없다. 하지만 이 기도들이 모여서 큰 기도가 될 때, 바로 공산주의를 무너뜨릴 만한 능력의 기도가 된다.

나는 하나님께 회개했다. "하나님, 내 기도는 공산주의가 무너지는 데 아무런 도움이 되지 못했어요." 그러자 하나님께서 새롭게 깨닫게 하셨다. "80년대 초에 공산주의를 위해 믿음 없이 기도했던 것처럼 지금도 너는 무슬림을 위해 그렇게 기도하고 있단다."

입술로는 "이슬람의 장벽이 무너지게 해 주세요"라고 했지만, 속으로는 '강한 이슬람의 세력이 어떻게 무너지겠어?'라고 생각했던 것을 지적하셨다. 무슬림은 하루가 다르게 그 수가 증가하고 중동의 테러리스트들은 더욱 거세져가고 있다는 불신앙의 마음을 품고 있었던 것이다. 이런 태도는 적극적인 기도를 가로막았다.

이것을 깨달으며 기도했을 때 하나님이 다시 물으셨다. "광임아, 공산주의가 무너진 것처럼 이슬람도 언젠가 무너질 것을 믿느냐?" "예, 그래요. 언젠가 이슬람도 반드시 무너질 줄 믿어요." 나는 믿음으로 고백했다.

믿음이 있으면 목표를 이룰 때까지 적극적으로 기도하게 된다. 그러면 1년, 10년의 작정 기도가 아니라 그 문제가 해결될 때까지 우선적으로 기도하게 될 것이다.

나는 특별히 우리 나라의 통일을 위해서 기도하고 있다. 통일을 이루는 것이 하나님의 뜻이라면, 그 뜻이 이루어질 때까지 적극적으로 기도하는 것이 나의 몫이다. 머지않아 하나님이 원하시는 방식으로 반드시 '통일'이 이루어질 줄 믿는다.

나는 80년대에 학생운동을 하는 대학생들이 많은 고통을 당하는 것을 보았다. 정부와 대화할 수 있는 통로가 없기에 문제가 되는 방식으로 갈등을 표출하는 것이라고 생각했다. 하나님은 이것을 부담감으로 갖고 있지만 말고 기도로 옮기기를 원하셨다.

나는 대학교에서 이런 문제가 해결될 때까지 적극적으로 기도했다. 그 응답 중 하나로 학생운동을 주관하던 총학생회가 이제는 복음주의적인 대형 예배를 개최하는 중심체가 되었다는 좋은 소식들이 들리고 있다.

특별한 분야에서 우리 각자에게 하나님이 주신 기도의 사명이 있을 것이다. 어느 개인의 구원에 대한 부담감을 주셨다면 그가 구원 얻기까지 적극적으로 기도해야 한다. 사회의 특정 부조리에 대한 부담감이 있으면 그것에 대해서도 기도해야 한다. 어느 때까지인가? 그 부조리가 없어질 때까지다.

또한 열방에 대해서도 적극적으로 기도할 때 그 땅이 우리의 소유가 되어 하나님의 나라가 급속히 확장될 것이다.

적극적인 기도는 하나님의 뜻이 이 땅에 이루어지는 것을 볼 때까지 하는 기도다.

지적인 기도

> 하나님의 마음을 가지고 있는 그리스도인은 한 손에는 성경을, 한 손에는 신문을 들고 기도해야 한다.
>
> ✚ 칼 바르트

한국 교회가 가진 기도의 강점은 애타게 부르짖으며 간구하는 것이다. 그런데 아무 정보 없이 기도하다 보면 감정에 치우치기 쉽고 자신이 경험한 것에만 의존하여 기도하기 때문에 기도의 폭이 좁고 얕을 수밖에 없다.

기도의 사명을 훨씬 더 깊이 있고 부요하게 수행하기 위해서는 기도해야 할 영역과 나라들에 대한 구체적인 지식과 정보를 찾아야 한다. 그러기 위해서는 시간을 투자해야 한다.

하나님은 지적인 기도를 원하신다

하나님의 나라는 보이지 않는 세계에만 있는 것이 아니다. 그렇다고 보이는 세계에만 있는 것도 아니다. 보이지 않는 세계도 만드시고 보이는 세계도 만드신 하나님은 이 모든 세계 안에 역사하기를 원하신다.

마찬가지로 우리를 만드신 하나님은 우리가 우리의 육체와 혼과 영을 사용해서 기도하기를 원하신다. "하나님, 터키에 대해 어떻게 기도할까요?"라며 눈을 감고 하나님이 말씀하시기만 기다린다면 얼마만큼 기도할 수 있겠는가?

또한 하나님은 우리가 혼적인 능력, 다시 말하면 지·정·의를 총동원해서 기도하기를 원하신다. 그 중 하나로 지적인 분야는 우리가 알고 공부하고 깨닫는 영역이다. 지역과 열방과 종족을 조사하고 또 인물에 대한 정보를 찾는 것이다.

북한을 위해서 기도하려면 북한의 정책이나 상황, 현재 일어나는 사건을 공부해야 한다. 그것을 모르면 북한에 대해서 깊이 있게 기도할 수 없다. 이것이 불경건하게 보이는가? 그렇지 않다. 하나님의 나라에서는 극히 자연스럽다.

어느 날, 나는 한 연예인을 위해 기도해야 할 필요를 느꼈다. 인터넷을 검색하여 그가 출연하는 광고와 프로그램을 찾아 보았다. 처음엔 그가 청소년에게 끼칠 동성연애의 악한 영향력만 생각했는데 기도할수록, 그 사람조차도 사탄이 준 여러 가지 잘못된 저주와 상한 감정의 피해자임을 깨닫게 되었다.

이처럼 기도는 '저 사람을 어떻게 해주세요' 혹은 '하나님의 음성을 들려주세요' 하는 차원에 머물러 있는 것이 아니다. 찾고 조사한 정보를 토대로 우리는 더 깊은 부분까지 들어갈 수 있는 것이다. 뉴에이지, 동성연애 등 기도하려는 분야에 대한 지식과 정보가 있다면 훨씬 정확한 기도를 할 수 있다. 이를 위해 인터넷뿐만 아니라 뉴스도 봐야 하며 신문도 읽어야 한다. 또한 역사와 문화와 과학도 공부해야 한다.

미전도 종족에 대한 지식과 정보

내가 알고 있는 한 선교사님은 인류학과 신학을 전공하셨다. 이 선교사님은 자신이 공부한 것을 기초로 중국에 들어가 다양한 소수 방언 종족(자신들의 언어를 가지고 있는 소수 부족)을 찾아내고, 그들의 정보를 정리해 기도 정보지를 만들고 어떻게 그들에게 복음을 전할지에 대한 전략을 제시하고 있다.

최근에 한국에 잠시 머물던 그는 지난 10년간 사역한 언어 종족에 대한 많은 정보를 전해 주며 나에게 도전을 주었다. 나는 다시 한번 수많은 숨겨진 종족(hidden people)을 포함한 미전도 종족을 위한 기도 팀이 필요한 것을 절실히 느꼈다. 1,100면 분량의「땅끝 중국」(ARM)이라는 자료집은 앞으로 중국의 땅끝, 즉 방언 족속을 위해 기도하는 데 많은 도전과 도움을 줄 것이다.

만약 중국을 위해서 기도하려면〈중국을 주께로〉(중국어문선교회 발간)라는 계간지가 도움이 될 것이다. 그 책에는 중국에 대한 기도 제목이 날짜별로 나와 있어서 날마다 기도하는 데 도움을 준다. 어디에 가든 이런 책자를 항상 가방 속에 넣고 다닌다면, 효과적으로 기도할 수 있을 것이다.

나는 격월간지〈세계를 품는 경건의 시간 GT〉(GTM 글로벌틴미니스트리)로 묵상을 하는데, 그 책은 매일 미전도 종족을 위한 기도 정보를 제공한다. 미전도 종족에 대한 개별적인 지식이 부족해도 이 책을 사용하여 충분히 기도할 수 있다. 왜 우리가 미전도 종족을 위해 구체적으로 기도해야 하는지에 대해서는 6부에서 다루도록 하겠다.

무슬림을 이해한 후

나는 무슬림에 대한 지식과 정보 없이 기도해 오다, 1991년에 했던 중보기도 학교를 계기로 무슬림 지역 연구팀(Research Team)에 들어가 공부했다. 일주일에 두 번 정도 도서관을 찾아 자료를 조사하고, 전문 강사를 초청해 무슬림들의 역사와 문화에 관한 강의를 듣기도 하였다.

아브라함의 가정에 갈등이 생기면서 그의 첩인 하갈과, 아랍 민족의 시조이며 아브라함의 서자인 이스마엘이 광야로 내쫓긴다. 창세기 21장을 묵상하니 하갈과 이스마엘의 상처가 얼마나 컸을지 느껴졌다. 광야에서 아브라함이 준 물과 떡을 다 먹고 이스마엘이 굶주려 죽게 될까 염려하며 방성대곡하는 하갈에게서 원망과 좌절감과 분노, 외로움과 슬픔이 느껴졌다. 아버지로부터 쫓겨난 소년 이스마엘의 심경은 어떠했겠는가? 서자가 갖는 설움 그 이상이었을 것이다.

이것이 오늘날 아랍 민족이 갖는 상처의 뿌리다. 그들은 이 상처로 유대인, 더 나아가서 그리스도인에 대한 적대감을 갖게 되었다. 십자군 전쟁과 제국주의 시대를 거치며 그리스도인들은 자신들의 재력과 무력으로 약소국가인 아랍, 혹은 이슬람 국가를 탄압했다. 이러한 역사로 말미암은 관계의 악순환은 오늘날 서방 세계(혹은 미국)와 아랍 민족(혹은 테러리스트들)으로 이어져 내려오고 있다.

이러한 지식과 묵상이 있은 후로는 막연하게 무슬림을 위해 기도했던 과거와는 다르게 기도하고 있다. 전에는 무슬림에 대한 반감과 두려움을 가지고 그들 안에 있는 마귀의 세력을 축출해 달라고 기도했다.

그러나 지금은 오히려 선조 그리스도인들의 죄에 대한 용서와 서로 간의 화해를 위해 기도한다. 대부분이 무슬림인 아랍 민족도 하나님의 약속이 있는 민족이다. 상처받은 이들을 우리가 품고 하나님의 사랑을 더욱 적극적으로 전해야 한다.

선교사들의 보고 혹은 선교 소식지

선교사들이 본국에 보내는 보고, 혹은 기도 정보를 담은 선교 소식지에는 선교사의 구체적인 기도 제목과 선교지의 적나라한 상황이 잘 드러나 있다. 그러므로 중보기도자들은 이러한 것들을 꼼꼼히 살펴보아야 한다.

한번은 적도기니라는 나라에서 사역하는 한 선교사를 통해 그 곳의 자연적, 영적 상황을 듣게 되었다. 적도기니의 1년 총강수량은 우리 나라에서 비가 한번 내릴 때의 강수량인 110mm 정도라고 한다. 이러한 극심한 가뭄 때문에 나무도 메마르고 짐승조차 살기 어렵다고 한다.

강한 악령의 역사에 대해서도 듣게 되었다. 예수님을 영접한 한 현지인은 자신의 아들이 고열이 계속되는 위험한 상황에 이르자 믿음이 흔들리게 되었다. 결국 그는 예전에 자신이 섬겼던 무당에게 가서 안수를 받았는데 그 자리에서 그의 아들이 꼽추가 되었다는 것이다.

우리는 이러한 정보를 듣고 기도에 대한 도전을 받아 그 나라의 가뭄 해소와 악령의 역사를 파하는 기도를 구체적으로 할 수 있었다.

지적인 기도에 대한 실습

감리교단의 '선교전략연구소'에서 사모님들을 대상으로 4주 동안 중보기도 학교를 했다. 그 강의를 마칠 때쯤 1시간 정도 실제로 선교를 위해 기도하는 시간을 가졌다. 나는 세 팀으로 나누어 준비해 간 터키, 이스라엘, 중국에 대한 정보를 주었다. 그 정보를 10분 정도 읽은 후에 훈련한 대로 하나님의 음성을 듣고 기도했다.

나중에 중보기도 학교를 마치면서 평가하는 시간을 가졌는데 대부분 실습 시간이 가장 좋았다고 했다. 한 나라를 위해서 5분 이상 기도해 본 적이 없었는데, 스스로도 놀랄 만큼 많은 기도 제목들이 떠올랐던 것이다.

그 이유가 무엇일까? 만약 하나님의 음성만 들으려고 했다면 그렇게 기도할 수 없을 것이라는 생각이 든다. 정말 깊이 있게 훈련된 사람이 아니고는 그렇게 하기 어렵다.

하나님은 그것만을 원하시지 않고 우리의 이성적인 부분도 원하신다. 정보를 가지고 기도했을 때 하나님이 우리에게 말씀하시는 많은 것을 명백하게 들을 수 있었다. 이제 그분들은 1시간 이상 풍성한 기도를 할 수 있게 되었다.

다른 팀에서도 마찬가지다. 내가 중보기도 세미나를 인도했던 한 교회에 하나님의 음성을 들으며 한국과 교회를 위해서 꾸준히 기도하는 팀이 만들어졌다. 그들은 2년 동안 기도한 후 나에게 훈련이 잘됐는지 검증을 받고 싶다고 했다.

그들을 만나기 전 기도할 때에 그들과 함께 이스라엘과 팔레스타인을 위해 기도해야 함을 깨달았다. 그래서 두 나라에 대한 정보를 찾아 인쇄해 가지고 가서 그들에게 나누어 주었다. 그랬더니 잠깐 동안 막막해 하며 팔레스타인에 대한 말만 들었지 어떻게 기도해야 할는지 모른다고 말했다. 우리 나라를 위해서 기도할 때는 이미 많은 정보가 있고 기도 제목도 익숙하니까 괜찮았지만, 자세히 모르는 새로운 곳을 위해 기도해야 한다는 생각에 당황한 것이다.

나는 염려하지 말고 내가 인도하는 대로 따라오도록 권면한 후, 자료를 10분 정도 읽도록 했다. 그리고 평소에 했던 대로 하나님을 기다리면서 마음에 떠오르는 대로, 환상을 보여 주시는 대로, 약속의 말씀을 주시는 대로 담대하게 기도하도록 했다.

이들은 곧 눈물을 흘리며 두 나라를 품었고, 자료에 없었지만 미국 문제와 미국이 개입한 여러 부분에 대해서도 회개하면서 기도했다. 이러한 경험은 그들에게 자신감을 주었다.

그 팀의 리더가 기쁨으로 고백했다. "지금까지 이런 식으로 기도해 본 적은 없었어요. 그동안 기도하면서 어떤 벽을 느꼈는데 그것을 어떻게 넘어야 할지 몰랐죠. 하지만 이제는 자신감이 생겼습니다. 앞으로는 하나님께서 원하시는 대로 세계를 위해서도 기도해야겠어요."

창조적인 기도

"주는 영이시니 주의 영이 계신 곳에는 자유함이 있느니라"(고후 3:17).

창조의 하나님

창조의 하나님께서 지금도 우리와 동역하며 세상을 재창조하고 계신다. 새롭고 다양하게 창조하시는 하나님의 속성은 기도에도 잘 드러난다. 하나님은 항상 똑같은 방법으로 역사하지 않으신다.

여리고 성을 무너뜨리기 위해 성 주위를 돌며 기도할 것을 요구하셨다. 하나님은 하루에 한 번씩, 칠 일째는 일곱 번 돌고 마지막에 외치라고 명령하셨다. 그리고 그 명령에 순종한 이스라엘 백성들은 견고한 여리고 성이 무너지는 놀라운 경험을 맛보았다(수 6). 이런 성을 도는 작전은 성경에 딱 한 번 나온다.

기드온과 300명의 용사들은 나팔과 빈 항아리와 횃불을 가지고 싸워 승리했다(삿 7).

다윗이 골리앗을 쳐부술 때 그가 가진 무기는 물맷돌 다섯 개뿐이었다. 그 중 하나로 골리앗의 이마를 맞춤으로써 이스라엘에 승리의 기쁨을 안겨주었다(삼상 17). 그 후 다윗은 전투할 때마다 주시는 하나님의 다양한 전략으로 영토를 넓혀 갔다.

이렇듯 하나님은 전쟁 가운데 있는 이스라엘 백성을 다양하고 창조적인 방법으로 이끄셨으며, 그들이 순종할 때마다 승리를 얻게 되었다.

고정 관념을 깨뜨리자

나는 싱가포르 중보기도 학교에서 여러 가지 도전을 많이 받았다. 그 중 창조적인 기도에 참여하며 기도에 대한 고정 관념, 즉 교회 안에서 무릎 꿇고 하는 기도가 가장 경건하다는 의식을 깨뜨린 것이 무엇보다 소중했다. 이 곳에서 경험했던 하나님은 진부하지도, 틀에 갇혀 있지도 않으셨다. 성령 안에서 하는 기도는 매우 자유롭고 편안했고 하나님의 기름 부으심이 있었다. 창조적인 기도를 위해서는 우리 안의 관념적이며 율법적이고 권위주의적인 것이 깨져야 한다.

한번은 북아프리카의 이슬람 세력이 팽창하여 남쪽으로 내려 온다는 소식을 들었다. 우리는 그들의 세력을 저지하는 기도를 했다. 그때 하나님이 주신 기도 방법은 아프리카 지도를 앞에 놓고 '예수 그리스도만이 온 땅의 왕이시다' 라는 찬양이 울려 퍼지는 가운데 지도를 향하여 행진하는 것이었다.

맨 앞에는 아프리카가 고향인 캐나다에서 온 자매가 섰다. 우리는 지도까지 행진해서 북부 아프리카를 손가락으로 짚은 다음, 이슬람의 세력은 지중해로 빠지라고 명령하며 그러한 몸짓을 취했다. "제게 믿음이 없었다면 이것을 미친 짓으로 여겼을 거예요." 자매는 이렇게 고백했지만 자신이 믿음으로 기도한 것에 만족해했다.

또한 1991년 9월 21일에 당시 YWAM의 총재였던 로렌이 하나님의 음성을 듣고 "Cardinal Point Pray"라는, 땅끝까지 복음이 전파되는 것을 바라며 믿음으로 6대륙 극단에 가서 기도하는 기도 프로젝트를 진행했다.

여러 가지 어려움을 무릅쓰고 기도하는 YWAMer들은 6대륙의 동, 서, 남, 북 극단으로 갔다. 그리고 그 스물네 곳 모든 장소에서 승리의 깃발을 꽂고 기도했다. 나와 우리 중보기도 학교 팀은 금식하며 아시아의 남쪽 극단, 말레이시아로 갔다. 그리고 깃발을 꽂으며 땅끝까지 복음이 전파되도록 기도했다.

아울러 이 때 주님은 세계 복음화를 위해서 제3세계의 영적 지도자들이 온 세계를 섬길 것이라는 예언의 말씀을 주셨다. 이 기도의 응답으로 제3세계의 사람들이 지도자로 세워졌다. 특히 예수전도단의 전 대표였던 홍성건 목사님은 동아시아 지역의 책임자가 되었는데 이 직책을 통하여 더 많은 열방을 섬길 수 있었다.

YWAM에서는 "Torch Run"이란 기도 프로젝트도 주관했다. 이것은 청소년들이 횃불을 들고 릴레이로 전세계를 행진하는 기도다. 행신은 "어두움은 빛 가운데 드러나라"는 선포의 기도였다. 이 행진은 로렌이 이스라엘의 산에서 그 아들 데이비드에게 횃불을 넘겨주면서 시작되었다. 데이비드는 다음 청소년이 기다리고 있는 곳까지 뛰어가 횃불을 전달하였고, 횃불은 이렇게 해서 전세계로 퍼져 갔다.

미국 동부에서도 서부까지 횃불 행진을 진행했다. 한 달 후에 이들이 뛴 노선 안에 있던 여러 마약 밀수범이 경찰에 의해 소탕된 소식이 신문에 나기도 했다. 이처럼 때로는 뉴스를 통해서 하나님의 응답을 듣기도 한다.

창조적인 기도는 하나님께 순종하는 것이다

간혹, 기도하는 데 굳이 대가를 지불하며 행동을 취해야 하는지에 대한 의문이 생길 것이다. 그러나 기도의 능력과 응답을 위해 하나님께 순종해야 한다는 것을 잊지 마라. 창조적인 하나님의 말씀 그대로 행하는 것이 필요하다.

딕 이스트만은 하나님의 음성을 듣고, 베를린 장벽이 무너지도록 기도하기 위해 독일까지 갔다. 그는 음성을 들은 대로 장벽에 손을 얹고 기도했다. "예수님의 이름으로 명하노니 무너져라!" 그 후 얼마 지나지 않아 베를린 장벽이 정말로 무너졌다.

예전에 대학생들에게 강의하고 나서 함께 실습할 때였다. 북한을 위해서 기도하자고 했더니, 어떤 형제가 기도 방법을 제안했다. 간사들이 앞에서 손을 잡고 쭉 서고, 학생들이 반대편에서 '저 성벽을 향해'라는 찬양을 하며 전진하고 싶다는 것이었다.

어떻게 기도했는지 아는가? 그의 제안대로 했다. 그리고 그 형제는 간사들에게 손을 얹고 선포했다. "나사렛 예수의 이름으로 명하노니 38선의 장벽은 무너져라!" 그랬더니 간사들 모두 "으악" 소리를 내며 뒤로 넘어져 흩어졌다.

또 한번은 여덟 기둥(6부 참조)의 영역별로 각 팀이 흩어져서 기도한 후 다시 모여서 발표하는 시간에 한 학생이 상기된 얼굴로 한 가지 제안을 했다. 정치계를 위해서 기도한 사람과 경제계를 위해서 기도한 사람이 맞잡고 있는 손을 향해 언론을 위해서 기도한 사람이 그들의 맞잡은 손을 끊으며 나아가자는 것이었다. 정경 유착의 고리를 끊어내는 기도였다. 처음에는 좀 어색했지만 그래도 한번 해보기로 했는데, 하나님의 기름 부으심을 느낄 수 있었다.

히피들이 주로 모이는 파리 광장에 갔을 때가 생각난다. 그곳에서 하나님이 여리고 성 돌기를 하라고 말씀하셨다. 첫 바퀴를 돌 때는 너무 창피스러웠다. 동양인 몇 명이 슬슬 광장을 돌더니 "하나님은 살아

계시다"라고 외치니까 외국인들이 다 쳐다보고 웃는 것 같았다. 창피했지만 순종하는 마음으로 따랐다. 또 한 바퀴를 돌고 외쳤다. "하나님은 살아계시다!"

그런데 세 바퀴를 돌자 담대함이 생겼다. 하나님이 담대함을 부어주시는 것이었다. 네 바퀴 돌 때부터는 이제 아랑곳하지 않고 기도했다. 마지막 일곱 바퀴를 돌고 나니까 내 안에 강한 담대함이 생겼다.

나는 광장을 돌기 전부터 전도의 부담감을 갖게 된 한 여인에게 다가갔다. 그녀는 많은 사람들에게 둘러싸여 주술적인 춤을 추고 있었는데 하나님은 여리고 성 돌기를 하는 동안 내 안의 두려움을 깨뜨리시고 담대히 복음을 전하도록 인도하셨다.

그녀는 아주 호의적으로 받아들였다. 물론 장사를 망친 것에 화가 나서 달려온 그녀의 기둥서방 격인 사람하고 싸울 뻔도 했다. 그렇지만 하나님이 그녀에게 관심을 가지고 나에게 복음을 전하도록 역사하신 것이 분명했다.

우리 모빌 팀이 춘천시를 위해 기도할 때에 하나님은 우리가 세 팀으로 나누어 시청, 군부대, 병원에 가서 기도하길 원하셨다. 나는 시청 팀을 이끌고 그 곳에 들어가 곳곳에서 기도했다. 특히 시장실 문고리를 잡으며 예수님 잘 믿는 시장님이 오시도록 간구했다.

그런데 몇 개월 후에 바뀐 시장님은 신실한 그리스도인이었다. 이일로 인해 춘천에 있는 모든 교회가 기뻐했다. 그 후로도 춘천에 아름다운 일이 많이 일어났다.

그러자 목사님들은 춘천시에 문제가 생길 때면 우리 모빌 팀에게 춘천시의 산당(high place, 하나님을 대신하여 마귀가 예배받는 견고한 진이 있는 장소를 말한다. 산당은 일반적으로 높은 곳에 있으나 다 그런 것은 아니다)인 봉의산에 올라가 기도하도록 부탁하기도 하셨다.

이렇듯 골방이나 교회에서 기도하는 것 외에도, 성령 안에서 다양하고 창조적인 방법으로 기도할 수 있다. 우리에 의해 제한 받지 않으시는 성령님은 다양하고 창조적으로 일하기를 원하신다.

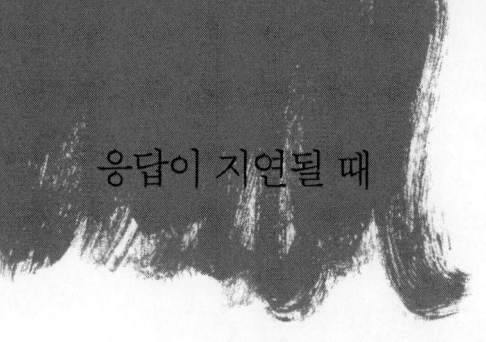

응답이 지연될 때

하나님은 약속하신 선물을 우리에게 주시기 전에 먼저 선물을 기다리는 마음을 주시고,
그것을 위해 꾸준히 기도하게 하심으로써 그 선물의 가치를 가르쳐 주신다.
✝ J. I. 패커

"사랑하는 자들아 주께는 하루가 천년 같고 천년이 하루 같은 이 한 가지를 잊지 말라 주의 약속은 어떤 이의 더디다고 생각하는 것같이 더딘 것이 아니라"(벧후 3:8-9).

하나님이 주신 기도 제목을 가지고 기도함에도 불구하고 응답이 지연될 때가 있다. 그 이유가 무엇일까? 응답은 우리가 기도한 대로 해주시는 것이 아니다. 응답에는 '예스', '노', '기다리라'의 세 가지 응답이 있다. 때로는 우리의 생각과 다른 형태로 응답해 주실 때도 있는 것이다. 왜 그런지 그 이유에 대해서 네 가지로 나누어 보겠다.

동기를 순화시켜야 한다

첫째, 동기를 순화시키기 위해서다. 하나님은 기도하는 과정을 통해서 우리의 마음을 순화시키신다.

우리 교회에 충성스런 자매님이 계셨다. 이 자매는 주일학교 총무와 성가대의 지휘자로 열심히 봉사했다. 그런데 5년 동안 섬기던 우리 교회를 떠나서 남편을 따라 다른 곳으로 가게 되었다. 그 때 나는 자매가 없으면 주일학교와 성가대를 누가 감당할지 염려가 되었다.

"그 자매가 가지 않게 해주세요." 나는 간절히 기도했다. '광임아, 너의 기도가 너를 위함이냐, 그 자매를 위함이냐?' 하나님의 물음에 그만 나의 이기적인 동기가 드러나고 말았다. 그 자매는 사정상 5년간 남편과 떨어져 살며 세 명의 자녀와 함께 친정집에 와 있는 동안 우리 교회를 섬겼다. 이제 남편과 함께 살게 되었으니 그 자매에게는 우리 교회를 떠나 남편과 합치는 것이 잘된 일이었으며 하나님의 섭리였다. 나의 이기적인 동기를 회개하고 하나님께 자매의 앞날을 맡기며 가장 좋은 길을 열어달라고 기도했다.

그 때 게하시의 눈을 열어 불말과 불병거를 보게 하신 말씀이 떠올랐다. 이전에는 보지 못했지만 충성스런 성도가 예비되었다는 믿음이 생겼다. 지금은 신실하신 하나님이 예비해 주신 자매가 주일학교와 성가대를 충성스럽게 섬기고 있다.

나는 이 일을 통해서 사람에 대한 인간적인 집착이 무엇인지 알게 되었고 이런 집착을 끊고 하나님이 일하시도록 하는 것을 배웠다. 하나님의 교회는 하나님이 책임지신다. 이런 과정은 하나님이 우리의 기도의 동기를 순화시키시는 시간이다.

하나님의 성품을 더 알기

둘째는 하나님의 성품을 더 알게 하기 위해서다. 기도의 본질은 하나님과의 교제에 있다. 하나님은 로봇이 아니시다. 그러므로 우리가 달라는 대로 금방 주시지 않는다. 기도라는 통로를 통해서 우리가 하나님이 어떤 분이신지 알아가길 원하시기 때문이다.

내 딸은 나에게 사달라는 것이 많다. 그리고 구하는 것도 아주 구체적이다. 예를 들면, "가방 하나 사 주세요"가 아니라 "이런 캐릭터가 있는 이런 색의 가방을 사 주세요"라고 얘기한다. 그런데 구하는 것이 아이에게 적합하지 않다면 함께 조율하는 시간을 갖는다. 엄마는 너무 사치스러운 것이나 유행을 따르는 것을 원치 않는다고 말할 때도 있다. 이런 과정을 통해 우리 딸은 엄마의 마음을 배워간다.

때로는 사 주는 시기를 연장하기도 한다. 지난 번에 자전거를 사달라고 했을 때는 6개월 이상을 기다리게 했다. 아직은 위험하다고 생각했기 때문이다. 집에서 조금 나가면 차도가 있으므로 아이가 위험을 분별할 수 있도록 자전거를 타기 전에 교육이 필요했다. 나는 6개월 동안 아이에게 열심히 교통사고 방지훈련을 하고 나서 자전거를 사 주었다.

자녀가 무엇을 사달라고 요청할 때에도 부모는 하나님의 생각을 자녀에게 가르칠 수 있다.

예전에 우리 교회의 한 집사님 가정이 경제적인 어려움을 겪게 되었다. 건축업을 했는데 사기를 당하는 등 재정 사정이 매우 어렵게 된 것이다. 집을 팔려고 내놓았으나 2년이 넘도록 팔리지 않았다.

좋은 집에 살고 있지만 끼니가 떨어지는 상황이 벌어졌다. 우리 부부는 이 가정을 위해 집이 빨리 팔리도록 특별 기도를 했다. 그러나 하나님은 이들이 광야학교를 지나고 있으며 독수리가 자기 새끼를 훈련시키는 것처럼 하나님이 이들을 훈련하고 있음을 알려 주셨다. 이 말씀을 심방 때 나누었다. 그래도 여전히 집은 팔리지 않고 있었다.

그러나 이런 어려운 기간을 보내는 동안 남자 집사님이 변화되어 갔다. 초신자이며 세상 것을 쫓던 이 분이 하나님의 사랑을 경험하기 시작한 것이다. "하나님이 나를 얼마나 사랑하시면 이런 궁지로 몰아넣으실까 하고 생각했습니다. 정말이지 하나님의 얼굴만 바라볼 수밖에 없더라구요. 문득 아내와 연애할 때가 생각났습니다. 아내가 나만 쳐다보기를 원했던 것처럼 하나님이 나를 너무나도 사랑하셔서 이런 시간을 주셨다고 생각하니 감격할 뿐입니다."

남자 집사님이 고백하는 하나님께 대한 믿음은 날로 깊어졌다. 이런 변화의 시간을 보내던 어느 날, 하나님은 극적으로 그 집이 팔리도록 해주셨다. 나는 우리가 바라는 때와 하나님의 때가 다를 수 있음을 알았다. 하나님은 기다리는 과정을 통해서 그분의 성품을 경험하게 하시며 그분 앞으로 가까이 인도하는 좋은 아버지시다.

믿음을 견고히 하기

셋째는 믿음을 견고히 하기 위해서다. 마태복음 15장 21-28절에 수로보니게 여인의 이야기가 나온다. 귀신 들린 딸을 고쳐달라는 여인의 부탁에 예수님은 '노'라고 거절하셨다. 여인의 간청을 거절하시는 예수님께 여인은 거듭 겸손하게 은혜를 구했고 예수님은 여인의 믿음을 크게 칭찬하시며 그 즉시로 딸을 고쳐 주셨다.

기도의 응답이 지연되고 있는가? 이 여인처럼 낮아지더라도 뒤로 물러서지 않고 믿음으로 고백한다면 주님이 좋은 것으로 응답해 주실 것이다.

소원이 깊어지기

넷째는 우리의 소원이 깊어지도록 하기 위해서다. 선교사로 부르심을 받고 선교지로 나가려고 할 때에 비자도 안 나오고 재정도 막히는 여러 가지 어려움을 겪을 수 있다. 그러면 사람들은 "하나님, 왜인가요?"라고 기도하며 자신의 부르심에 대해 다시 묻고 기도할 것이다.

하나님은 우리가 비전을 계속해서 간구하고 선포하기를 원하신다. 하나님이 명하셨으니까 간다는 소극적인 차원의 순종을 뛰어넘기 원하시는 것이다.

그런 기다림의 과정은 어떤 의미가 있을까? 그것은 그 사람의 마음 속에 가고자 하는 나라에 대한 사랑이 깊어지고 그 나라에 가고 싶은 적극적인 열정이 자라나는 시간이 될 것이다. 그래서 그 소원이 무르익어 하나님의 때가 되면 하나님이 그 나라로 갈 수 있는 모든 문을 열어 주실 것이다.

대구의 한 교회 사모님이 들려준 이야기다. 대구에서 제일 큰 교회 수석 부목사로 있던 분이 단독 목회를 하려고 어느 조그만 교회에 가서 설교를 하셨다. 그런데 큰 교회에서 설교하다가 작은 교회로 옮길 생각을 하니 속이 상했다.

그런 마음이니 기도인들 제대로 했겠는가. 목사님은 그 교회에서 자신을 초빙할 것이라 굳게 믿고 기도를 소홀히 했다. 그런데 웬일인지 초빙 제의가 오지 않고 결정하는 과정이라는 소식만 듣게 되었다. 시간이 많이 지나는 동안, 목사님은 이 문제를 위해서 주님 앞에 나아가 전적으로 매달리기 시작했다. "하나님, 그 교회가 좋사오니 꼭 보내 주십시오." 목사님은 마침내 그렇게 기도를 드렸다. 놀랍게도 그 기도를 마치자마자 장로님들이 와서 목사님을 초빙해 갔다.

이 과정을 옆에서 쭉 지켜보신 그 사모님은 우리의 마음이 교만하고 준비되어 있지 않으면 하나님이 기도의 응답을 공중에 붙들고 계신다고 이야기했다. 우리의 마음과 열정이 준비될 때 하나님이 그 응답을 공중에서 풀어 주신다.

하나님의 때가 가장 좋은 때다

지금은 대학 2학년인 '찬양'이라는 조카를 나는 참 예뻐했다. 외국에 갔다 오면 그 아이를 위해 꼭 선물을 사 왔다. 아이가 초등학교 1학년일 때 싱가포르에 있던 나는 아주 좋은 아동용 시계를 사서 선물했다. 이모가 외국에서 좋은 선물을 사줬다고 자랑하게 하고 싶었던 것이다. 그러나 아직 시계를 다룰 줄 모르는 찬양이는 일주일도 못가서 시계를 망가뜨렸다.

그 모습을 보고 나는 굉장히 실망했었다. 그래서 3학년이 된 어린이날에는 과거의 경험을 떠올리며 시장에서 6천 원짜리 전자시계를 사서 선물했다. 찬양이는 그 시계를 일 년 내내 잘 차고 다녔다.

나는 정말 예쁘고 고급스러운 것을 주고 싶었지만 찬양이는 그것을 다룰 준비가 되어 있지 않았다. 아이한테 적합한 것은 6천 원짜리 전자시계였다. 이것을 보면서 하나님 앞에서의 내 모습을 떠올렸다.

하나님은 정말 좋은 것을 주고 싶으시더라도 우리가 아직 다룰 준비가 되어 있지 않다면 적합한 것, 우리가 다룰 수 있는 것을 주실 수밖에 없다. 그래서 하나님은 우리가 준비될 때까지 미루시는 것이다.

때로는 모든 사람에게 적합하다고 여기시는 때에 응답하실 수도 있다.

우리의 기도에 하나님이 '예스'라고 하시든 '노'라고 하시든 아니면 '기다리라'고 하시든, 우리의 좋은 아버지로서 하나님은 우리에게 가장 좋은 것을 주기 원하신다. 그러므로 기도의 응답이 지연되더라도 수로보니게 여인처럼 하나님을 신뢰하는 마음을 가지면서 그분의 성품을 고백해야 한다.

다니엘의 친구들이 했던 고백을 붙들어라. "그리 아니하실지라도 나는 우상에게 절하지 않고 하나님을 섬기겠나이다!" 이것이 바로 하나님이 우리에게서 듣고 싶으신 고백이다.

하나님께서 수천 년 전에 여호수아에게 하신 말씀을 오늘날에도 적용할 수 있다. "너희 발바닥으로 밟는 곳을 내가 다 너희에게 주었노니"(수 1:3). 하나님을 위하여 도시들을 점령하기 위해 그리스도인들은 서로 연합하며 직접 발바닥으로 그 지역을 밟아야 한다. 그리스도인에게는 중요한 영적 전투 무기인 기도를 사용하며 지역 사회를 책임지려 하는 자세가 필요하다.

✛ 피터 와그너

| 5부 |
땅 밟기 기도

하나님이 만드신 땅

하나님은 그분이 창조하신 세상을 인간에게 위임하셨다. 즉, 땅을 정복하라는 것이다. 그러나 모든 고대 종교에서는 땅을 거룩하게 여겼으며 지모신(地母神)으로 숭배하였다. 그들에게는 '지모신을 지배하라! 는 하나님의 위임이 너무나 대담한 발언이었으며 신성 모독이었다.
하나님은 인간에게 고대 종교를 파괴하고, 그 세계의 낡은 가치를 흔들어 버리고, 그 기초가 되는 미신을 던져 버리라고 명령하신다.

✤ 도로시 죌레

    인간은 누구나 땅을 좋아하기에 땅을 많이 갖고 싶어한다. 하지만 땅의 원래 주인은 하나님이시다. 하나님은 땅을 만드시고 땅에 풀과 채소와 열매 맺는 과목과 종류별로 생물들을 창조하셨다. 땅은 기름졌고 모든 것이 그 위에 가득 찼다. 하나님은 이러한 땅을 그분의 형상대로 만드신 인간에게 선물로 주셨다.

    하나님은 흙으로 만들어진 인간이 땅에서 번성하고 충만하도록 하셨다. 그리고 땅을 다스리고 정복하도록 계획하셨다(창 1:28). 하나님이 인간을 위하여 만드신 에덴동산에는 네 개의 깨끗한 강이 흐르고 귀한 보석과 각종 과실이 풍부했다. 하나님이 주신 땅은 인간이 살기에 최상의 환경이었고 아름답고 적합한 곳이었으며 하나님의 영광을 드러내었다.

사람의 죄로 땅이 저주를 받다

하나님은 아담에게 온갖 종류의 실과는 다 먹어도 "선악을 알게 하는 나무의 실과는 먹지 말라 네가 먹는 날에는 정녕 죽으리라"(창 2:17)고 경고하셨다. 그러나 아담은 불순종하여 선악과를 따먹는다. 그 결과로, 에덴동산에서 추방되고 땅도 함께 저주를 받아(창 3:17) 가시덤불과 엉겅퀴를 내게 되었다. 이제 인간은 땀을 흘려서 토지를 갈아야 채소를 먹을 수 있게 된 것이다.

동생을 죽인 가인의 범죄로 인하여 땅은 다시 한번 저주를 받는다. 아벨의 피가 스며든 땅은 더 이상 소산물을 내지 못하게 되었고(창 4:11-12), 이로 인해 가인은 유리하며 방랑하게 되었다.

이처럼 인간의 죄가 땅에 심각한 영향을 끼쳤다는 것을 성경을 통해 알 수 있다. 그리고 오늘날까지 사람들의 죄로 인하여 땅은 계속 저주를 받고 있다.

땅에도 감정이 있다

사람은 지·정·의를 지닌 인격체로서, 기쁨과 슬픔 같은 감정을 느낄 수 있다. 그러나 단지 사람만이 감정을 느끼는 것은 아니다. 하나님의 형상대로 사람을 창조하신 하나님은 성령님을 통하여 땅에 새 기운을 부어 주시는 놀라운 일을 행하셨다. "주의 영을 보내어 저희를 창조하사 지면을 새롭게 하시나이다"(시 104:30). 감정을 지닌 땅은 상황에 따라 즐거워하기도 하며, 슬퍼하기도 한다. "이 땅이 슬퍼하며"(호 4:3), "땅이여 두려워 말고"(욜 2:21).

시편 148편에서는 해, 달, 별, 산, 나무, 짐승 모두 하나님을 찬양하라고 명령하고 있다. 만물도 찬양을 할 수 있다(계 5:13). 이와 같이 땅은 말을 할 수 없지만 희로애락의 감정을 지니고 있다.

오늘 우리가 사는 세계는 생태학적 위기에 처해 있다. 공장과 가정에서 나오는 폐수로 하천이 오염되고 농약으로 땅이 산성화되고 많은 종류의 동물과 식물들이 지구상에서 사라져 버렸다.

하나님은 인간에게 아름다운 땅을 선물로 주시며 잘 다스리도록 사명을 부여하셨다. 그러나 인간이 이 책임을 망각하고 하나님께 불순종하였으므로 땅이 마귀의 손에 넘어갔다. 이로 인하여 땅을 포함한 모든 피조물들이 썩어짐에 종노릇하며 고통 속에 신음하고 있다. 그러므로 모든 피조물들이 자유를 갈망하고, 하나님의 아들들이 나타나기를 고대하며 탄식하고 있는 것이다(롬 8:19-21).

땅을 오염시키는 요소

땅이 더러워지게 된 근본 원인은 인간의 죄다. 수원지가 더러우면 더러운 물을 마실 수밖에 없듯이, 인간의 죄로 인하여 땅이 더러워진 것이다.

땅을 특별히 더럽게 만드는 것은 **우상 숭배**다(시 106:38). 하나님 외에 예배를 받는 모든 것이 우상이다. 하나님은 십계명을 주시며 우상을 만들지 말고 그 앞에 절하지 말라고 경고하셨다. 많은 선지자들이 이스라엘에게 우상 숭배의 죄에서 돌이키도록 외쳤다.

인도의 부다가야에 가면 세계를 대표하는 사찰들을 볼 수 있다. 그곳은 불교인들의 성지 순례 장소라서 많은 사람들이 부처를 향해 절을 하거나, 염주를 돌리면서 합장을 하고, 손을 위로 쳐들기도 한다. 또한 힌두교의 중심지인 바라나시에 있는 힌두대학과 신전, 그리고 신성한 강이라 불리는 갠지스 강에서도 우상을 섬기고 있다. 이런 우상 숭배의 죄 때문에 그 땅이 더러워지고 있다.

음란도 땅을 더럽게 한다. 이로 인해 하나님의 심판이 임하는데, 자기 친족이나 짐승과 성적으로 결합하는 것은 죽임을 당할 죄다(레 18:6, 22-25). 아프리카에는 성적 문란으로 에이즈가 만연하고 있고 부모의 죄로 인하여 자녀들까지 에이즈에 전염되고 있다.

또한 땅을 오염시키는 것은 **피흘림**이다(겔 36:18). 사람의 생명이 고귀하기에, 폭력을 행하거나 살인을 하면 그 땅은 더러워진다. 이라크, 아프가니스탄, 러시아 등 세계 도처의 땅이 피로 얼룩지고 있다.

탐심도 땅을 더럽게 한다. 아간의 탐심(수 7:21)으로 아골 골짜기가 저주를 받았다. 많은 사람들이 일확천금을 꿈꾸며 모여드는 미국의 라스베가스도 더럽혀진 땅이다. 더러운 죄가 전염병처럼 확산되면, 그 땅은 버림받게 된다.

땅을 향한 하나님의 마음

거룩하신 하나님께서는 더러움이라고는 조금도 찾아볼 수 없다. 그분은 피조물에게 관심을 갖고 계시며, 특히 아름다운 땅에는 더욱 깊은 관심을 가지신다.

멸망할 수밖에 없었던 노아의 시대를 바라보는 하나님의 마음이 어떠하셨을까? 당시에는 모든 사람의 행위가 패괴하였기 때문에 그 결과로 땅도 패괴하였다. 인간의 강포가 가득하자 땅과 함께 모두 멸하시기로 결심하신 하나님은 멸망할 인간과 땅 때문에 한탄하고 근심하셨다(창 6:5-6, 13). 이것이 땅에 대한 하나님의 마음인 것이다.

출애굽 당시에 하나님은 이스라엘 백성이 거하는 고센 땅에 특별한 관심을 갖고, 열 가지 재앙이 미치지 못하도록 배려하고 지켜 주셨다

(출 8:22). 고난 가운데 하나님께 부르짖어 기도한 백성들의 땅을 보호하고 복을 내리시는 그분의 마음을 알 수 있다.

이스라엘 백성들이 하나님을 떠나 제사를 드리지도 않고 죄를 짓자, 땅은 열매를 내지 못했다. 그러나 백성들이 주께 돌아와 회개하고 울며 금식기도할 때 하나님은 땅에 대하여 불붙는 마음을 지니시고 그분의 백성과 땅을 긍휼히 여기셨다. "그 때에 여호와께서 자기 땅을 위하여 중심이 뜨거우시며 그 백성을 긍휼히 여기실 것이라"(욜 2:18).

이스라엘 백성들이 죄를 지으면 그 결과로 땅이 가뭄과 메뚜기와 염병으로 신음했다. 죄는 땅에 하나님이 주시는 복이 임하지 못하게 한다. 또한 사탄이 침투하여 땅을 파괴하고 더럽게 만드는 근거를 제공한다.

하나님은 땅이 파괴되기를 원치 않으시므로 이스라엘 백성이 악한 길에서 떠나기를 바라신다. 그리고 그들이 스스로 겸비하고 하나님의 얼굴을 구하기를 기다리신다. 병들어 고통스러워하는 땅을 하나님은 치유하기 원하신다(대하 7:14).

죄로 가득 찬 황무한 땅을 심판하실 때 하나님은 아파하신다. 그래서 그 땅을 위하여 성을 쌓으며 결렬된 틈에 서서 하나님의 진노를 막아 낼 사람을 찾고계신다(겔 22:30). 많은 수가 아니어도, 참된 중보자 한 사람, 기도하는 한 사람을 찾으신다. 그의 기도를 듣고 이 땅을 보호하고 싶으신 것이다. 이것이 땅에 대한 아버지의 마음이다.

땅을 거룩하게 하는 원리

거룩하신 하나님은 백성들에게 깨끗하고 정결한 음식을 섭취하도록 명령하셨다. 또한 문둥병과 혈우병을 더러운 병으로 규정하고, 정결케 하는 절차도 만드셨다. 거룩하신 그분의 속성대로 모든 것들을 거룩하게 하기를 원하시는 것이다.

구약에서 성막은 하나님이 임재하시며 인간이 하나님을 만나는 곳이었다. 모세는 하나님이 머무는 장막과 그 안에 있는 모든 것을 거룩하게 하기 위하여 관유를 발랐다. 모든 물건을 깨끗하게 하는 관유는 성령을 의미한다고 볼 수 있다(레 8:10-11).

하나님은 제사장 위임식 때 아론과 그 아들들에게 그리고 그들이 입은 옷에 관유와 단 위의 피를 뿌려 정결케 하셨다(레 8:30).

아기를 낳은 산모는 그 부정함을 정결케 하기 위해서 어린 양과 비둘기로 번제와 속죄제를 드려야 했다(레 12:6,8).

특히 저주받은 병으로 여겨졌던 문둥병이 치유된 경우에는 정결하게 하는 의식을 행해야만 한다. 제사장이 두 마리의 새를 가져다가 한 마리는 죽여 그 피를 정결하게 되어야 할 자에게 일곱 번 뿌리며 깨끗해진 것을 선포하고, 남은 한 마리는 들에 놓아 보냈다. 그리고 옷을 빨고 모든 털을 밀고 물로 몸을 씻어야 정결하게 되는 것이다(레 14:5-9). 여기에서 언급되는 물은 영적 의미에서 하나님의 말씀이다.

만약 어떤 사람이 들에서 칼에 죽은 자나 시체나 사람의 뼈나 무덤을 만졌으면 7일간 부정하게 된다. 그 사람이 깨끗게 되기 위해서는 흠 없는 붉은 암송아지로 번제를 드린 후 그 불사른 재를 취해 흐르는 물에 넣어서 깨끗한 사람이 그 잿물을 모든 기구와 부정한 사람의 몸에 뿌려야 한다. 그리고 7일 후에 그 옷을 빨고 몸을 씻으면 정결하게 되었다(민 19:16-19).

신약에서도 더러운 것을 깨끗하게 하는 원리는 동일하다.

예수님은 십자가에 못박히시기 전에 제자들이 진리의 말씀으로 거룩하게 되도록 중보기도하셨다(요 17:17). 성경은 사람을 포함해서 하나님이 지으신 모든 것이 말씀과 기도로 거룩해진다고 말씀하고 있다(딤전 4:5).

교회는 어떠한가? 주의 몸 된 신부가 흠 없이 깨끗하게 단장하는 것은 흙 도가니에 일곱 번 단련한 은같이 순결한 말씀으로 가능하다(엡 5:26-27). 흠 없는 그리스도의 피만이 우리의 죽은 행실에서 양심을 깨끗하게 하고, 살아계신 하나님을 섬기게 하는 것이다(히 9:12-14).

부정한 장소나 물건이나 사람을 깨끗하게 하기 위해서는 관유(성령)와, 짐승의 피(주의 보혈)와, 맑은 물(하나님의 말씀)과, 중보기도와, 붉은 암송아지의 재(예수 그리스도의 희생)를 사용해야 한다. 이와 같은 원리를 죄로 인하여 더러워진 땅을 정결케 하기 위해서도 적용할 수 있다.

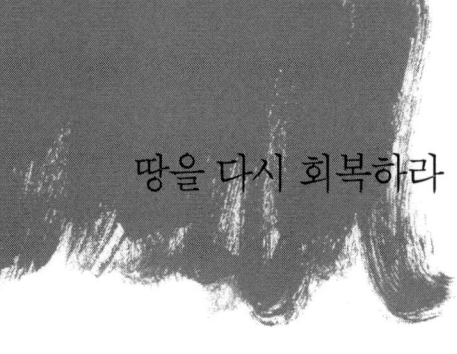

땅을 다시 회복하라

어느 학자는 성경에 땅이라는 단어가 나오는 구절이 1,717번 쓰였다고 한다. 하나님이 땅을 중요한 주제로 취급하시는 것을 알 수 있는 증거다. 하늘과 반대 개념인 땅은 사람이 살고 있는 물리적인 세계(막 6:10), 또한 땅의 한 부분을 차지하고 있는 지역, 혹은 그 곳에 살고 있는 거주민을 의미한다(창 11:1, 계 13:3). 바다와 대조되는 마른 땅(막 4:1), 식물과 모든 생명이 살 수 있도록 지표면에 있는 흙(마 25:18)을 말한다. 이러한 것들이 우리가 언급하는 땅의 총괄적인 개념이다.

약속의 땅을 취하기
아담의 불순종으로 땅이 저주를 받았으나, 하나님은 포기하지 않으셨다. 하나님은 다시 아브라함을 선택해서 그 후손들에게 젖과 꿀이 흐르는 가나안 땅을 주기로 약속하셨다. 그 땅을 통해 저주받은 온 땅을 축복하기 원하셨던 것이다(창 12:1-3).

하나님은 모세의 뒤를 이어 약속의 땅을 점령해야 하는 여호수아에게 직접 발바닥으로 밟는 그 땅을 그들에게 다 주시겠다고 확약하셨다(수 1:3). 하나님은 한번 약속하신 것을 변개치 않으시는 신실한 하나님이시다(민 23:19). 그러나 하나님의 약속을 성취하기 위해서는 인간이 믿음으로 실행하는 것이 중요하다.

요단강은 제사장들이 직접 발로 밟으며 나아갔을 때 발목이 강물에 잠기는 동시에 갈라졌다.

"너희 앞에 땅이 있으니 들어가서 얻을지니라"(신 1:8). 가나안은 분명 하나님이 주신 약속의 땅이다. 그러나 이스라엘 백성이 직접 그 땅을 발로 밟고 점령해야만 열두 지파가 나누어 가질 수 있었다. 이스라엘 백성이 실제 행진함으로써 수백 년 전에 아브라함이 약속받았던 땅을 얻게 된 것이다.

오늘날도 하나님은 우리에게 약속의 땅을 주신다. 우리는 하나님께 약속의 땅이 어디인지 질문함으로써 우리에게 주시는 약속의 땅을 확실히 알아야 한다. 그리고 그 땅이 우리의 것이 되도록 믿음을 가지고 기도하며 행진해야 하는 것이다.

하나님의 비전을 품어야 한다

아브라함은 조카 롯에게 땅을 먼저 선택할 수 있도록 우선권을 주었다. 요단 온 들을 바라보았던 롯은 육신적인 관점에서 "물이 온 땅에 넉넉하여 여호와의 동산 같은" 요단의 들판을 선택하였다.

땅에 대한 우선권을 포기하고 가나안에 거하게 된 아브라함에게 하나님은 눈을 들어 동서남북을 바라보라고 하셨다(창 13:14-15). 그리고 그가 보는 땅을 그와 그의 자손에게 주겠다고 약속하셨다. 아브라함은 영적인 안목으로 땅을 바라보고 비전을 갖게 된 것이다.

하나님은 우리가 세상적인 기준으로 땅을 바라보며 절망감에 빠지는 것을 원치 않으신다. 오히려 하나님의 비전은 그 땅이 변화되어 회복되는 것이다. 하나님은 우리도 동일하게 하나님의 비전을 소유하기 원하신다.

하나님의 비전은 다음과 같다.

- 광야와 메마른 땅이 변화되어 즐거워하는 것이다. 그 땅이 백합화처럼 꽃 피며, 기쁨으로 노래하며, 레바논의 영광과 갈멜과 사론의 아름다움을 되찾는 것이다(사 35:1-2).
- 뜨거운 사막이 변하여 연못이 되고 그 곳에 거룩한 큰 길이 생기는 것이다(사 35:7-8).
- 물이 바다를 덮음같이 여호와의 영광을 인정하는 것이 온 땅에 충만하게 되는 것이다(합 2:14).
- 하나님의 영광이 온 땅에 충만하게 되는 것이다(사 6:3).
- 황무지가 헵시바('나의 기쁨은 그녀에게 있다' 라는 뜻)가 되고 쁄라('네 땅이 결혼한 바 되다' 라는 뜻)가 되는 것이다 (사 62:4-5).

이 비전은 꼭 이루어져야만 한다. 미전도 종족에도, 방글라데시에도, 아프가니스탄에도, 이라크에도, 북한 땅에도 언젠가 이루어져야 한다. 그 날이 올 때까지 이 비전을 품고 중보기도하며 땅을 밟아야 한다.

저주에서 축복의 땅으로(과테말라의 알모롱가)
나는 〈변화〉(Transformation, (주)조이코)라고 하는 비디오 테이프를 보게 되었다. 이 테이프는 땅이 어떻게 변화될 수 있는지에 대한 좋은 실례를 소개한다. 영적 회복이 도시와 땅에 영향을 주는 내용이다. 다음은 그 내용을 요약한 것이다.

30년 전 알모롱가는 가난, 알코올 중독, 무지, 주술과 신비주의로 가득 찬 어둡고 위험한 지역이었다. 아침 7시에 거리에 나가 보면 수많은 사람들이 술에 취해 쓰러져 있었으며, 감옥에는 늘 사람들이 넘쳤다. 그 지역을 조사한 영적 지도자들은 그 곳의 견고한 진이 '마시몽'(죽음의 신)임을 알게 되었다. 겉보기에는 한낱 나무 조각상에 불과했지만 그 우상 배후에 있는 영이 그 지역 모든 사람들을 결박하고 있었다. 교회는 돌에 맞아 피해를 입고, 전도하는 사람은 매를 맞기도 했다.

그러나 교회가 일주일에 세 번씩 금식 기도와 금요 철야 기도를 하면서 기사와 이적이 나타났다. 이로 인해 사람들이 교회로 몰려오고 이 도시에서 우상 숭배를 몰아 내기 위해 기도 모임을 갖자 '마시몽' 신은 능력을 상실하였다. 그 결과로 감옥은 텅비었고 36개의 술집도 3개로 줄어들었다.

더욱 놀라운 것은 농업의 변화였다. 과거에는 사람들의 게으름과 건조한 기후, 흑암의 영향으로 땅이 황폐했으나 사람들이 하나님께 돌아옴으로 땅이 변하기 시작했다. 땅이 비옥하게 되어 품질이 우수한 야채를 1년에 3번 추수해서 과테말라, 멕시코 남부, 엘살바도르에 수출까지 하게 되었다. 한 달에 4트럭에 불과하던 수송량도 일주일에 40트럭으로 늘어났다. 이제 미국의 야채 정원이라고 불리는 알모롱가는 농업 규모가 1000배 증가했다.

미국, 영국 등 각지에서 연구가들이 농사 비법을 알려고 알모롱가에 왔으나, 그들이 들을 수 있는 대답은 매우 단순했다. 하나님이 주신 지혜가 과학적 방법보다 우월하다는 것이다.

전에는 무 재배 기간이 62일 걸렸으나 40일까지 단축되었다가 이제는 25일 만에 추수가 가능해졌다. 농부들은 하나님께 영광을 돌리며, 커다란 트럭을 살 때면 그 트럭 전체를 성경 말씀으로 장식한다.

사람들이 하나님께 돌아와 영적 변화를 받은 후에 땅도 치유받아

옥토로 변한 것이다. 우상과 미신으로 가득 차 황무지였던 그 곳이 하나님께 돌아온 사람들의 기도와 찬양과 영적 전쟁을 통하여 젖과 꿀이 흐르는 가나안 땅으로 변화된 것이다.

땅을 재탈환하기 위한 무기

하늘의 전쟁에서 미가엘과 그 사자들에게 패하고 땅으로 내쫓긴 사탄은 온 천하를 꾀는 자로서, 큰 용 혹은 옛 뱀, 마귀라고도 불린다(계 12:7-9). 아담의 범죄 이후 땅은 사탄에게 넘어갔다. 자신의 때가 얼마 남지 않은 것을 아는 마귀의 분노로 인해 이 땅에 화가 있는 것이다(계 12:12).

예수님이 이 땅에 오신 것은 마귀의 일을 멸하기 위해서다. 마귀가 임금 노릇하며 파괴하는 이 땅을 점령하여 회복시키시는 것이다. 예수님은 우리에게 그 일을 맡겨 주시며, 그 땅을 탈환할 수 있도록 무기를 주셨다.

이 땅을 정결하게 하며 잃어버린 열방을 되찾기 위해서는 영적 무기가 필요하다. 우리 입의 무기는 하나님의 존영인 찬양과 예배며, 손에 쥐어야 할 무기는 성령의 검인 하나님의 말씀이다(시 149:6-8). 이것으로 우리가 땅을 하나씩 하나씩 점령해야 한다. 또한 여호수아가 믿음으로 땅을 밟으면서 전진할 때 적들을 물리쳐 주신 것을 기억하고, 우리도 믿음으로 영적 전쟁을 해나가야 한다(히 11:3).

사막과 같은 땅을 옥토로 변화시키려면 에스겔이 본 환상처럼 성전 동편에서 흘러나오는 생수의 강이 있어야 한다(겔 47:1-12). 그 물은 발목에서 시작해서 무릎, 허리를 덮고 나중에는 건너지 못할 강이 되어 골짜기와 들판을 지나 바다로 흘러간다. 그래서 그 곳에 생명이 있게 하는 것이다. 성전에서 흐르는 물은 죽어 있는 것을 살리는 생명의 성령을 의미한다.

이와 같은 성령의 역사가 온 땅 가운데 흘러 들어갈 때 치유와 풍성한 생명의 역사를 이루게 되는 것이다. 잃어버린 땅을 찾는 사람들에게 없어서는 안 될 중요한 무기는 고통과 신음, 질병, 더러움, 죽음이 사라지고 새 하늘과 새 땅이 이루어지도록 중보기도하는 것이다.

순행자의 삶

한 번뿐인 우리의 삶을 이 땅에서 어떻게 살아야 할까? 많은 사람들이 먹고 마시는 문제로 몸부림치거나, 육신의 정욕과 안목의 정욕, 이생의 자랑에 사로잡혀 있다. 그러나 하나님이 우리에게 원하시는 삶은 순행자의 삶이라고 본다. 순행자란 죄악으로 더럽혀진 지역이나 도시를 순행하면서 그 땅을 거룩하고 복된 땅으로 변화시키는 창조적인 사람이다.

"그 날에 내가 곡을 위하여 이스라엘 땅 곧 바다 동편 사람의 통행하는 골짜기를 매장지로 주리니 통행하던 것이 막힐 것이라 사람이 거기서 곡과 그 모든 무리를 장사하고 그 이름을 하몬곡의 골짜기라 일컬으리라 이스라엘 족속이 일곱 달 동안에 그들을 장사하여 그 땅을 정결케 할 것이라 그 땅 모든 백성이 그들을 장사하고 그로 말미암아 이름을 얻으리니 이는 나의 영광이 나타나는 날이니라 나 주 여호와의 말이니라 그들이 사람을 택하여 그 땅에 늘 순행하며 장사할 사람으로 더불어 지면에 남아 있는 시체를 장사하여 그 땅을 정결케 할 것이라 일곱 달 후에 그들이 살펴 보되 순행하는 자가 그 땅으로 통행하다가 사람의 뼈를 보면 그 곁에 표를 세워 장사하는 자로 와서 하몬곡 골짜기에 장사하게 할 것이요 성의 이름도 하모나 하리라 그들이 이와 같이 그 땅을 정결케 하리라"(겔 39:11-16).

곡은 로스와 메섹과 두발 왕, 즉 불결한 백성들의 사악한 지도자를 의미한다. 하나님은 악의 상징인 곡을 심판하시는데, 그 이유는 곡이 종말에 사탄에게 넘어가 이스라엘을 공격하기 때문이다. 곡은 악한 마음을 품고 이스라엘을 대적한다(겔 38:10-13).

하나님은 그들을 심판하시고 시체를 매장할 장소를 정하여 하몬곡의 골짜기라고 칭하셨다(겔 39:11). 죽은 시체에는 이미 구더기와 파리 등이 들끓고 있어 썩은 냄새를 풍긴다. 하나님은 이스라엘에게 그들의 시체를 장사하여 그 땅을 정결케 하라고 명하셨다.

나는 어느 여름에 죽은 고양이가 썩어가는 것을 보았다. 고양이 시체에는 이미 구더기를 비롯한 잡다한 벌레들이 있었다. 썩은 냄새로 구토가 날 지경이었다. 그 곳이 고양이의 시체 때문에 더러워진 것이다.

하나님의 뜻을 따라 이스라엘 백성들은 어마어마한 시체를 처리할 수 있도록 순행자를 세웠다(겔 39:14). 오늘날 영적 이스라엘인 교회도 순행자를 선택해서 오염된 땅을 깨끗하게 해야 한다. 순행자는 시체의 한 부분이라도 남아 있으면 그 곁에 표를 세우고 장사하는 자로 하여금 시체를 장사 지내게 해야 한다. 그럴 때 그 지역과 도시가 하모나 성이라 불리며 정결하게 된다(겔 39:16).파수꾼이 쉬지 않고 파수하듯, 순행자도 쉬임없이 순행해야 한다. 바울은 3차 선교 여행 때, 직접 이러한 땅을 밟으면서 순행자의 역할을 감당했다.

정결케 하는 하나님의 사역을 중단해서는 안 된다. 하나의 시체만 있어도 사망의 썩는 냄새가 그 지역을 더럽히기 때문이다. 썩어 가는 시체를 찾기 위해 그 땅을 순회하는 기간은 일곱 달이다. 일곱은 완전수를 의미한다. 다시 말하면 시체가 더 이상 발견되지 않을 때까지 순행한다는 뜻이다.

이 땅에는 그리스도를 알지 못하기 때문에 죄와 허물로 죽은 시체들이 많이 있다(엡 2:1). 죽은 행실로 썩어져 가는 사람은 냄새를 발산한다(고후 2:16). 그들의 죄악된 행동 때문에 그 땅이 더러워지므로 영적 시체를 찾아 장사해야 한다. 그들을 그리스도와 함께 장사지내고 새로운 생명으로 부활시켜야 한다. 썩은 사망의 냄새를 제거하고 영적으로 거듭난 생명이 되게 해야 그 땅이 정결하게 된다.

순행자는 동역자들과 사전에 장사지낼 준비를 해야 하는데 이를 위해서는 예수 그리스도가 십자가에서 흘린 피와 마리아가 부었던 성령의 향유가 필요하다(막 14:8).

더러운 땅이 정결하게 될 때 그 사역에 참여한 사람들은 아름다운 이름을 얻게 될 것이다(겔 39:13). 이 땅에서뿐만 아니라 하늘나라에도 우리들의 이름이 멋지게 기록되는 것이다.

우리의 부르심은 땅을 정결하게 하고 하나님이 영광을 받으시게 하는 것이다.

눈을 들어 세상을 바라보라. 땅이 더러워져서 고통하며 신음하고 있지 않은가? 영적 시체가 있는 곳, 정결하게 되기를 기다리는 땅을 위하여 우리도 순행자가 되어야 한다. 혹은 우리를 대신하여 순행자를 세우고, 그들을 더러운 땅으로 파송하며 중보기도로 후원해야 한다.

영적 용사로 무장시켜라

나에게 오직 죄만 두려워하고 하나님만 사모하는 기도의 사람 백 명을 달라. 그들이 목사든 평신도든 상관 없다. 그러한 사람 백 명만 있으면 지옥의 문을 깨뜨리고 이 세상에 하나님의 나라를 세울 수 있을 것이다. 하나님이 원하시는 일이란 한 가지, 우리의 기도에 응답하시는 것이다.

✢ 요한 웨슬레

오늘날 땅 밟기 기도를 하면서 영적 전쟁을 하는 한국 교회들이 점점 늘어나고 있다. 여호수아는 하나님이 약속하신 땅에 대한 확신을 갖고 실제로 전투하고 땅을 밟으며 점령했던 성경 속의 본보기다. 이제부터 여호수아서의 말씀을 통해 땅 밟기 기도의 실제 과정을 살펴보도록 하자.

리더가 중요하다

모세의 뒤를 이은 여호수아는 이제 약속의 땅을 눈앞에 두고 있다. 하나님이 이스라엘을 출전시키는 때가 온 것이다. 전쟁에서 가장 중요한 요소는 지도자다. 지도자에 따라서 전쟁의 승패가 좌우될 수 있다. 그래서 하나님은 차세대 지도자였던 여호수아를 모세의 시종으로 두고 가까이에서 배우게 했다. 여호수아는 준비된 지도자였다.

그럼에도 여호수아는 모세의 뒤를 이어 수많은 백성들을 젖과 꿀이 흐르는 가나안 땅으로 인도하는 일이 두려웠을 것이다. 하나님은 여호수아를 격려하셨다. "너의 평생에 너를 능히 당할 자 없으리니"(수 1:5).

지도자는 준비된 사람이어야 하며 하나님이 주신 확실한 약속과 승리에 대한 확신이 있어야 한다. 그리고 무엇보다 하나님 말씀에 대한 성실한 순종이 필요하다. 그래야 많은 사람들을 전쟁터에서 이끌 수 있으며 승리의 깃발을 꽂을 수 있다.

나 또한 단기 선교 팀을 보낼 때 지도자를 선정하기 위하여 하나님과 많은 시간을 보낸다. 준비되지 않은 사람이 지도자가 될 경우 팀원들을 어렵게 하거나 혼돈으로 이끌어 전쟁에 실패할 수 있기 때문이다.

팀원들의 정체성을 확인하라

우리는 어떠한 사람이며 나는 누구인가? 여기에 대한 대답과 확신이 중요하다. 모세의 지도 아래 있던 이스라엘 백성은 용사가 아니었다. 그들은 전쟁 경험이 없는 겁쟁이였다. 하나님이 해변에 놓인 지름길로 그들을 인도하시지 않은 이유는 그 곳에 사는 강한 블레셋 용사들을 보고 애굽으로 다시 돌아갈까 염려하셨기 때문이다(출 13:17).

400년 간 애굽에서 노예 생활을 하는 동안 노예 근성에 젖어 있던 이스라엘 백성이 강한 용사로 전쟁에 임하는 것은 불가능해보였다. 그들에게 특별한 무기가 있는 것도 아니었다. "가나안 사람들은 아낙 자손인 거인들입니다. 그들의 눈에는 우리가 메뚜기 같았을 겁니다. 우리 스스로 보기에도 그렇잖습니까!" 이것이 모세가 보낸 정탐꾼들의 보고 내용이었다(민 13:31-33, 14:1-4). 자신들의 정체성을 확인하지 못한 결과, 그들은 약속의 땅을 정복하지 못하고 광야에서 죽게 되었다.

그러나 여호수아는 자신이 용사라는 사실을 확신했다. 그리고 따르는 군사들을 격려했다. "너희 용사들은 무장하고"(수 1:14). 여호수아가 보기에 열두 지파의 남자들은 메뚜기가 아니라 용사였다. 용사만이 전쟁에 참여하여 땅을 차지할 수 있다.

다윗 왕의 세 용사는 우물물을 마시고 싶어하는 왕을 위하여 생명을 아까워하지 않고 적들이 사는 땅 깊숙한 곳까지 뛰어들었다. 다윗은 차마 부하들의 생명과도 같은 우물물을 마시지 못하고 하나님께 드렸다. 이들이 보여 준 용기는 전투의 삶을 살아야 하는 모든 사람에게 하나님이 주시는 아름다운 도전의 말씀이다.

진정한 우리의 왕은 예수님 한 분이시다. 그분이 가장 애타게 원하는 것은 지옥으로 치닫는 잃어버린 영혼을 구하는 것이다. 다윗에게 충성한 세 용사처럼, 마귀의 땅에 들어가 영혼들을 구출하기 위해서는 우리에게도 생명을 건 충성과 복종이 있어야 한다. 이런 충성과 복종하는 마음 없이는 땅 밟기 기도를 할 수 없다. 땅 밟기 기도는 영적 전투이기 때문이다.

기드온 사사 시대에 하나님은 이스라엘 백성 가운데 전쟁을 두려워하고 떠는 자를 모두 집으로 보내셨다. 그리고 전투에 임할 의지와 자세가 준비된 300명을 기드온과 함께 전투에 참여시켜 승리하게 하셨다. 영적 전쟁의 승패는 숫자와 무기에 있는 것이 아니라 그들의 헌신 여부에 달려 있다.

광야에서 이스라엘 백성들은 원망과 불평만 늘어놓았다. 그러나 진정한 용사는 죽음을 두려워하지 않으며 강하고 담대한 마음을 지닌 사람이다. 용과 싸워 이기기 위해서는 죽기까지 생명을 아끼지 않는 불굴의 투지가 필요하다(계 12:11).

이스라엘 백성은 땅을 취하기 위해 요단 강을 건넜다. 넘실거리는 요단 강 속으로 들어가는 것은 광야의 옛 생활을 청산하는 죽음을 의미하며, 강에서 나오는 것은 새로운 용사로 거듭나는 것을 의미한다. 우리의 참된 모습은 하나님의 용사가 되는 것이다.

연합하고 지도자에게 순복하라

전쟁시에는 상관에 대한 복종이 중요하다. 상관의 명령에 불복종하면 사형에 처해질 수도 있다. 여호수아는 이미 기업을 차지한 두 지파 반(르우벤 지파와 갓 지파, 그리고 므낫세 지파의 반)에게 다시 전쟁에 나아가 하나님이 약속하신 땅을 얻게 될 때까지 아홉 지파 반을 위해 싸우라고 명령한다. 여호수아의 명령에 그들은 순종을 다짐한다. "누구든지 당신의 명령을 거역하며 무릇 당신의 시키시는 말씀을 청종치 아니하는 자 그는 죽임을 당하리니"(수 1:18).

두 지파 반은 이미 가나안 동편을 기업으로 얻었으므로 목적을 달성했지만 전투를 그치거나 안주하지 않았다. 그들은 아홉 지파 반과 연합하여 모든 지파가 하나님이 주시는 땅에서 평안을 얻을 때까지 싸우기로 하였다.

군사들에게 하나 됨과 복종은 중요한 정신이다(시 133:1). 특히, 땅 밟기 기도는 적들이 있는 곳으로 들어가는 영적 전쟁이기에 많은 부분이 사탄에게 노출되어 있다. 이 때 팀이 하나로 연합해 있지 않다면 마귀에게 많은 허점을 보이게 될 것이다.

팀의 지도자가 어리거나 자매이거나 좀 부족하다는 생각이 들더라도 일단 그리스도의 몸에서 지도자로 세워지면 그에게 순종해야 한다. 마귀는 질서를 깨뜨리는 중요한 도구로 지도자에게 거역하는 마음을 사용한다. 제자들을 위한 예수님의 기도 제목은 그들이 하나가 되는 것이었다.

방글라데시에 단기 선교팀을 파송할 때 일이다. 리더 경험이 없는 체구가 자그마한 한 자매가 팀의 리더를 맡게 되었다. 팀원 중에는 전도사님도 계셨고 남자들도 여럿 있었다. 그러나 우리는 하나님이 이 자매를 리더로 세우심을 믿고 결정했다. 모든 팀원들이 이 자매에게 순종하기로 위탁하고 함께 기도하는 시간을 가졌다.

연약해 보이기만 했던 이 자매는 쉴새없이 기도했다. 리더의 역할이 두려웠기 때문에 하나님을 더욱 의지하기 위해서 기도에 전력한 것이다.

그런데 이 자매가 이끄는 방글라데시 팀에 기적적인 일들이 생겼다. 그 당시 방글라데시에는 태풍이 일어나 몇 십만 명이 사망하는 사건이 발생했다. 우리는 한 의류회사의 후원을 받아 수백 벌의 옷과 제약회사에서 제공한 연고와 미숫가루 등을 전하기 위해 한국에 있는 UN에 보고했다. 이 보고가 전해지자 팀이 입국하는 시간에 맞추어 공항에 부영사와 기자들이 나와 환영을 해주었다. 그들은 VIP 대접을 받으며 신속하고 무사히 세관을 통과한 것은 물론, 왕 같은 대접을 받았다.

방글라데시는 이슬람 국가였지만 엄청난 태풍이 지나간 후라 우리 팀이 음식이나 옷을 나누어 주며 찬양과 드라마 등을 통해 전도를 해도 괜찮았다. 더구나 나환자 발생률이 세계 1위인 방글라데시 사람들을 위해 기도하며 상처가 난 자리에 연고를 발라 주었는데 상처가 나았고 그 마을 전체가 주님 앞에 돌아왔다. 그 후 1년이 지난 뒤에 그곳에 갔을 때 약 100명의 어린이들이 예배드리는 것을 보게 되었다.

나는 단기 선교 팀의 보고를 들으며 아무리 연약하더라도 주님을 의지하는 지도자, 그리고 그 지도자에게 순종하는 팀원만 있다면 기적과 승리가 나타난다는 사실을 재삼 확인하게 되었다.

승리는 보장되어 있다

하나님이 약속하셨으므로, 이미 싸움에서 승리한 사실을 여호수아는 확신하였다. 이제는 그 땅을 밟기만 하면 되는 것이다.

일본이 UN 연합군에 의해 패하였을지라도 이 소식을 전해 듣지 못했다면, 계속해서 일본군에 의해 다스림을 받을 수밖에 없다. 그러나 일본의 패배를 알리며 선포하는 사람이 있다면 일본군은 물러갈 수밖에 없다. 점령했던 나라를 다스리며 지배할 법적 효력을 상실했기 때문이다.

마귀는 십자가에 의해 법적 효력을 상실하고 무장 해제 당하였다 (골 2:15). 이런 예수 그리스도의 승리에 대한 믿음을 분명히 하고 싸우러 나가야 한다.

영적 지도 그리기

영적 지도란 영적 세계의 세력과 사건들에 대해 이해한 바를 물리적 세계의 장소와 환경들 위에다 표기해 놓는 것이다.

✚ 조지 오티스

정탐꾼을 보내야 한다

영적 전투에 있어서 지역을 조사하는 일은 매우 중요하다. "적을 알고 나를 알면 백전백승"이라는 말 그대로, 전쟁에 임할 때 적에 대한 정확한 정보가 있다면 승리를 확신할 수 있을 것이다. 정보는 조사를 통하여 얻어지며, 이를 위해서는 정탐꾼을 파송해야 한다.

모세는 열두 명의 정탐꾼에게 40일간 조사해야 하는 내용을 명시했다. "그 땅의 어떠함을 탐지하라 곧 그 땅 거민의 강약과 다소와 그들의 거하는 땅의 호 불호와 거하는 성읍이 진영인지 산성인지와 토지의 후박과 수목의 유무니라"(민 13:18-20).

모세에게 성실히 배웠던 여호수아도 두 명의 정탐꾼을 보내어 여리고 성을 정탐하게 했다. 그들의 사명은 그 땅과 여리고 성과 그 성에 거하는 사람들의 상황을 조사하여 보고하는 것이었다. 정보를 수집하는 것은 반드시 필요하며 지혜로운 일이다.

조사할 때는 그 지역의 역사적, 물리적, 영적인 영역을 연구할 필요가 있다. 이에 대한 자세한 내용은 '영적 전쟁(중보기도)을 위한 자료 조사'에서 좀더 살펴 보겠다. 이 세 가지 영역을 조사한 후 하나님의 음성을 듣고 기도할 때, 그 지역의 견고한 세력이나 사탄이 가장 강하게 역사하는 산당을 알게 되는 것이다.

1992년에 유럽으로 42일간의 기도 여행을 갔었다. 우리 팀은 그 여행을 하기 전 1년 동안 편의상 유럽을 여섯 군데로 나누어 조사하였다(동 유럽, 서 유럽, 남 유럽, 북 유럽, 중앙 유럽, 러시아). 그래서 다음과 같은 기도 제목을 얻었다.

- 로마 가톨릭의 우상 숭배 및 죄의 문제
- 공산주의 붕괴로 말미암은 동부 유럽의 공허함과 새로운 기반 건축을 위해
- 서부 유럽의 무슬림 확대
- 93년 유럽 통합을 대비한 기도(특히 미테랑 대통령을 위해)
- 남부 유럽의 음란한 죄와 신비주의
- 명목상 그리스도인의 회복 등

오랜 조사를 한 끝에 올바른 기도의 방향을 끌어낼 수 있었다. 이렇게 나온 기도 제목들을 보기 좋게 기도 카드로 제작하여 기도의 동역자들에게 나누어 주자, 그들도 같은 방향으로 미사일 기도를 할 수 있었다. 기도의 동역자들로 하여금 효과적으로 기도에 동참하도록 하는 것은 반드시 필요하다.

나는 여러 형태의 중보기도 학교나 세미나를 인도하면서, 땅을 조사하는 것이 기도의 기폭제 역할을 한다는 것을 발견했다. 각 교회를 중심으로 지역 조사를 하거나 특정 도시를 조사하는 것은 함께 기도하기 위해 참석한 사람들에게 영적으로 명확하게 볼 수 있는 능력을

제공한다.

이해를 돕기 위해 예를 들어 보겠다. 역사적인 조사에 의하면 목포와 그 주변 섬 일대는 과거에 유배지였다. 귀양살이를 하는 선비들은 조정의 그릇된 권위에 원망과 억울한 마음을 갖게 되었고, 유달산의 유선각에서 그러한 마음을 담은 시를 짓고 읊었다.

개항 이후에 목포 시민의 대다수 부두 노동자들이 부당한 대우와 낮은 임금으로 인해 고통을 겪게 되었다. 불만과 정부 관리에 대한 불신도 심각했다. 정부와 권위자들이 권력 남용으로 올바른 권위가 무너지고, 시민들의 신뢰를 받지 못하게 되었다.

교계 역시 신사참배를 결정한 교회 지도자들에 대한 불신 때문에 교회가 분열되면서 상황은 더욱 심각해졌다. 불신의 영이 우상 숭배와 결합되어 강력한 진을 이루게 된 것이다.

게다가 거절감과 체념으로 대표되는 선비 시문학의 영향과, 나라 잃은 백성의 아픔, 그리고 정죄 의식과 무력함이 어우러져 그 진은 더욱 견고해졌다. '목포의 눈물'이란 대중가요가 유행하면서 이 모든 부정적 정서가 목포 시민에게 고착된 채로 지금까지 내려 오고 있다.

한편, 유달산은 산당 중 하나로 많은 절들과 '목포의 눈물'의 노래비가 있고, 많은 점집으로 둘러싸여 있다.

이런 것을 고려할 때, 교회가 해야 할 일은 자명하다. 교회의 신사참배 결정 이후 가지게 된 분열과 적대감, 불신의 세력을 없애기 위해 시편 133편을 기반으로 강력한 연합을 추구해야 한다. 억압된 슬픔을 푸는 데는 찬양을 통한 예배 회복이 중요한 영적 전략이 될 것이다.

또, 물리적인 조사에 의하면 부산은 일본과 가까이 있고 바다의 영향을 받는 항구 도시다. 바다가 주는 영적 영향 중 하나는 두려움이다. "너희가 나(바다)를 섬기지 않으면 너희를 죽이겠다." "너희의 재산을 모조리 앗아갈 것이다!" 이것은 두려움이 주는 거짓 메시지다. 사람들은 이 두려움에서 벗어나기 위해 바닷가에서 제사를 지내며 거짓 신인 용왕을 섬기고 달랜다.

부산은 또한 고려 말부터 계속해서 왜구들의 침략을 받으며 재산과 식량을 빼앗겼고 수많은 사람들이 죽거나 강간을 당한 참혹한 역사를 갖고 있다. 이런 역사적, 자연적 배경은 부산 지역에 두려움의 세력을 구축해 왔다.

나는 수영로 교회를 비롯한 현지 교회들과 함께 땅 밟기 기도를 3번 했다. 그 때마다 하나님은 우리를 바닷가로 인도하셨다. 우리는 해운대, 광안리, 연안부두 등 바닷가를 중심으로 거짓과 두려움의 영을 파하며, 예수 그리스도만이 왕이심을 선포했다. 평강의 왕인 예수 그리스도는 모든 두려움의 세력을 파하는 능력이 되신다. 최근에는 해운대를 중심으로 기도하면서, 빼어난 경치를 주신 하나님을 찬양하고 이런 아름다운 경치를 통해 사람들이 쾌락과 음란이 아닌 안식과 평화를 누리는 휴양 도시로 구속되기를 축복하며 기도했다.

영적인 조사에 의하면 강화도에는 200여 개의 교회와 13개의 기도원뿐만 아니라 보문사, 전등사 등 20여 개의 절이 있고 300여 명의 무속인과 많은 이단 교파들이 있다.

특히 마니산은 영력을 받을 수 있는 영험한 장소라 하여 전국 각지에서 무속인들이 모여든다. 이 곳에서 벌어지는 개천제 역시 악의 세력을 구축하는 커다란 행사다. 이와 같은 조사를 바탕으로, 마니산 중심의 악한 영향력을 끊고 이 땅에 성령님의 역사가 흐르도록 하는 영적 전투를 하였다.

어느 교회에서 세미나를 한 후에 들은 이야기다. 부목사님 한 분이 좀더 구체적으로 기도하기 위해 교회 주변의 지역을 돌며 조사를 했다고 한다. 그런데 조사 후에 영적 지도를 만들고 나서 소름이 끼칠 정도로 놀랐다고 한다.

교회를 중심으로 마귀가 포위하듯 점집, 절들이 있었다. 이 사실을 모른 채 교회가 내부 갈등을 푸는 일에만 힘을 쏟고, 마귀와 영적 전쟁을 하지 않은 것을 회개했다고 고백하셨다.

영적 지도를 만들면 어떻게 기도해야 할지 분명한 전략이 세워진다. 요즈음 지역 교회들이 교회 주변의 영적 지도를 만들며 전략적인 중보기도를 한 후, 점차 그 지역이 변화되는 사례들을 볼 수 있다. 그 한 예로 천호동 성결 교회의 사례를 소개하고 싶다.

천호동에는 술집과 절과 점집들이 성행하였다. 중보기도 세미나가 있은 후 천호동 성결 교회 성도들이 땅 밟기 기도를 이해하고 교회 주변의 땅을 밟으며 중보기도를 했다. 그랬더니 술집과 절과 점집들이 없어지고 그 자리에 주상 복합 아파트가 들어서는 놀라운 일이 일어났다.

천호동 성결 교회에서 영적 도해한 지도와 실습 사례 자료를 참고하면 많은 도움이 될 것이다.

영적 전쟁(중보기도)을 위한 자료 조사

1. 역사적 조사
- 역사 -

(1) 도시의 역사

① 이 도시를 세운 사람들은 누구인가?

② 이 도시가 세워질 때 사람들의 개인적 혹은 공동체적 바람은 무엇이었는가?

③ 이 도시의 원래 이름이 얼마나 중요성을 가지고 있는가?
(이름이 바뀌었는가, 다른 의미가 첨가되었는가?)

(2) 도시가 세워진 후의 역사

① 이 도시가 나라와 국민 전체의 삶에 무슨 역할을 했는가?

② 유명한 지도자가 이 도시에 나타났을 때 그들은 이 도시에 대해 어떠한 비전을 제시했는가?

③ 정부나 혹은 이 도시의 정치적 지도력에 어떤 중요한 변화가 있었는가?

④ 이 도시의 경제적 삶에 중요하거나 급작스런 변화(기근, 공황, 기술, 산업, 자연 자원 발견 등)가 있었는가?

⑤ 이 도시의 지도자들이 어떤 조약(협약)을 깨뜨렸는가?

⑥ 이 도시에 직접적으로 영향을 준 전쟁은 어떤 것이 있는가?
이 도시에서 벌어진 전투에는 어떤 것이 있는가?

⑦ 이 도시가 가난한 자나 눌림 받은 자를 어떻게 취급했는가?
이 도시의 지도자에게 탐욕이 있었는가? 정치, 경제, 종교 지도자나 제도에 어떤 부패의 증거가 있는가?

⑧ 이 도시의 모토나 슬로건은 무엇인가? 또 그 의미는 무엇인가?

⑨ 오늘날 이 도시의 긍정적인 특징(대부분의 사람들이 공동으로 생각하는 면)을 다섯 단어로 요약하라. 부정적인 특징도 다섯 단어로 표현하라.

- 종교적 역사 -

(1) 비기독교 종교
① 이 도시가 형성되기 전에 그 지역에 살았던 사람들의 종교적 견해와 실천 정도는 어떠한가?
② 이 도시가 형성되던 시기에 중요한 종교적인 교리가 있었는가?
③ 현재 이 도시에 무슨 비밀스런 단체가 있는가?
④ 이 도시에 무당과 사탄적인 모임과 혹은 다른 사이비 종교가 활동하고 있는가?

(2) 기독교
① 기독교가 언제, 어떤 상황에서 이 도시에 들어왔는가?
② 기독교가 이 도시에서 무슨 역할을 해왔는가?
  역할에 변화가 있었는가?
③ 현재 이 도시에서 기독교가 성장, 침체 혹은 몰락하고 있는가?

(3) 관계
① 이 도시 안에 있는 종교들 사이에 갈등이 있었는가?
② 그리스도인 사이에 갈등이 있는가?
③ 이 도시에서 교회가 분열된 역사가 있었는가?

2. 물리적 조사
① 이 도시의 지도를 다른 종류(특히 옛지도)로 구해서 살펴 보라.

물리적 특징에 있어서 무슨 변화가 있었는가?
② 이 도시를 계획하거나 세워갈 때 어떤 중요한 상징이 숨겨져 있지 않았는가?
③ 조각상이나 도시 구조 혹은 중앙 건물의 위치에 어떤 중요한 의미(정치, 경제, 교육, 종교, 권력에 대한 상징)가 있는가?
④ 이 도시에 세워진 동상과 기념비의 배치에 어떤 특별한 의미가 있는가? 하나님보다는 오히려 피조물을 영화롭게 하거나 혹은 귀신적인 특징이 드러나는가?
⑤ 이 도시에 어떤 유명한 고고학적 의미(자료)가 있는가?
⑥ 이 도시에 낙태 시술소, 음란물 판매점, 창녀촌, 도박장, 동성연애자들의 활동 장소 등 눈에 보이는 죄악의 장소가 있는가?
⑦ 탐욕, 착취, 인종 차별, 폭력, 질병, 사고가 자주 일어나는 지역은 어디인가?
⑧ 대량 학살, 전쟁 혹은 살인 등의 이유로 과거나 현재에 피가 흘려진 장소가 있는가? 있다면 어디인가?
⑨ 나무, 언덕, 들, 강의 위치가 특별히 주목할 만한가?
⑩ 하나님을 영광스럽게 하지 않는 이름을 가진 지역이 있는가?
⑪ 이 도시에서 가장 높은 곳은 어디인가? 거기에 세워지거나 놓여진 것은 무엇인가?
⑫ 이 도시만의 특징이 드러나는 지역이 있는가?

3. 영적 조사
(1) 비그리스도인
① 과거와 현재에 이 도시와 관련된 지역적인 영이나 정사의 이름은 무엇인가?
② 여호와의 증인, 사탄주의, 점쟁이, 사교, 마술 등과 관계된 건물, 산, 절,

제단, 높은 곳 등의 위치가 어디인가? 이들은 지도에 어떤 형태를 만들고 있는가?

③ 이 도시가 형성되기 전 혹은 오래 전부터 우상이 경배 받은 곳이 있는가?

④ 이교도가 경배했던 것과 관련 있는 가공품이나 예술품이 있는 문화적 중심 공간이 있는가?

⑤ 이 도시의 지도자 중 우상이나 정사에 자의로 헌신한 사람이 있는가?

⑥ 원주민이나 이 도시를 만든 사람들에 의해 저주된 적이 있는가?

(2) 그리스도인

① 하나님의 전도자(설교자)가 이 도시에서 어떻게 받아들여지고 있는가?

② 이 도시에서 전도하기가 쉬운가, 어려운가?

③ 교회들이 주로 어디에 세워졌는가? 교회가 생명력이 있는가?

④ 이 도시의 교회들은 건강한가?

⑤ 이 도시의 기독교 지도자 중 누가 도시의 지도자로 간주되는가?

⑥ 이 도시를 위해 기도하기가 쉬운가, 어려운가?

⑦ 기독교 지도자들이 초교파적으로 연합을 잘 하는가?

⑧ 도시의 지도자들은 기독교인의 도덕성에 대해 어떻게 생각하는가?

(3) 계시

① 성숙하다고 인정된 중보기도자들이 이 도시에 대해 들은 하나님의 말씀은 무엇인가?

② 이 도시에서 분명하게 다스리고 있는 정사는 무엇인가?

중보기도 운동과 땅 밟기 운동의 사례

천호동 성결 교회 이선상 안수집사

지난 중보기도 학교에서 땅 밟기 기도 이전에 영적 도해(Spritural Mapping)하는 것을 배웠다. 우리는 배운 대로 역사적, 지리적, 영적인 연구를 했는데, 전에는 무심하게 보았던 것들을 자세히 들여다본 후 놀라지 않을 수 없었다. 우리 교회 주변을 이러한 시각으로 본 적이 한번도 없었다.

우리는 먼저, 기독교 문화를 천호동과 강동 지역에 어떻게 알려야 할지 다양한 생각들을 나누었다. 예를 들면, 교회 바로 옆에는 신석기 시대 빗살무늬 토기로 유명한 '바윗절터 호상놀이'라는 강동구의 유일한 무형문화재가 있었다. 바윗절터가 바로 암사(岩寺)의 유래인데, '바윗절터 호상놀이'는 부잣집에서 상을 당했을 때 발인 이전에 밤새도록 빈상여를 메고 마당에서 도는 놀이 문화였다. 지금 들으면 조금 이상하지만, 이것이 과거의 놀이 문화였고, 지금도 문화 행사로 연 1회 행하고 있다.

어떻게 하면 이러한 땅에 기독교 문화를 접목시킬 수 있을까?

우리는 먼저 이론적으로 연구한 후 주변을 실제로 그려 보았다. 교회를 중심으로 천호동의 유명한 사창가, 룸싸롱, 여관촌, 이단이 위치한 지역, 점집, 무당집 등이 빼곡히 들어서 있었다. 영적 전쟁은 버젓이 우리의 생활 속 가까이에 자리하고 있었다.

중보기도 학교 때 한 시간 정도 두 팀으로 나눠 이 지역 땅 밟기를 한 적이 있었다. 그런데 점집 밀집 지역과 텍사스촌, 이단이 위치한 지역과 싸롱 지역으로 나누어 보낸 두 팀이 돌아올 줄 몰랐다. 실제로 땅 밟기를 하면서 영적 전투를 하다 보니, 약속한 한 시간을 지키지 못하고 3시간이나 걸렸던 것이다. 다들 놀랐다. 또한 우리가 얼마나 영적으로 무지했는지 깨닫는 시간이기도 했다.

이 때부터 우리는 교회 옆의 싸롱들과 여관들을 우리 교회의 교육관으로 달라고 기도했다. 이 백성이 지식이 없어서 망한다는 말씀이 맞았다. 뭔가는 알고 있는 것처럼 생각했는데, 그렇지 않았던 것이다.

우리는 이제 한 달에 한 번씩 땅 밟기 기도를 하기로 했다. 아직은 시작이지만, 많은 은혜를 기대하며 훈련을 받고 있다. 더 많은 시간과 훈련된 일꾼들이 필요하고, 지원 그룹도 더 많아져야 한다. 그리고 헌신된 리더들이 일어나길 기도하고 있다.

"너의 길을 여호와께 맡기라 저를 의지하면 저가 이루시고"(시 37:5). 하나님의 때에 하나님이 그분의 일을 하신다. 하나님이 일하신다는 확신과 함께 온전함으로 우리의 모든 것들이 드려지기를 소원한다.

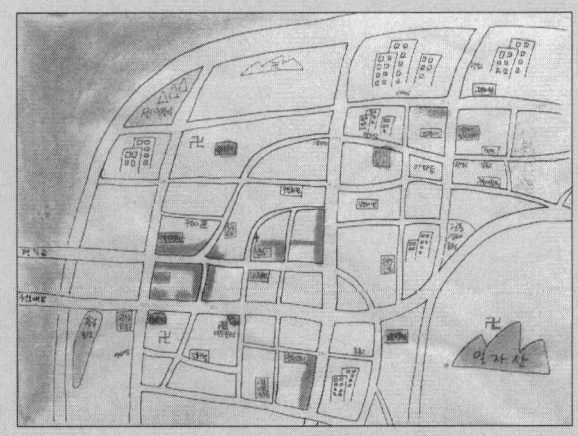

천호동 성결교회의 영적 도해 자료

실제 전투에 들어가기

> 그들의 모험적인 사역을 시작하기 전에 시간을 내어서 하나님께 아뢰고 하나님의 음성에 귀를 기울이는 사람들은 제 시간에 적당한 장소에 가게 될 뿐 아니라 그들이 거기에 도착할 때에도 어떤 일을 해야 할 것인지를 알게 될 것이다.
>
> ✜ 조지 오티스

1. 하나님의 음성 듣기

우리의 능력으로 영적 전쟁을 하는 것이 아님을 기억하라. 하나님의 음성을 듣는 것이 영적 전쟁에서 승리하는 비결이다. "이 율법책을 네 입에서 떠나지 말게 하며 주야로 그것을 묵상하여 그 가운데 기록한 대로 다 지켜 행하라 그리하면 네 길이 평탄하게 될 것이라 네가 형통하리라"(수 1:8).

일찍 일어나 말씀을 묵상하던 여호수아는 기도하는 중에 하나님의 음성을 들었다. 그는 아침에 하나님께로부터 전쟁의 전략을 들은 것이다. 그래서 여리고 성의 전투도, 제2차 아이 성 전투도 하나님의 음성을 듣고 순종했기 때문에 승리를 얻었다.

그리스도인들이 '영적 전쟁(중보기도)을 위한 자료 조사'를 한 후 하나님의 음성을 들으면 더욱 분명하게 어디로 가야 하는지, 어떻게 전쟁을 해야 할지 알 수 있다.

2. 가라!

여호수아가 하나님의 말씀을 따라 믿음으로 가나안 땅을 밟으며 행진했던 것처럼 실제로 순종하는 것이 중요하다.

80년대에 네팔은 수많은 그리스도인들을 박해하고 투옥하였다. 이런 정보를 듣고, 재미교포들과 함께 네팔로 가서 땅 밟기 기도를 했다. 그리고 국경선이 있는 히말라야 산지를 오르내리며, 복음의 문이 열리도록 중보기도를 했다.

하루에 7~10시간씩 등산했는데, 엄청난 기온차로 인해 산 밑에서는 여름옷을 입고 산 위에서는 겨울옷을 입었다. 비록 볼펜 하나의 무게도 결코 가볍지 않았던 힘겨운 상황 속에서 땅 밟기 기도를 했지만, 그 이후에 감옥에 갇혔던 복음 전도자들이 풀려나오며, 엄중했던 종교법이 느슨해지고, 복음의 문이 조금씩 열리게 되었다는 소식을 듣게 되었다. 이렇듯 직접 그 땅을 밟으며 순종하는 기도에는 능력이 있다.

3. 산당의 고지를 향하여!

이스라엘 앞에 놓여 있던 고지는 견고한 성, 즉 여리고 성이었다. 굳게 닫혀 출입하는 사람이 거의 없는 여리고 성(수 6:1)에는 철저한 전투 준비 태세를 갖춘 왕과 용사들이 있었고 막강한 군사력과 왕 중심의 조직체가 있었다. 게다가 고고학적 자료를 살펴보면 그 성벽은 이중으로 되어 있어서 난공불락의 성이었다고 한다. 이와 같은 견고한 진을 이스라엘의 군사력으로 뚫는다는 것은 거의 불가능했다.

그래서 하나님은 군대 장관의 모습으로 여호수아 앞에 나타나 다스림을 받으라고 말씀하셨다. 여호수아가 하나님의 전략을 듣고 엿새 동안 하루에 한 번씩 돌고, 마지막 일곱 째 날에는 일곱 번 행진한 후 승리의 함성을 외치자 그 성이 파하여졌다. 이 고지를 점령해야만 이스라엘이 가나안 땅으로 들어갈 수 있었다.

케냐의 키암부는 나이로비 지역에 위치한 인구 65,000명의 도시다. 케냐에서도 범죄율이 가장 높은 곳이다. 대부분의 교회에서는 20~30명 정도만이 모여서 예배를 드리고 있었으며, 복음 전도의 열매도 거의 없었다. 그 도시에는 음식점보다 술집이 더 많았다.

1988년, 토마스와 마가렛 무디 부부가 한 지역에 교회 개척을 위해 왔다. 그들은 6개월간 기도와 지역 연구에 집중했다. 그리고 6개월이 되었을 때 하나님께 이 도시의 견고한 진이 무엇인지 물어보았다. 점쟁이 '마마제인'이 영적 요새임을 알게 되었다. 점쟁이 '마마제인'은 한 교회의 신도라고 자칭했으며 점집 이름도 '임마누엘 의원'이었다. 사업가뿐 아니라 많은 정치인들이 그 곳을 드나들었다.

교회는 '마마제인'과의 영석 전쟁을 선포하며 두 가지로 기도했다. '마마제인'이 이곳을 떠나든지, 돌이켜 회개하든지. 몇 주 후에 '마마제인'은 떠나갔다.

그 결과 그 도시에 하나님의 임재가 운행하였다. 술집은 교회로 개조되었고 최고의 범죄율을 기록하던 이 지역에 많은 사람들이 이사왔다. 이제 그 곳은 사람들이 가장 살고 싶은 지역으로 바뀌었다.

4. 견고한 진을 파하라

"사람이 먼저 강한 자를 결박하지 않고야 어떻게 그 강한 자의 집에 들어가 그 세간을 늑탈하겠느냐 결박한 후에야 그 집을 늑탈하리라" (마 12:29).

부잣집의 담을 넘은 강도가 보석을 훔치기 위해서는 먼저 그 집에 들어가 강한 자를 묶어야 한다. 이처럼 우리가 어느 도시, 문화, 국가에 들어가 기도로 영적 전쟁을 할 때는 먼저 그 곳의 강한 세력을 알아내고 묶는 것이 필요하다. 산당과 견고한 진은 약간의 의미 차이가 있다. 성경에서 보면, 산당은 주로 높은 곳에 세워져 있으며 이교도의 신에게 제사가 드려지던 곳이다. 견고한 진은 적들이 공격하고 방어하기 위해 구축한 요새로서, 산당의 개념에 포함된다.

에베소 교회가 싸워야 할 견고한 진은 아데미 여신이었다. 고대 세계의 7대 불가사의 중 하나인 아데미 여신의 신전이 에베소에 있었는데, 이 곳에서는 그 여신을 위한 축제와 제의가 한 달간 진행되기도 했다.

아시아 전역에 끼친 그 여신의 영향력은 엄청났다(행 19:27). 그러므로 바울은 에베소 교회에게 견고한 진을 파하기 위해 영적 전쟁을 하도록 강조하며 무시로 성령 안에서 기도하라고 권했다. 견고한 진에는 여러 종류가 있는데, 이에 대해 게리 키너맨은 다음과 같이 말했다.

지역적 견고한 진은 어떤 국가나 사회, 가족을 조종하거나 그들에게 영향을 끼치도록 사탄으로부터 전략적으로 임무를 부여받은 어둠의 세력의 위계 제도를 말한다. 어떤 사악한 세력이, 각기 다른 지역에 특수한 종류의 악의 구조를 강화해 놓고 있는 것이다. 어떤 도시는 우상 숭배, 어떤 곳은 음란한 죄, 또 어떤 곳은 특수한 종류의 종교의 영이 그 지역의 견고한 진이 될 수 있다.

사상적 견고한 진은 어떤 문화나 사회에 영향을 끼치는 철학을 통해 그 곳에 속한 사람들의 세계관을 지배한다. 예를 들면,

무신론에 근거한 레닌의 공산주의 이론이나, 성경적인 창조론에 정면으로 반대하는 찰스 다윈의 진화론 같은 것들이다. 이에 대해서는 고린도후서 10장 5절에 잘 묘사되어 있다. "모든 이론을 파하며 하나님 아는 것을 대적하여 높아진 것을 다 파하고 모든 생각을 사로잡아 그리스도에게 복종케 하니."

개인의 견고한 진은 사탄이 개인 생활에 영향을 미치기 위해 만들어 놓은 것으로 개인적인 죄, 생각, 느낌 또는 태도나 행동 양식 등을 말한다.

음란의 영

태국의 견고한 진은 음란한 영이다. 나는 이것을 태국에서 경험했다. 파타야로 가는 고속버스에서 문득 옛날에 봤던 영화가 떠올랐다. '아! 로맨딕한 사랑의 주인공들처럼 나도 남자친구와 함께했으면….'

그런데 내 생각을 들여다보니, 깨끗하지 않았다. 태국에 역사하는 음란한 영이 내 생각을 공격하고 있다는 것을 깨닫고 나는 영적 전투를 했다. "내가 나사렛 예수의 이름으로 기도한다. 공중 잡은 권세, 음란한 영은 내 생각 가운데서 묶임을 받고 떠나가라!"

머리가 맑아지면서 다시는 그런 생각이 들지 않았다. 파타야는 관광 도시였는데, 이미 고속버스 안에서 영적 전투를 했으므로 여러 가지 음란한 분위기에도 영향을 받지 않고 기도 가운데 잘 머물 수 있었다.

궁핍의 영

궁핍의 영은 탐닉, 탐욕과 관련이 있는데, 이것을 오래 전에 인도 땅에서 경험하게 되었다. 궁핍의 영에 사로잡히면 항상 '나는 없다'고 생각하며 남의 것을 부러워한 나머지 심지어는 도둑질까지 하게 된다.

당시에 외국인들과 인도에서 전도 여행을 하던 나는 수중에 사이다 20병 정도 사먹을 수 있는(약 40루피 정도) 돈이 있었다. 무더운 날씨와 내리쬐는 뙤약볕 아래서 힘들고 지쳤지만, 도무지 더위를 식힐 방법이 없었다. 나는 '사이다를 사먹고 싶지만 나중에 샴푸나 비누가 필요하면 어떻게 하나?' 하는 염려로 돈을 꽉 붙들고 있었던 것이다.

그런 내게 하나님은 시편 23편 1절의 말씀을 주셨다. "여호와는 나의 목자시니 내가 부족함이 없으리로다." 난 너무 가난하고 가진 것이 없다고만 생각했는데, 하나님은 그렇지 않다고 하시는 것이다. 오히려 '나누어 주라'고 말씀하셨다.

인도 땅, 그 도시에 있는 궁핍의 영을 파하기 위한 영적 전투의 전략은 관대하게 나누는 것이었다. 나는 가진 것이 많지 않았지만, 말씀에 순종해서 내가 가진 것 일부를 사람들에게 나누어 주었다.

그런데 그 날 놀라운 일이 일어났다. 한 선교사님이 나에게 봉투 하나를 내미는데 보니까 현금 100불이 들어있었다. 당시 그 돈은 1,000루피에 해당하는 큰 돈이었다.

궁핍한 마음을 버리고 관대하게 베풀자 재정의 문이 열린 것이다. 나는 그 돈의 일부를 또 나누어 주었다. 그 돈을 받았던 단체를 나중에 방문했을 때 그들은 그 때 일을 잊지 못하며 당시에 꼭 필요한 재정이 채워진 것에 감사했다. 나눔은 궁핍의 세력을 깨뜨리며 부요함을 가져오는 열쇠다.

독립의 영

독립의 영이 있다는 것은 모빌 팀 간사들과 함께 미국에 선교 여행을 갔을 때 배우게 되었다. 나는 그 때 몇 가지 일을 통해 하나님이 격려와 위로를 주시려고 미국 여행을 시켜주신다고 생각하며 그 곳에 사시는 분들의 호의를 따라 이곳저곳을 구경했다.

그러면서 한국에서는 공동 생활을 하며 24시간 동안 리더로서 돌보았지만 여기서는 간사들을 굳이 보살필 필요가 없다고 생각했다. 그들도 간사고 나도 간사이므로, 매일 8시간 사역할 때만 리더의 역할을 하고 나머지 시간은 내 마음대로 사용하기로 했다.

미국에 살던 친구들은 나를 보자 기뻐하며, 퇴근 후 밤새껏 나와 이야기했다. 식사 초청을 받게 될 때에도 나 혼자만 갔다. 그렇게 독립적으로 움직이는 동안 나에 대한 우리 팀원들의 불만과 거절감이 쌓여 갔다.

52일째 되던 날, 선교 여행의 마지막 장소인 뉴욕의 맨해튼에서 드디어 팀원들의 감정이 폭발했다. 나는 겸손하게 반응하지 못했고 같이 분노하며 어려운 시간을 보냈다.

이런 심각한 갈등이 있었음에도 우리 팀은 문제가 없는 척, 가장하고 교회 집회 등 일정을 계속 해 나갔다. 한국에 돌아와서 관계를 회복하기 위해 용서를 구하는 시간을 가졌다. 그럼에도 관계 회복이 순조롭게 이루어지지 않았다. 마음 깊은 곳이 깨어져 나오는 고백이 아니었기 때문이다.

나는 이런 상태에서 계속 리더의 역할을 감당하는 것이 어렵다고 판단하고 상담학교를 마친 친구에게 상담을 했다. 말을 듣던 친구가 내게 지도자의 다림줄에 대해서 이야기해 주었다. 모세의 지도력과 관련해서 한 20가지로 정리한 것인데, 나는 첫 항목부터 걸렸다. 그것은 모세가 아버지의 마음, 목자의 마음을 가졌다는 것이었다. 그리고 그는 대가를 지불했다. 그러나 하나님이 지도자에게 요구하시는 아비나 목자의 마음과 태도는 나에게 없었다.

전도 여행을 준비하면서 하나님이 나에게 목자의 마음을 가지라고 말씀하셨는데, 그 말씀을 소홀히 여겼던 것이다. 그 나라에서 최고의 영적 전쟁은 아버지와 목자의 마음을 가지는 것이다. 그런데 '너나 나나 다 간사' 라는 생각을 하느라 리더가 그 두 마음을 가져야 한다는 것을 몰랐다.

리더로서 잘못을 깨닫고 하나님 앞에 진심으로 회개했다. 그 전에는 관계를 풀기 위해서 용서를 구했다면, 이번엔 리더로서 잘못을 깨닫고 하나님 앞에 진심으로 회개했다.

다른 간사들에게 가서 잘못했다고 고백해야 할 차례였다. 깨어진 마음으로 다가가자 팀원들이 마음의 문을 열고 나를 인정하고 신뢰해 주었다. 이로써 우리의 관계는 온전히 회복되었다. 대부분 선교사가 된 그들과는 지금도 서로 연락하며 아주 친밀한 관계를 맺고 있다.

관계가 풀릴 즈음에, 나는 꿈을 꾸었다. 뱀 일곱 마리가 나의 팔을 물자 미국에서 만난 한 친구가 나타나서 뱀을 한 마리씩 떼어내는 꿈이었다. 나는 우리 팀이 갈등을 겪고 있었지만 내색하지 않았기에 그 친구가 우리 팀의 상태를 모를 것이라고 생각했다. 그런데 나중에 다시 미국에 갈 기회가 생겨 그 친구를 만났을 때 우리 팀의 어려움을 알고 있었는지 물어보았다. 그러자 그 친구는 이미 알고 있었고 줄곧 중보기도했다고 말했다.

만약 그가 우리를 위해서 중보기도하지 않았다면 우리 팀이 깨어질 수도 있었고, 지금처럼 친밀한 관계를 지속하지 못했을 것이다. 하나님이 나에게 말씀하셨다. "광임아, 너는 미국이라는 나라를 너무나 호락호락하게 여겼다. 그냥 관광이라고, 축복과 위로 속에 있는 쉬운 여행이라고 생각했다."

그 나라의 견고한 진은 독립적인 영이다. 이것은 양면성이 있다. 미국 사람들은 책임감이 강해서 맡겨진 일에 최선의 노력을 다한다. 이것은 독립 정신의 긍정적인 부분이다. 하지만 '너는 너, 나는 나'라고 하는 부정적인 면도 있다. 이러한 것들을 잘 알고 삶에 적용하면서 땅밟기 기도를 한다면 더 효과적으로 영적 전투를 할 수 있다.

분열의 영

우리 나라의 견고한 세력 중 하나는 분열의 영이다. 그래서 나라도 남과 북으로 분열되었고, 정치계와 사회 각 분야에도 분열의 세력이 공공연히 침투해 들어와 있다. 교회도 마찬가지다. 영적 세력과 싸우지 않는다면 내부적으로 갈등하며 나뉘는 악한 영향력을 받을 수 있는 것이다.

가정에서 고부간의 갈등도 그 하나다. 나는 결혼 후 시어머님과 심한 갈등을 겪었다. 나의 사고방식과 욕구는 대부분 어머님과 반대였다. 나는 강의를 하러 다녀야 하므로 시어머님이 도와 주시길 바랐고, 어머님은 며느리가 있는데 일을 한다는 것은 옳지 않을 뿐더러 창피한 일이라고 여기셨다. 또한 남편이 나를 돕는 것을 싫어하셨다. 이런 일들로 나는 많이 눌렸고 시어머니에 대해 분노와 원망이 생겼다.

그러던 어느 날, 하나님 앞에서 사모의 삶, 말씀 전하는 사역, 중보기도 사역을 다 내려놓고 싶다고 하소연했다. 그런데 하나님은 도리어 회개하라고 하셨다. 사실 이전에도 회개하고 어머님께 용서를 빈 적이 있었다. 하지만 마음 한구석에서 또 다른 생각이 피어올랐다. '결혼하기 전까지는 안 그랬잖아. 내가 이런 나쁜 마음을 갖게 된 것도 따지고 보면 어머님이 먼저 원인 제공을 하신 거라구.' 그리고는 진정으로 회개하기를 중단했다.

하나님은 진정한 회개란 핑계 대는 것이 아니라 말씀에 비추어 잘못한 것을 고백하는 것이라고 가르쳐 주셨다. 나는 어머님께도 잘못했지만 하나님의 말씀, 즉 부모를 공경하고 사랑하고 용서해야 하는 것을 거역했으므로 하나님 앞에서 잘못한 것이다. 진실하게 하나님께 회개하는 동안 마음의 응어리가 없어졌다. 그토록 강해 보였던 어머님이 이제는 연약하고 연로하신 모습으로 비춰져 긍휼함이 솟았다. 어머님께 정말 잘못했다는 생각이 들었다.

그런데 얼마 후 나는 또 어머님께 화를 내고 말았다. 실패감에 마음이 참담했고 하나님께 나아가기조차 부끄러웠다. 그 때 하나님은 다시 회개하라고 말씀하셨다. 하나님은 넘어진 나를 비난하시지 않을 뿐만 아니라 새로운 기회를 주시는 관대한 분이셨다. "죄가 더한 곳에 은혜가 더욱 넘쳤나니"(롬 5:20). 죄인에게 하나님의 은혜가 강물과 같이 흘렀다. 마치 걸음마하다 넘어진 아이를 격려하는 엄마와 같은 모습이셨다.

또한 하나님은 이 문제에 영적 전쟁이 필요함을 알려 주셨다. 그래서 나는 어머님께 어떤 말씀을 들어도 하나님의 말씀에 순복하여 사랑하고 이해하겠다고 고백했다. 그리고 사탄에게 선포했다. "더 이상 어머님과 싸우지 않고 너와 싸우겠다!"

이렇게 기도했음에도 불구하고 부엌에 들어가면 어머님이 하셨던 부정적인 말씀이 떠올랐다. 그런데 전에는 이런 생각이 나면 분노와 좌절감에 빠졌는데 이제는 마귀를 향하여 명령 기도가 나왔다. 한 번의 기도로 악한 생각이 당장 물러가지는 않았다. 나는 부정적인 생각이 들 때마다 이 싸움을 계속 했다.

그랬더니 어느 정도 시간이 지나자 부정적인 생각이 반으로 줄고 또 전혀 떠오르지 않게 되어 완전히 자유로워졌다. 또 고부간의 갈등을 위한 기도에도 권위가 생겼고, 어머님이 나를 도와 주시기도 하며 편하게 대해 주시는 등 많은 변화가 생겼다. 내가 어머님을 대하는 태도도 율법적인 것이 아니라 사랑하기에 섬기는 태도로 바뀌었다. 주님이 어머님과 나와의 관계에 은혜를 주심이 확실했다.

이런 과정을 지나면서 우리 나라의 고부간 갈등은 한 가정의 개인 문제를 뛰어넘어 국가적인 견고한 진에서 흘러오는 것임을 깨달았다. 그렇다면 우리는 영적 전쟁을 하며 기도로 선포하고 용서와 반대 정신으로 윈윈(win-win)의 법칙 즉, 서로가 서로로 인해 행복해야 하는 하나님의 원칙을 선포해야 한다. 유교적 사상으로는 시어머니가 승리해야 하고 또 그래왔다. 그러나 상처 입은 며느리는 꾹 참고 살다가 자신이 시어머니가 되었을 때 자신의 며느리에게 앙갚음을 한다. 또한 참고 산 며느리에게는 우리 나라에만 있다는 '홧병'이 생기는 것이다.

하나님 나라의 법칙은 둘 다 행복해지는 것이다. 이런 목표와 가치관을 가지고 문제를 풀어나갈 때 고부간에 갈등을 일으키는 분열의 영은 무너지게 될 것이다. 사탄은 관계의 벽을 공격하며 가정과 교회를 무너뜨리려 하기 때문에 개인적인 관계에서 영적 전쟁을 하는 것은 아주 중요하다.

나는 힘들게 이러한 일을 겪어 왔지만 이제는 오히려 관계의 어려움에 빠진 사람들을 상담해 주고 기도할 정도로 성장하게 되었다.

5. 말씀을 선포하라!

하나님은 말씀으로 천지 만물을 창조하셨다. 하나님의 형상대로 지음 받은 우리는 말씀의 능력을 믿고, 입술을 열어 선포해야 한다. 영적 전쟁에서는 믿음으로 선포할 때 더욱 능력이 임하게 된다.

여리고 성의 전투에는 선포의 능력이 잘 나타나 있다. 이스라엘 백성들이 여리고 성에서 마지막 한 바퀴를 돌자 제사장들이 나팔을 불었다. 이 때 여호수아는 다음과 같이 선포했다. "외치라 여호와께서 너희에게 이 성을 주셨느니라!"(수 6:16) 그러자 그의 선포대로 성벽이 무너져 버렸다!

제2차 아이 성과의 전투에서 여호수아는 다시 한 번 선포했다. "너희는 매복한 곳에서 일어나서 그 성읍을 점령하라 너희 하나님 여호와께서 너희 손에 붙이시리라"(수 8:7). 여호수아가 선포한 그대로 아이 성은 점령되었다.

이와 같이 어느 지역을 위해 영적 전투를 할 때, 선포의 능력을 믿고 외쳐야 한다. "이 땅을 다스리는 분은 하나님이시다. 마귀야, 너는 이 곳에서 아무 힘이 없다. 하나님이 이 땅의 왕이시다!" 믿음으로 계속 선포할 때 그 지역을 장악하던 마귀는 물러가고 승리를 얻게 될 것이다.

6. 찬양과 경배를 통한 영적 전쟁

전쟁 중에 군악대의 역할은 막중하다. 군가는 군인 정신을 함양하고 큰 용기와 자부심을 갖게 한다. 이와 같이 영적 전쟁에서 찬양은 매우 중요하며, 찬양할 때 전쟁에 능하신 하나님이 임하신다(시 22:3).

여호수아는 여리고 성에서 전투할 때 하나님의 명령대로 성을 한 바퀴 돌 때마다 제사장들로 하여금 계속 나팔을 불게 하여(수 6:8) 하나님께 악기로 찬양을 드렸다. 또한 일곱 바퀴를 다 돌고 난 후 마지막 나팔을 불 때에도 온 이스라엘이 일시에 승리의 함성을 질러(수 6:20) 전쟁에 능하신 하나님께 "할렐루야"하며 찬양과 경배를 드렸을 것이다.

이처럼 찬양과 경배는 땅 밟기 기도의 강력한 도구다. 여호사밧 왕은 모압과 암몬과 세일 사람들이 연합하여 쳐들어 왔을 때 하나님의 음성을 듣고 노래하는 자들을 앞세워 찬양하기 시작했다. 이 때 하나님이 복병을 주어 이기게 하셨다(대하 20:22). 찬양은 그 지역에 하나님의 임재를 강력히 드러낸다.

부산 지역에서 전도할 때였다. 이 지역은 주로 외국인을 상대로 술을 파는 환락가인지라 술집마다 요란한 밴드 소리가 흘러나왔다. 그 소리에 압도당한 우리는 두려움을 느꼈지만 여호사밧 왕이 하나님께 도움을 구한 것처럼 한구석에서 서로 손을 꼭 잡고 기도하며 하나님의 도움을 요청했다.

담대해진 우리는 사창가의 가장 큰 술집 앞에 서서 하나님이 주신 찬양 '예수 놀라운 이름'을 부르기 시작했다. 밴드 소리가 너무 커서 조용한 이 찬양을 아무도 들을 수 없을 거라고 생각했는데, 마치 하나님이 하늘에서 천장을 내려주어 우리의 찬양이 울려 퍼지게 해 주시는 것 같았다. 밴드 소리는 곧 잠잠해졌고 우리 주변으로 많은 사람들이 몰려들었다. 우리는 더욱 힘을 얻어 담대히 전도했다.

7. 묶고 푸는 권세로 기도하라!

포악한 마귀는 많은 사람과 재산을 약탈해서 자신의 진지에 쌓아두고 그 지역에서 강한 자가 된다. 그리스도인들은 가장 강하신 예수님을 앞세우고 그 곳에 가서 예수님의 이름으로 마귀를 결박해서 더 이상 활동하지 못하도록 해야 한다. 적장이 결박당하면, 적군들도 항복할 수밖에 없다. 마찬가지로 강한 자 행세를 했던 마귀를 묶어야 많은 사람들을 풀어줄 수 있게 된다.

죽었다가 살아난 나사로를 묶고 있던 세마포를 풀어 주어야 하듯, 결박되어 있던 사람들을 풀어 내고 재산과 보물을 되찾아야 한다. 우리에게는 마귀를 묶고 축복을 풀어 놓는 권세가 있다. 이 권세를 적극적으로 사용하여 기도해야 한다.

지역마다 하나님이 주신 은사들이 있다. 예들 들면, 부산의 이름을 조사해보면 15세기 중엽까지 부산의 '부'가 한자로 '부할 부(富)'였음을 알 수 있다. 그러나 일본의 침략으로 많은 것을 빼앗기면서 오늘날은 가마솥을 엎어 놓는다는 의미의 '가마 부(釜)'로 바뀌었다.

그래서인지 부산에는 이상하게도 극단적인 빈부의 차가 있다. 부산이라는 이름의 역사를 안 후로는, 부산에 갈 때마다 하나님의 부요가 풀어지도록 기도하며 선포한다. 또한 마귀에게 내어 준 가난과 궁핍 등의 세력을 파하는 기도와 마귀의 활동을 묶는 기도를 한다.

무슬림의 땅들은 어떠한가? 그 곳은 거짓과 두려움과 복수심에 묶여 있다. 그러므로 하나님의 화해와 용서와 사랑이 그 곳에 풀어지도록 기도해야 한다. 이렇게 우리는 도시와 나라를 축복하고, 그 안에서 활동하는 마귀의 세력을 묶으며 땅 밟기 기도를 할 수 있다.

8. 명령 기도를 하라!

하나님의 자녀로서 왕 같은 제사장의 신분을 가지고 있는 우리는 마귀의 세력에 대해 혹은 자연, 사건, 문제를 향해 명령 기도를 할 수 있다. 여호수아가 아모리의 다섯 왕과 전투할 때, 날이 어두워지면 전쟁하기가 힘들어지므로 다음과 같이 명령 기도를 한다. "태양아 너는 기브온 위에 머무르라 달아 너도 아얄론 골짜기에 그리할지어다"(수 10:12). 그러자 그의 명령 대로 태양과 달이 종일토록 머물렀다.

예수님은 무덤에 있던 나사로에게 명령하셨다. "나사로야, 나오너라!" 회당에서 만난 더러운 귀신들린 사람에게 "잠잠하고 그 사람에게서 나오라!"(막 1:25)고 명령하셨다. 문둥병을 치유할 때도 명령하셨다. "내가 원하노니 깨끗함을 받으라!"(막 1:41)

자연을 향해서도 명령을 하셨다. 제자들과 함께 배에 계셨을 때 광풍이 불자 "잠잠하라, 고요하라"고 명령하셨다. 그러자 광풍이 고요하고 잠잠해졌다(막 4:39).

요한과 베드로도 앉은뱅이를 고칠 때 명령 기도를 했다. "나사렛 예수 그리스도의 이름으로 걸으라!" 그 즉시 앉은뱅이의 발과 발목이 힘을 얻고 일어서서 걷는 역사가 나타났다(행 3:6-8). 이렇듯 우리도 예수님이 제자들에게 주신 권세를 사용하여 명령 기도를 할 수 있다.

내가 사는 마을에 다른 종교 단체에서 운영하는 큰 수련원이 들어왔다. 나는 그 곳을 지나쳐 갈 때마다 그 문 앞에 멈춰서서 명했다. "너는 어떤 형태로도 이 마을에 영향을 미칠 수 없다. 악한 세력은 무너져라! 파괴되라! 부서져라!"

예수님, 여호수아, 사도들의 명령에 사탄과 자연이 순복했듯이 그 종교의 세력도 순복할 줄 믿는다. 우리는 마귀의 세력이 강한 절터 등에서도 명령 기도를 할 수 있다.

아픈 사람을 위해서 기도할 때도 마찬가지다. "예수의 이름으로 명하노니 사람의 몸을 괴롭게 하는 질병의 세력은 떠나라!" 귀신은 예수님의 이름 앞에 벌벌 떠는 존재다.

그러나 땅을 밟으며 영적 전쟁하는 사람들을 마귀가 공격할 수 있다. 예전에 중보기도 학교를 인도할 때, 절에서 했던 땅 밟기 기도 실습 시간에 참석하지 않는 사람이 있었다. 그분에게 나중에 듣게 된 사연에 의하면, 땅 밟기 기도를 하러 나가려고 하자 마귀가 방해하면서 속삭였다고 한다. '네가 남의 터에 가서 기도하면 내가 너와 너의 가족과 네가 섬기는 교회까지 공격할 것이다.' 그분은 마귀가 준 두려움의 속임수에 넘어갔던 것이다.

자신을 공격하는 마귀에게 선포하고 명령해야 한다. "거짓말하는 영은 떠나라! 예수님만이 참된 왕이시다!" 그리고 예수님께 보호해 달라고 간구하면 된다.

이렇게 영적 전쟁을 했음에도 때로는 실제로 마귀의 공격을 받을 때가 있다. 우리 팀이 해안선을 돌며 땅 밟기 기도를 할 때의 일이다. 한 이단에서 운영하는 공장 지대에 들어가 영적 전투를 했다. 그러던 중 우리가 탄 차가 언덕에서 구르는 사고가 생겼다. 이 때 우리는 다 죽은 줄로만 생각했다. 하지만 단 한 명만 3cm정도 수술한 것 외에는 아무도 다치지 않고 모두 건강했다.

하나님이 보호하실 뿐만 아니라 오히려 더욱 헌신된 삶을 다짐하는 계기로 바꿔 주셨다. 그 때 땅 밟기 기도에 참여했던 팀원들은 지금 중국, 대만, 방글라데시, 러시아, 미국 등지에 흩어져 열정을 가지고 주의 복음을 전하는 선교사가 되었다.

"너희 안에 계신 이가 세상에 있는 이보다 크심이라"(요일 4:4).

명령 기도를 하는 것은 예수님을 믿고 따르는 제자들에게는 당연한 권리다.

9. 도시를 위해 회개 기도를 드려라!

아이 성 전투에서 참패한 원인을 알게 된 여호수아는 하나님께 죄를 고백하며 백성들과 함께 아간과 그의 가족들을 돌로 쳐 심판함으로써 죄를 처리했다. 이 일로 이스라엘은 공동체 전체의 회개가 중요하다는 것을 깨닫게 된다(수 7:22-26).

죄를 회개하는 것이 영적 전쟁에서 승리하는 첫걸음이다. 어느 지역이 과거의 죄로 인하여 황폐하게 되었다면 느헤미야처럼 눈물을 흘리며 조상들의 죄를 대신 회개해야 한다(느 1:6).

음란의 세력이 강한 말레이시아의 성인용품 상점이 있는 곳에서 전도할 때였다. 우리는 먼저 음란의 죄가 우리 안에 있는지 혹은 성적인 죄를 짓는 사람들을 정죄하는 죄를 범하고 있는지 살피고 회개하는 시간을 가졌다. 그 후에는 그 지역의 음란죄를 마치 자신의 죄인 것처럼 동일시하며 회개하는 시간을 가졌다. 이렇게 할 때 제사장적인 역할을 하며 그 땅을 깨끗하게 할 수 있다.

프랑스 파리에서 성인용품 상점이 즐비한 상가를 돌며 땅 밟기 기도를 할 때는 '거룩하신 성령이여'라는 찬양과 함께 그 거리에서 저질러진 죄를 대신 회개하는 시간들을 가졌다.

프랑스 대혁명이 일어났던 광장도 찾아갔다. 피의 혁명이 있었던 그 장소에 가서 무고하게 희생당한 사람들을 위해 회개하는 기도를 하고 이 땅을 그리스도의 보혈로 깨끗하게 해달라는 중보기도를 드렸다. 이 일은 마치 순행자가 시체를 장사 지내도록 하여 그 땅을 정결케 하는 것과 같았다.

이처럼 우리는 곳곳에서 회개 기도를 드렸다. 이러한 회개로 도시 안에 있는 저주가 풀리고 깨끗하게 되며 하나님이 주시는 축복의 문을 열어 놓게 되는 것이다. 우리 주변에는 썩어가는 영적 시체들로 인해 부패한 땅들이 아직도 많이 있다.

10. 전도, 나눔, 섬김

전도는 적극적인 영적 전투이며, **나눔**은 궁핍의 세력을 파하고 마음의 문을 열게 하며, 섬김은 상대방과 관계를 맺도록 하는 다리 역할을 한다. 또한 전도는 나눔과 섬김을 통해서 이루어진다.

이스라엘 백성들이 여호수아의 인도를 따르며 약속의 말씀을 믿고 순종했을 때, 완악한 가나안 땅에 부분적으로 전도의 문이 열렸다. 기생 라합이 가족과 형제와 친척들을 하나님께로 인도했던 것이다. 그녀는 이스라엘의 하나님이 살아계시며 무소부재하며 능력이심을 고백했다(수 2:9-11).

기브온 거민도 이스라엘의 승전 행진을 보고 살아계신 하나님에 대한 신앙 고백을 한다(수 9:9-10).

전도를 하면 할수록 영적 전쟁에서 승리가 계속되는 것이다. 필리핀 마닐라의 마비니에는 거대한 환락가가 있다. 나는 여러 팀들과 4번이나 그 땅을 찾아 전심으로 기도했다. 앞에서도 언급했듯이, 필리핀에서는 부모가 돈을 벌어오라고 자녀를 밤거리에 내보내기도 한다. 또한 동성연애자들과 돈을 벌기 위한 호객 행위와 술집과 술과 춤이 가득했다.

우리는 때로는 술집 앞에서 호객 행위를 하는 여자아이들에게 귀걸이, 목걸이를 선물로 나누어 주기도 하고 그들과 친구 관계를 맺었다. 하루는 술집에 들어가, 우리가 춤추고 노래하겠다고 하고는 무대에서 춤추는 아이들더러 내려오라고 했다. 우리는 전도용 드라마와 워십 댄스를 공연하고 춤추는 아이들을 일일이 안아주며 사랑을 표현했다. 아이들은 마치 친언니 품에 안기듯 좋아했다. 돌아오면서는 그 거리가 깨끗해지도록 기도했다.

이처럼 여러 번에 걸친 전도와 기도가 마침내 열매를 맺었다. 우리나라 모 대학 선교 훈련원에서 강의할 때, 그 대학 지도 교수로 있던 한 필리핀 선교사를 만났다. 필리핀 사역에 대한 나의 경험을 나누자 그가 무릎을 쳤다. "그런 일이 있었군요." 그러면서 1994년에 정부의 방침으로 마비니 환락가가 없어지고, 그 곳에 쇼핑센터가 들어섰다고 했다.

나는 믿음으로 그 땅에 들어가 땅 밟기 기도를 했지만 그 결과는 알려고 하지 않았다. 그러나 신실하신 하나님은 그 때는 아무런 변화가 없어 보여도 우리가 행한 땅 밟기 기도가 훗날에 이런 열매를 맺게 된다는 것을 확신시켜 주셨다. 할렐루야!

11. 인내

땅 밟기 기도의 마지막은 인내다. 여호수아가 가나안 땅을 정복한 것은 1, 2년 사이에 된 것이 아니다. 가나안에는 여호수아의 나이가 많이 들었을 때에도 정복하지 못한 땅이 많이 있었다(수 13:1-6). 수십 년이 지나도 다 정복하지 못했던 것이다.

농촌에 들어간 지 10년이 지났건만 눈에 띄는 열매가 없어서 낙담한 적이 있었다. 무엇이 잘못되었는지 생각하게 되었다. 그러나 주님께서 나의 마음에 '이 땅이 마귀를 숭배하며 하나님을 모르고 산 것이 얼마나 되느냐' 하고 물으셨다. 아마도 수백 년 이상 되었을 것이다. 어쩌면 천 년이 넘었을지도 모를 일이었다. 그러니 이제 겨우 10년 기도한 것으로 포기하고 뒤로 물러서서는 안 된다는 것을 가르쳐 주셨다.

하나님의 승리를 신뢰하며 마귀의 세력이 완전히 축출될 때까지 인내하며 믿음의 기도를 계속해야 한다.

이러한 믿음은 소망을 만들며 소망은 우리로 인내할 힘을 준다.

우리의 기도는 개인적 관심사를 넘어서 하나님이 관심을 갖고 계시는 모든 인간의 삶까지 넓혀져야 한다. 복음이 우주적인 것이라면 기도 역시 국지적인 것에 머무를 수 없다.

✤ 데이비드 월즈

| 6부 |
중보기도의 영역

교회의 부르심

불은 타오르므로 존재하는 것처럼 교회는 선교함으로 존재한다. ✛ 에밀 부르너

우리를 부르신 하나님은 후회함이 없으시다. 그분은 목자가 양을 부르듯 우리 한 사람 한 사람을 부르셔서, 우리가 누구인지 또한 감당해야 할 사명이 무엇인지 가르쳐 주신다. 교회도 마찬가지다. 하나님은 교회에 사명을 주시며, 또 그것을 감당할 수 있도록 은사와 능력을 부어 주신다.

교회의 신분과 사명
가이사랴 빌립보에서 예수님은 제자들에게 교회에 관한 교훈을 주셨다. 교회라는 단어에 해당하는 '에클레시아'는 '부름 받은 사람들'이라는 의미다. 즉, 교회는 하나님께로부터 부름 받은 사람들의 모임이다. 교회는 건물이나 혹은 예배드리는 장소를 의미하는 것이 아니라 "주는 그리스도시요 살아계신 하나님의 아들이시니이다"(마 16:16)라는 신앙 고백을 하는 사람들이다.

그렇다면 교회의 신분과 사명은 무엇일까? 그것은 예수님의 신분과 사명을 올바르게 이해한 후에야 분명히 알 수 있다.

베들레헴이라는 작은 동네에서 태어나신 예수님은 나사렛에서 어린 시절을 보내셨다. 그분은 학교를 다닌 적이 한 번도 없었고, 머리 둘 곳이 없을 정도로 가난하게 사셨지만, 자신이 하나님의 아들인 것을 분명히 알고 계셨으므로 부자와 권력자들 앞에서 약해지지 않으셨고 가난하고 무식한 사람들 앞에서 우쭐거리지도 않으셨다.

예수님의 사명은 그리스도의 역할을 감당하는 것이었다. 그리스도는 기름 부음을 받은 자라는 의미다. 구약에서 기름 부음을 받은 자는 왕과 제사장과 선지자였다. 기름 부음 받으신 예수님은 이 땅에서 귀신과 질병과 자연을 다스리는 왕으로, 죄를 위해 자신을 제물로 드리는 제사장으로, 말씀을 가르치는 선지자로 사역하셨다.

교회는 예수 그리스도의 몸이므로(고전 12:27), 예수님을 믿는 그리스도인들의 신분과 사명 또한 예수님의 것과 동일하다.

예수 그리스도를 영접하는 사람에게는 "하나님의 자녀가 되는 권세"(요 1:12)를 주셨다. 그러므로 이 땅에서 우리는 하나님의 자녀라는 정체성을 확인하면서 당당하게 살아가야 한다. 이미 그리스도인으로서 기름 부음을 받은 우리는(요일 2:20, 27), 이 세상에서 주님처럼 왕과 제사장과 선지자의 역할을 감당하며 잃어버린 영혼들을 찾아 복음을 증거해야 한다. 이것이 바로 교회인 우리들의 사명이다.

교회 지상 명령

교회의 궁극적인 과업은 주님의 지상 명령을 수행하는 것이다. 즉, 온 천하에 다니면서 만민에게 복음을 전파하는 것, 모든 족속으로 제자를 삼아 하나님께 영광을 높이 올려드리는 것이다(마 28:19-20).

개인적으로 나는 전주에 있는 안디옥 교회를 통해 많은 도전을 받는다. 교회 전체 재정의 60%를 선교비로 책정하고, 교회 건축은 하지 않기 때문에, 출석 성도가 4천 명이 넘는데도 막사로 만들어진 곳에서 몇 부로 나누어 예배를 드린다.

여름에 강의를 하러 갔는데, 예배 시간 내내 선풍기 돌아가는 소리가 요란하게 들렸다. 나중에 알고 보니, 교회 표어가 '불편하게 삽시다'였다. 에어컨 전기사용료를 아껴서 선교지에 헌금하고, 시끄럽고 더워도 그냥 불편하게 사는 것이다.

점차 물질 문화에 젖어 가는 한국 교회에서는 좀처럼 보기 힘든, 매우 인상적인 모습이었다. 성전을 예쁘고 화려하게 짓지 않으면 성도들이 오지 않으니까 빚을 내서라도 건축을 하는 현실을 생각할 때 그 교회의 목사님께도 감사했지만, 성도들이 무척 존경스러웠다.

아무리 목회자가 비전을 제시하며 이끌어 가도 성도가 따르지 않으면 선교는 할 수 없다. 그래서 포기하고 안주하기 쉬운데 안디옥 교회는 그렇지 않았다.

안디옥 교회는 강대상에 장식할 꽃값을 아꼈다. 그리고 모든 성도들이 정성스럽게 바자회를 준비해서 많은 수익을 냈다. 그렇게 아끼고 모은 돈으로 선교 헌금을 하고 선교지에 신학교를 세웠다. 아무 곳이나 쿡 찌르면 '선교'라는 외침이 나올 것 같은 이런 교회를 어떻게 하나님이 기뻐하시지 않겠는가.

우리 부부가 섬기는 작은 시골 교회에서도 방글라데시의 가로 부족을 위해 선교 헌금을 하기로 한 적이 있다. 그 때 교회의 성도 몇 분이 교회 재정이 넉넉하지도 않은데 선교 헌금을 하는 것에 대해 불평을 하였다. 나는 이러한 상황을 하나님께 올려드리며 우리만의 열정으로 교회의 재정을 돌아보지 못하고 있는 것은 아닌지 질문했다.

그러자 재정이 어려워도 허리띠를 졸라매며 자녀들을 교육시키는 것처럼, 교회 역시 넉넉할 때에만 선교하는 것이 아님을 확인시켜 주셨다. 선교는 재정이 넉넉한 교회나 도시 교회의 전유물이 아니다. 가난한 교회, 농촌 교회, 어촌 교회에 이르기까지 누구나 해야 하는 것이다. 선교는 교회의 사명이기 때문이다.

전투하는 교회

> "이 반석 위에 내 교회를 세우리니 음부의 권세가 이기지 못하리라"
> (마 16:18).

교회가 선교 사명을 감당하기 위해서는 마귀와 영적 전쟁을 치러야 하는데, 이 전쟁에서 승리하려면 반석과 같은 믿음이 반드시 필요하다. 지혜로운 건축자는 반석 위에 집을 짓기 때문에 비바람이 불고 창수가 나도 무너지지 않는다(마 7:24-27). 반석 같은 신앙 고백 위에 교회가 서야 마귀가 아무리 공격해도 든든히 설 수 있음을 가르쳐 주신 것이다. 그러므로 올바른 신앙 고백이야말로 영적 전쟁에서 승리할 수 있는 기초가 된다.

이러한 신앙 고백 위에 세워진 교회에 예수님은 천국의 열쇠를 주셨다. 교회는 천국 열쇠의 권세를 이해하고 적극적으로 사용해야 한다. 그래야 복음 전파를 방해하는 음부의 권세를 묶고, 막혔던 복음의 문을 열어 하나님의 복이 흐르게 할 수 있다.

그러나 예수님 당시의 제사장들은 그들의 사명을 다하지 못했다. 권력층과 결탁한 제사장들은 자신들의 이익만을 채우기 위해 권력을 이용하여 성전에서 소, 양, 비둘기 장사를 하도록 했다. 돈 바꾸는 소리, 짐승 소리, 사람들의 아우성 치는 소리, 그리고 짐승의 배설물이 가득한 성전에 들어가신 예수님은 의로운 분노를 쏟으시며 노끈으로 채찍을 만들어 짐승들을 내어 쫓고 돈 바꾸는 자의 상을 엎으셨다.

오늘날의 교회는 어떠한가? 교회의 올바른 역할을 감당하지 않고 예수님 시대의 성전처럼 죄악과 탐욕으로 얼룩져 있지는 않은가?

그러므로 하나님보다 물질주의와 인본주의에 빠져 있지는 않은지 돌아보고 뼈를 깎는 마음으로 채찍을 들어 스스로를 정결케 해야 한다. 하나님이 교회에 주시는 복을 빼앗고 파괴시키려는 마귀의 세력을 남김없이 몰아내어 예수 그리스도의 생명이 넘치게 해야 한다.

에스겔은 성전 문지방에서 흘러나온 물이 점점 불어나 성전을 가득 채우고는 밖으로 흘러가는 환상을 보았다. 강물이 흐르는 곳마다 각종 생물과 고기들이 번성하고 강 좌우편에 있는 나무마다 맛있는 과일을 맺었으며 그 잎사귀는 질병을 치료하는 약재료가 되었다(겔 47:1-12). 이처럼 아름답고 건강한 교회는 생수의 강이신 성령으로 충만하여, 사탄을 대적하며 세상을 살리고 치유하며 번성하게 하는 사명을 감당해야 한다. "교회는 그의 몸이니 만물 안에서 만물을 충만케 하시는 자의 충만이니라"(엡 1:23). 또한 계속해서 예수 그리스도의 생명력을 흘려 보내는 통로가 되어야 하며, 예수님이 주신 천국 열쇠를 무기 삼아 마귀의 세력을 깨뜨려야 한다. 교회는 파티하며 즐기는 유람선이 아니라, 이 세상의 임금과 싸우는 전투함인 것이다.

기도하는 교회

"내 집은 만민의 기도하는 집이라"(막 11:17). 돈 바꾸는 사람들과 장사하는 사람들을 내어 쫓으신 예수님은 기도가 교회의 중요한 사역임을 선포하셨다. 교회에서는 돈 바꾸는 소리와 짐승의 소리가 아닌 만민이 모여 열방을 위해 기도하는 소리가 나야 한다. 이렇게 기도할 때 "교회는 그의 몸이니 만물 안에서 만물을 충만케 하시는 자의 충만이니라"(엡 1:23)고 하신 주님의 말씀이 교회를 통하여 온 열방에 이루어질 것이다.

단지 자신의 교회만 부흥하도록 기도해서는 안 된다. 예수님의 충만이 온 민족과 열방과 족속에게까지 흘러가도록 기도해야 한다. 이러한 사명을 잃는다면 교회는 세상의 공동체보다 더 못한 모임으로 전락하고 말 것이다.

하나님은 민족마다 그에 적합한 은사들을 주셨다. 예를 들면, 아프리카 사람들은 춤을 추며 찬양하고, 미국이나 유럽 사람들은 성경을 분석하며 가르치는 것을 잘한다.

마찬가지로 한국 교회에는 기도의 은사를 주셨다고 믿는다. 한국 교회에는 하나님이 여러 상황들을 통하여 훈련시킨 기도의 무기가 있다. 자기만을 위해 사용하는 은사는 얼마 지나지 않아 퇴색해 버리므로 남을 섬기기 위해 사용해야 한다. 한국 교회가 열방을 위한 기도는 하지 않고 내 나라, 내 교회를 위해서만 기도한다면 기도의 은사는 변질되고 말 것이다. 물이 흐르지 않고 고이면 언젠가는 썩게 되어 있다.

세계 도처에는 한국 교회의 기도가 필요한 곳이 많다. 수많은 분쟁과 전쟁에 휘말린 국가들, 질병과 굶주림 속에 죽어가는 어린이들, 거짓의 영에 붙잡혀 복음을 듣지 못하는 이슬람교·힌두교·라마불교 등의 난공불락 지역들, 복음을 모른 채 죽어가는 미전도 종족들….

우리에게 주신 강력한 기도의 능력이 제한받지 않고 온 열방 가운데 영향을 미치도록 기도의 폭을 넓히며 개발해야 한다. 또한 소그룹을 일으켜 열방과 각 족속을 위하여 구체적이고도 효과적으로 기도할 수 있도록 훈련시켜야 한다. 앞에서 소개했던 안디옥 교회는 이런 사명을 감당하기 위해서 구역들이 한 나라씩 분양받아 기도와 후원의 책임을 다하도록 조직화했다.

어느 작은 교회는 일곱 명의 안수 집사님들에게 중국의 일곱 개의 방언 족속을 입양하도록 했다. 그 일곱 명의 집사님들은 자신이 맡은 방언 족속을 전심으로 돕기 위해 실제로 그 땅을 밟으며 기도하고 선교 헌금을 보내고 있다.

또 '24·365 기도 운동'이라는 이름으로 개인이나 그룹으로 하여금 세계 구석구석 한 나라도 빠짐없이 365일 24시간 기도하도록 하는 기도 연결 운동을 하고 있는 선교 단체도 있다(www.prayer24365.org).

몇 사람 혹은 몇몇 교회의 기도로는 이 시대에 주님이 오시는 것을 기대하기 어렵다. 한국 교회 전체가 일어나서 정교한 기도의 미사일을 퍼부어야 한다. 이 일을 위해서 교회 안에 강력한 소그룹 기도 팀을 세우고 효과적으로 기도하는 것이 필요하다.

여덟 기둥(8 Mind Molders)

"예수께서 나아와 일러 가라사대 하늘과 땅의 모든 권세를 내게 주셨으니 그러므로 너희는 가서 모든 족속으로 제자를 삼아 아버지와 아들과 성령의 이름으로 세례를 주고 내가 너희에게 분부한 모든 것을 가르쳐 지키게 하라 볼지어다 내가 세상 끝날까지 너희와 항상 함께 있으리라 하시니라"(마 28:18-20).

마태복음 28장 19절의 "모든 족속으로 제자를 삼아"에서 쓰인 '족속'에는 문화적인 의미가 포함되어 있다. 사람에게만 복음을 전하는 것이 아니라 모든 문화 영역에 하나님의 나라가 세워져야 한다. 그러기 위해서는 국가를 구성하고 있는 여러 요소들을 위해 기도해야 하는데 우리는 이것을 여덟 개의 영역으로 나누고 '여덟 기둥'이라고 부른다.

한 나라를 위해 기도할 때, 이 여덟 기둥을 적용하여 기도하면 효과적이다. 예를 들어 월요일은 정치계, 화요일은 경제계, 수요일은 가정계, 목요일은 교육계, 금요일은 언론계, 토요일은 과학 기술계와 예술계, 주일은 교회 및 종교를 위해 기도하는 것이다.

나는 월요일이면 우리 나라뿐만 아니라 북한의 정치를 위해서 기도한다. 화요일에는 우리 나라와 북한의 경제를 위해서 함께 기도한다. 이런 식의 기도 일정이 여러분에게도 도움이 될 것이다. '하나님, 우리 나라를 위해서 무엇을 기도할까요?' 보다는 '하나님, 오늘은 정치계를 위해서 기도하고 싶은데 어떤 문제를 위해서 기도할까요?' 라고 묻는 것이다. 이렇게 기도하면 좀더 여러 영역들을 위해 구체적으로 기도할 수 있다.

이제 그 여덟 기둥을 자세히 살펴보겠다.

정치

첫 번째는 정치계다. 정치는 하나님의 공의를 기반으로 삼아야 한다. 공의가 없으면 혈연, 지연, 학연에 연연하게 된다. 법을 어겨야 하는 일이라면, 아무리 자신에게 이득이 된다 해도 끊을 줄 알아야 한다. 불법이면 하지 말아야 한다. 게다가 학연과 지연, 혈연이 연결되면 부정부패로 이어지기 쉽다.

교회도 마찬가지다. 목회자 자신이 어렵게 개척해서 성장시켰다는 이유로 자녀에게 교회를 세습하는 것은 옳지 않은 일이다. 물론 아버지의 정신을 이어받아 자녀가 계속해서 잘 이끌어 가면 좋지만 여러 가지 부작용이 뒤따를 수 있다.

성경을 보면, 후계자를 어떻게 세우는지 보여 주고 있다. 모세의 후계자는 여호수아, 곧 옆에 두고 부리던 종이었다. 종으로서 모세의 시중을 들며 가까이에서 모든 것을 지켜보았던 여호수아가 하나님이 세우신 다음 세대의 지도자가 되었다. 또 엘리사도 엘리야의 종이었다.

하나님은 그들을 지도자 옆에서 장기간 배우게 하면서 다음 후계자로 훈련시키셨다. 바울이 아들처럼 여겼던 디모데도 마찬가지다. 성경에 나오는 대부분의 후계자는 하나님이 세우신 사람과 삶을 같이하며 고난을 통해, 그리고 종으로서 섬김을 통해 다음 지도자로 세워졌다.

공의의 하나님은 그분의 아들조차도 십자가에 못박히게 하셨다. 우리는 정치인들이 하나님의 공의를 배우도록 기도해야 한다. 그들이 화해하고 신뢰를 회복하도록, 새로운 세대가 일어나도록 기도해야 한다.

당리당략에 의한 정치는 분열을 조장할 뿐 하나님의 의를 이 땅에 세울 수 없다. 그러므로 우리는 하나님의 의를 존중히 여기는 의로운 지도자가 일어나고, 상생의 정치 구조가 속히 자리잡아 하나님의 공의가 이 땅 가운데 하수같이 흐르도록 기도해야 한다.

경제

경제계에는 정직이 필요하다.

어느 날, 중소기업을 운영하던 분이 어렵게 말을 꺼냈다. "사업을 그만두게 되었어요." 그분은 어리둥절해 있는 나에게 자신의 심정을 털어놓았다. 사연인즉 이랬다. 그분은 기업을 운영하며 정직하게 세금을 내고 싶었다. 그런데 그렇게 하면 관련된 기업이나 하청업자들에게 어려움을 줄 수밖에 없었다. 수없이 생각을 되풀이했지만 이런 구조 속에서는 경제 활동과 기업 운영이 거의 불가능해 보였다. 그래서 그만 포기하고 다른 것을 시작하겠다는 것이다. 그의 말을 들으며 우리 나라 경제 문제의 심각성을 알 수 있었다.

우리는 특별히 부익부 빈익빈 현상이 없어지도록 기도해야 한다. 부자들은 보다 더 유리한 상황에 있다. 이자도 싸고 부동산이 있어서 돈 빌리기가 쉽기 때문에 더 많은 돈을 끌어들일 수 있다. 그런데 여유 자금이 없는 사람은 카드 빚 등으로 완전 탕진하게 되어 더욱 가난해진다. 갈수록 중산층이 사라지고 있다.

이것은 경고다. 우리에게 울리는 경종으로 받아들여야 한다. 그래서 우리 나라 경제계 안에 하나님의 재정이 올바르게 분배되고, 공평한 재정 원칙이 행해지며, 기업인이 정직해지도록 기도해야 한다.

그리스도인 기업가를 위해서도 기도해야 한다. 나는 주일을 지키기 위해 그 날을 거룩하게 지키는 기업이나 상점을 위해 기도한다. '하나님, 복에 복을 더하여 주십시오. 이런 기업이 잘 되고 더욱 많이 일어나게 해주십시오!'

기업을 시작하며 이윤의 10~20%를 선교비로 지출하던 스탠리 탐이라는 미국의 기업가가 있었다. 장로인 그는 하나님의 기업이 이러면 안 된다는 생각에 선교비 지출을 50%로 늘렸다. 그러다 결국은 모든 것의 주인이신 하나님께 모든 이윤을 드리기 위해 자신 또한 일정 금액의 월급만 받고 나머지를 모두 선교비로 지출했다.

그는 회사를 경영하는 분이 하나님이시라고 생각하며, 회사 건물에 "예수 그리스도만이 해답이다"(Jesus Christ Is The Answer)라는 문구를 써넣었다. 그는 선교비로 1년에 수십억씩 여러 나라로 흘려보내고 있다. 우리 나라에도 이런 기업가가 많아지도록 기도해야 한다.

또한 우리는 성경적인 재정 원칙을 배워야 한다. 청지기의 사명을 다하고 돈의 노예가 되지 않고 재정을 다스릴 줄 알아야 한다. 부동산 투기는 하나님이 원치 않으시는 것이다. "토지를 영영히 팔지 말 것은 토지는 다 내 것임이라"(레 25:23). 하나님은 이스라엘 백성들을 위하여 가난하여 토지를 파는 경우가 생길 때라도 땅을 다시 살 수 있게 하는 여러 제도들을 마련해 놓으셨다.

우리 나라에서는 한 번 팔고 나면 다음 번에 다시 사려고 해도 이미 부동산 값이 치솟아 사지 못한다. 이것은 하나님의 원칙과 동떨어진 것이다. 부동산 투기는 우리 나라를 더욱 어렵게 만드는 큰 죄악이다.

또한 우리는 사랑의 빚 외에는 아무 빚도 지면 안 된다(롬 13:8). 빚은 올무에 묶이게 한다. 우리 나라는 내수 경제를 살린다고 신용카드를 많이 발급하였다. 이처럼 빚을 내서라도 물건을 사게 해서 경기를 회복시키겠다는 생각 역시 성경의 원칙과 다르다.

하나님은 가난한 자에게 꾸어주고 선을 행하라고 하셨다.

"속이는 저울은 여호와께서 미워하셔도 공평한 추는 그가 기뻐하시느니라"(잠 11:1). 정직은 우리 경제계에 있어야 할 중요한 덕목이다. 기도 팀에서 경제계를 위해 기도할 때, 우리 나라의 문제는 돈이 없고 무역이 안 되는 것이 아니라 올바른 태도로 재정을 쓰지 않고 다루지 못하는 데 있음을 지적받아 회개한 적이 있다. 그래서 나는 요즈음 한국 교회 안에 재정 원칙을 가르치는 재정 학교가 세워지도록 기도하고 있다.

가정

하나님은 최초의 공동체로 가정을 만드셨으며, 가정 안에 하나님의 사랑이 풍성하도록 계획하셨다. 가정 안에서 부부 관계의 중심 요소는 사랑이다. 부부가 서로 사랑하며 신뢰하는 관계를 이룰 때 자녀들도 안정감 속에 균형 잡힌 성품으로 자라날 수 있다. 그러나 부부 관계가 깨어지면 자녀들도 불안하게 자랄 수밖에 없다.

이렇게 자라난 아이들은 사회에 건강하게 적응하지 못하며 사회에 해를 끼칠 수도 있다. 하나님의 사랑을 기반으로 하는 건강한 가정이 건강한 사회를 만들어 낸다.

그러므로 우리는 깨어진 가정의 회복을 위해 기도해야 하며 가정이 하나님의 보호 속에 천국이 되도록 영적 전투를 해야 한다. 우리 나라의 이혼율이 50%에 달한다고 한다. 이것은 또 다른 많은 문제들을 야기한다. 심각한 위기에 처해 있는 한국 가정의 치유를 위해 기도하는 팀도 생겨나야 한다.

종교, 교회

교회를 위해서는 영적인 거룩함을 구해야 한다. 교회에 물질주의가 팽배해서는 안 된다. 경쟁적으로 교회를 화려하고 멋있게만 치장해서도 안 된다. 하나님의 성품이 흘러넘치는 교회, 하나님의 목적을 이루는 교회, 성도들의 모습 속에 세상과 구별된 거룩함이 드러나는 교회가 되어야 한다.

성도의 거룩한 삶만이 하나님의 능력이 흘러가게 하는 통로가 될 수 있다. 만약 세상적인 사고 방식이나 물질주의가 교회 안에 들어와 있다면 샅샅이 찾아 내야 한다. 그리고 예수님이 성전에서 매매하는 자들을 내쫓은 것처럼 단호히 거절하며 몰아내야 한다. 교회는 죄와 조금도 타협해서는 안 된다.

특히 교회 재정이 올바르게 사용될 수 있도록 기도해야 한다. 교회가 건축할 때 쓰는 비용을 조금만 줄여도 가난한 선교지에 필요한 많은 것을 채워 줄 수 있다. 우리 교회가 방글라데시 가로 부족을 위해 세운 교회는 건축비가 500만 원 정도 들었다. 물론 땅값과 노동력을 제외한 비용이다. 한국에서 500만 원은 보통의 강대상 하나 살 만한 돈이다. 그러나 그 곳에서는 100명이 함께 예배드릴 수 있는 예배당을 세울 수 있다. 20만 원이면 땅 속 깊은 곳까지 우물을 파서 오염 안 된 깨끗한 물을 마을 전체에 공급할 수 있다. 그러므로 소중한 재정을 사치로 인해 낭비하는 것은 마음 아픈 일이다.

또한 당회를 위해서도 기도해야 한다. 당회는 개인의 의사를 주장하는 곳이 아니라, 하나님의 음성을 들을 줄 아는 지도자들이 모여 교회의 비전과 정책 등을 하나님께 묻고 함께 분별하며 결정하는 기관이 되어야 한다. 당회의 구성원들이 영적으로 성숙할 때 교회의 여러 문제들을 하나님의 관점으로 해결할 수 있다.

타종교에 대해서도 정기적으로 기도해야 한다. 요즈음 불교의 교세가 확장되고 있다. 불교는 역사적으로 정치와 연결이 되어 부와 권력을 가지고 영향력을 행사해 왔는데 오늘날도 크게 다르지 않다. 잘못된 고리를 끊어야 한다.

또한 많은 이단 종교들이 믿는 자들마저도 미혹하며 각 지역으로 파고들고 있다. 각 교회들은 이단 세력을 정확히 파악하여 영적 전투를 해야 한다. 교회가 무방비한 상태로 있을 때 마귀가 벌써 코앞까지 와 있다는 사실을 잊어서는 안 될 것이다.

교육

교육계 안에도 하나님의 진리가 세워지도록, 교과서에 진화론 대신 창조론이 들어가도록 계속 기도해야 한다.

또한 사교육에 의존하여 공교육을 무너뜨리는 일이 없도록 기도해야 한다. 프랑스의 어떤 기자는 우리의 사교육 현황을 보며 미친 짓이라는 표현을 서슴지 않고 했다. 하나님의 성품을 배우며 그분이 주신 창조력을 계발하며 자라나야 할 어린이, 청소년들이 좁은 교실에 갇혀 대학 입시의 노예가 되는 것은 하나님이 기뻐하시는 일이 아닐 것이다.

나는 우리 나라와 영국의 고3 학생의 생활을 취재한 방송을 보고 마음이 아팠다. 새벽 6시까지 학교에 가느라 우리 나라 고3 아이들은 아침 9시인데도 졸고 있었다. 그리고 여러 학원을 들른 후 집에 오는 시간이 자정이 넘었다. 그러나 영국의 고3 아이들은 9시까지 등교하여 오후 3시면 모든 공부를 마치고 취미 활동을 했다. 취재를 하러 간 기자의 질문에 어떤 학생은 "그래도 좋은 대학 의예과에 지망할 수 있다"고 자신 있게 대답했다.

대학 입시 제도를 개혁하지 않으면 우리의 학생들은 계속 불합리한 틀 속에 갇힐 수밖에 없다. 우리 모두 이 일에 대한 문제 의식을 갖고 있음에도 우리에게 맞는 입시 제도로 지혜롭게 개선하지 못하고 있다. 물론 그 이유가 교육계 탓만은 아니다.

사회적 풍토에도 원인이 있다. 부모들의 과잉 경쟁 심리와 좋은 대학의 학생들만 인정하는 사회 풍토 속에, 교육부는 계속해서 다람쥐 쳇바퀴 도는 식의 개선안만 내놓고 있다. 교육은 사람의 힘만으로는 할 수 없다. 하나님이 개입하셔서 우리의 어린이, 청소년들이 올바른 환경 속에서 교육받도록 기도해야 한다. 이것은 참으로 절실한 기도 제목이다.

이와 같은 문제점을 인식하고 대안 교육의 하나로 기독교적인 사고 방식에 입각한 홈 스쿨링(Home Schooling, 가정에서 부모가 학교를 대신해 교사 역할을 하는 것)을 하는 사람이 점차 증가하고 있다.

언론

언론계에는 정직과 진실이 무엇보다 중요하다. 공중파 방송이나 신문·잡지 등은 한번에 수많은 사람에게 영향을 미칠 수 있는 능력이 있다. 마귀도 그 능력을 알기 때문에 언론을 장악하기 위해 전략을 세우며 자신들의 군대를 배치하고 있다.

또한 방송을 통하여 많은 사람에게 영향을 주는 드라마 작가, PD를 위해서도 기도해야 한다. 나는 한 드라마가 사람들의 사고 영역에 얼마나 큰 영향을 미치는지 잘 알고 있다. 드라마의 영향을 받아 가정을 가진 남자와 여자가 애인이 생기기를 바라거나 이혼을 합리화한다. 그러므로 기독교적인 사고가 방송의 모든 프로그램을 통해서 드러나도록, 그리스도인들이 방송 문화에 변화를 일으키고 영향을 미칠 수 있도록 기도해야 한다.

나는 한 그리스도인 작가가 하나님의 진리를 드라마 속에 드러내며 정서를 순화시키고 올바른 영향력을 나타내는 것을 보고 기뻤다. 그런데 얼마 지나지 않아 극작가로서의 활동을 그만두는 것을 보며 언론계에도 여리고 성과 같이 견고한 세력이 있음을 보게 되었다.

적극적인 영적 전쟁이 필요함에도 모든 그리스도인이 방관한다면 악이 성행하며 자신도 모르게 악의 도구로 전락할 것이다.

예술

예술계 안에는 하나님의 창조성과 아름다움이 나타나야 한다. 그러나 현재는 예술이 인간의 타락상을 표현하는 데 급급하며 상업적으로 치닫고 있다.

나는 파리의 루브르 박물관에 있는 성화들을 보며 그 그림을 통해 하나님의 말씀이 계시되는 감동에 압도당한 적이 있다.

예전에 내가 속해 있던 모빌 팀이, 국악당에서 요한복음 10장 10절을 소재로 한 '도적이 오는 것'이란 제목의 성극을 한 적이 있다. 약 10분 정도 소요되는 짧은 성극이었지만 이것을 통하여 예수님께 돌아온 사람과 치유 받은 사람들이 있었다.

이와 같은 기독 예술 활동이 활발해지도록 기도해야 한다. 그렇게 하기 위해서는 기독 단체들의 후원이 절대적으로 필요한 것이 현실이다. 그래서 CCM 가수들이나 기독교 뮤지컬, 혹은 영화를 만드는 사람들이 돈에 영향 받지 않고 마음껏 세상에 영향을 주며 활동하도록 해야 한다.

'패션 오브 크라이스트'(Passion Of Christ)라는 영화는 무슬림 세계까지 파고들었다. '십계'나 '벤허' 같은 영화가 또다시 세상에 나와 사람들에게 자연스럽게 예수님을 소개해야겠다.

하나님은 다양한 예술을 통해서도 하나님의 나라를 확장하길 원하시며 영광 받으시길 원하신다.

과학 기술

하나님의 말씀 안에서 과학 기술이 올바로 발전하도록 기도해야 한다. 생명공학이 복제 인간 등을 만드는 일에 치중하는 대신 생명을 살리는 학문을 하도록 기도해야 한다. '93 대전 엑스포'에 참가하여 전도할 때, 외국의 과학자들은 과학에 대한 신념을 넘어서 종교성을 갖고 있음을 알 수 있었다.

하나님이 만드신 물질들을 연구하면서 과학자들이 오묘하신 하나님을 만나고 올바른 과학을 세상에 펼쳐나갈 수 있도록 기도해야 한다. 그렇지 않으면 과학이라는 학문에 의해 사람이 지배당할 수 있기 때문이다.

수많은 사람들이 컴퓨터의 마력에 이끌려 귀중한 시간을 허비하며 그것을 통해 음란을 배우고 성품 또한 파괴적으로 바뀌어 가고 있다. 그러나 우리가 하나님의 나라를 확장하기 위해 컴퓨터 기술을 사용하고 그 일을 위해 기도한다면 컴퓨터 기술은 많은 사람들에게 유용한 도구가 될 것이다.

아홉 개의 변방 지역(9 Frontiers)

"또 가라사대 너희는 온 천하에 다니며 만민에게 복음을 전파하라 믿고 세례를 받는 사람은 구원을 얻을 것이요 믿지 않는 사람은 정죄를 받으리라"(막 16:15-16).

공산권

신을 부정하며, 물질 중심적 견해인 유물론이 기초가 되는 공산주의는, 동부 유럽의 공산권과 소련의 붕괴를 통해 그 체제와 사상의 허구성이 증명되었다. 그러나 아직도 이 체제를 고수하며 권력을 유지하는 국가들이 남아 있다. 바로 중국, 북한, 쿠바다.

정도의 차이는 있지만 인도의 캘커타나 베트남 등 공산주의자들의 영향을 받고 있는 나라들을 위해서도 기도해야 한다.

또한 공산주의의 붕괴로 아직도 안정을 찾지 못하고 있는 나라에 교회들이 세워져 그 나라가 기독교 정신으로 새롭게 일어서도록 기도해야 한다.

특히 14억의 인구를 가지고 있는 중국은 핍박과 통제 속에서도 지하 교회가 성장해서 현재 1억 이상의 그리스도인이 있다. 그럼에도 우리는 중국 안에 더 많은 복음의 문이 열리도록 기도해야 한다. 뿐만 아니라 복음으로 훈련된 중국 그리스도인들이 전세계에 흩어져 있는 화교에게뿐 아니라 세계 모든 사람에게 복음을 전할 수 있도록 기도해야 한다. 이렇게 하기 위해서는 기독교를 반대하는 공산주의 사상이 무너져야 한다.

이슬람권

중동에 있는 나라들, 인도네시아, 말레이시아를 위해서 기도해야 한다.

또 미국이나 유럽에 모스크가 점점 늘어나고 있는 것을 경계해야 한다. 이미 복음이 들어간 기독교 국가에도 계속해서 모스크들이 들어서고 있다. 우리 나라에도 벌써 여덟 개 이상의 모스크가 생겼다.

무슬림들은 전략적으로 정치와 연합하고 있다. 그러므로 끊는 기도를 통해 그들의 전략을 막아야 하며 그들 속에 들어가 있는 우리 선교사들을 최대한 지원해야 한다. 선교사들에게 무엇보다 가장 중요한 지원은 기도다.

특히 '지하드'(聖戰)를 옹호하는 테러리스트들이 돌아서도록 기도해야 한다. 이들은 기독교를 기반으로 한 서구 세력에 대해 엄청난 증오심을 가지고 있다. 그리고 자유 분방한 서구 문화로부터 자신들을 지킬 수 있는 방법은 오직 전쟁뿐이라고 생각한다.

이들의 잘못된 생각이 무너져 내리고 테러 계획이 무산되도록 기도해야 한다. 무엇보다도 하나님의 사랑으로 용서와 화해가 이들 안에 흘러가도록 기도해야 한다.

이런 목적을 가지고 1992년부터 시작된 역라마단 기도 운동(「무슬림을 위한 30일 기도」, 예수전도단 역간)은 무슬림의 구원을 위해 전 세계적으로 연합하여 기도하는 일에 귀한 통로가 되고 있다. 그 기간에 무슬림들에게 하나님의 사랑이 부어지고 예수님의 구원이 계시되도록 기도해야 한다. 그리스도인이 연합하여 기도할 때 놀라운 역사가 일어나고 있으며 또한 앞으로도 계속 일어날 것이다.

불교권

불교권의 나라들은 동남 아시아에 많이 있다.

　일본의 불교는 800만의 잡신과 혼합되었으며, 태국의 불교는 사회·경제 영역까지 깊이 뿌리박혀 있다. 불교가 국교인 스리랑카는 힌두타밀 소수 부족과 지배적인 불교계 싱할라족 간에 잔인한 유혈 분쟁이 벌어지고 있다. 이들 나라의 불교도들은 자신의 이상대로 나라를 이끌고자 부단히 노력하고 있다.

　인도는 부다가야라는 불교의 발원지가 있는 나라다.

　라마불교를 믿는 티벳은 여간해서는 복음이 들어가기 어려운 난공불락의 지역으로, 기독교로 개종한 사람이 거의 없다. 최근에는 달라이 라마가 미국에서 강연한 후에 신비의 종교로 비추어져서 서양 사람들의 많은 관심을 끄는 종교가 되었다.

　삼국 시대 이후 통치자들과 손을 잡으며 발달해 온 우리 나라의 불교는 현재까지도 그 영향력이 남아 있으며 커다란 재력과 권력을 행사하고 있다.

　특히 불교가 대중화 전략으로 젊은이들에게까지 파고드는 것을 경계하며 기도해야겠다.

힌두교권

주로 인도, 네팔 등에 퍼져 있고 특히 인도는 10억 이상의 인구를 가진 나라로 힌두교가 주된 종교다. 그러므로 여러 나라에 퍼진 종교는 아니지만 우리가 주목하여 기도해야 한다. 특히 힌두교에 있는 카스트 제도는 하나님이 미워하시는 제도로서 상층민들의 기득권을 보호하고 하층민들의 삶의 여건을 인간 이하의 수준으로 전락시켰다.

특히 학대 속에 가장 밑바닥 일을 하며, 아무 소망 없이 가난하게 사는 불가촉 천민들이 기독교로 개종할 수 있도록 기도해야 한다. 이들이 다른 나라뿐만 아니라 인도에서조차 잘 보이지 않는 이유는 사람들의 눈에 띄지 않게 숨어 살고, 어두운 밤에 활동하기 때문이다.

2억의 불가촉 천민들이 주님 앞에 돌아와 하나님의 형상을 회복하고 소망과 안정된 삶을 되찾는 것을 하나님은 간절히 원하신다.

또한 힌두교의 다신주의는 인도를 가난과 혼돈으로 몰아가고 있다. 최근에 힌두 군부는 개종하는 것에 분개하며 소수의 종교 집단과 그리스도인을 핍박하고 있다.

특히 강력한 진이 있는 바라나시는 힌두교의 본산지로, '신성한 강'이라 불리는 갠지스 강이 흐르고 있다. 인도 사람들은 갠지스 강에서 이루어지는 종교적 의식과 행위에 단단히 묶여 복음을 듣지 못하고 있다.

명목상의 그리스도인

명목상의 그리스도인이란 이미 복음을 듣고 받아들였지만, 하나님과의 만남과 교제가 없이 형식적인 종교 생활만 하는 사람들을 말한다.

유럽에는 기독교를 국교로 하는 나라들이 있다. 그러나 대부분의 사람들은 1년에 몇 차례만 교회를 찾는다. 게다가 스웨덴 같은 나라는 기독교를 표방하지만 내적으로는 반기독교적인 색채가 강하다. 이런 나라들을 위해서도 기도해야 한다. 필리핀, 남미의 가톨릭 신자들도 여기에 속한다. 필리핀에서는 거의 대부분의 사람들이 예수님을 믿는다고 말하지만 거듭난 그리스도인인가 물으면 그 때는 머리를 절레절레 흔든다. 이런 나라들도 간과하지 말고 그 땅의 그리스도인이 거듭나도록 기도해야 한다.

대도시

대도시를 위해서도 기도해야 한다. 예전에는 인구가 백만 명 이상이 되면 도시로 구분했는데, 지금은 천만 명 이상일 경우를 대도시로 구분한다. 그러므로 뉴욕, 런던, 동경, 서울, 북경, 상해, 봄베이 등을 위해 기도하는 것은 선교 전략상 아주 중요하다.

이런 대도시에는 성매매와 마약과 빈민촌 문제가 주로 발생한다. 예를 들면, 뉴욕의 맨해튼은 굉장히 부유한 상업 도시지만, 그 으리으리한 빌딩 사이로 수많은 노숙자들이 있다.

우리 기도 팀이 맨해튼에 갔을 때 우리는 큰 두려움을 느꼈다. 처음에는 그들이 총으로 우리를 쏠까 봐 무서웠고, 또 기차역 한 귀퉁이에 붉게 충혈된 눈으로 누워 있는 그들을 보았을 때는 한층 더 무서웠다. 하지만 죽으면 죽으리라는 마음으로 두려움을 잠재우고 그들에게 다가가 하나님이 그들을 사랑하신다는 메시지를 들려주었다.

그러자 무섭게만 느껴졌던 그들의 눈빛이 바뀌고, 오히려 눈물을 흘리며 복음을 받아들이는 것을 보았다. 어떤 사람은 자신이 옛날에는 예수님을 믿었다고 고백하기도 했다. 빈민촌은 이렇게 부자 나라, 특히 대도시 안에 있다.

우리 나라에서도 제일 가난한 사람은 서울에 있다. 지금은 판자촌이 많이 없어졌지만, 사실 셋방살이나 월세를 살면서 한두 푼 때문에 전전긍긍하는 사람은 농촌이 아니라 대도시에 있다. 우리는 대도시의 이러한 구조적인 면을 이해하며 기도해야 한다.

또한 이에 알맞게 사역하는 사람들이 세워지도록 기도해야 한다. 폭력 조직원, 마약 복용자, 극빈자에게 다가갈 수 있는 특수 사역자들이 필요하다.

미전도 종족

미전도 종족이란 이미 세상에 알려져 있지만 대상 인구가 적고 교회의 선교적 관심에서 제외되어 복음을 접하지 못한 사람들이라 할 수 있다. 1989년에 마닐라 선교 대회에서 랄프 윈터 박사는 전세계 2만 4천의 종족 중 미전도 종족 수는 1만 2천 개라고 했다. 그러나 이제는 6~8천 개 정도가 남아, 15년 동안 4천 개 이상의 미전도 종족이 복음화되었다. 이 속도로 나아간다면 30년 안에 전세계 복음화가 가능하다. 우리는 이 일을 위해 기도해야 한다.

4부에서 언급했던 「땅끝 중국」(ARM)이라는 자료집에는 미전도 종족에서 한 걸음 더 나아가 숨겨진 종족(Hidden People)에 대해 언급하고 있다. 그 책에서 "세상 사람들이 접근하기 쉽지 않은 곳에 살고 있어서 아직도 알려지지 않고 있는 종족"으로 소개하는 '숨겨진 종족'이란 언어와 문화가 알려지지 않은 채, 국가의 행정 편의상 이웃에 사는 좀더 강대한 민족에 섞여 사는 민족을 말한다. 자칫 간과할 수 있는 종족이기에 더 많은 노력으로 이들을 찾아야 하며 이들의 정보를 알아내야 한다.

이 자료에는 한 선교사가 10여 년 동안 험한 환경을 헤치며 찾아낸 숨겨진 종족에 대한 엄청난 정보가 있다. 나는 이 책을 보며 예수 그리스도의 참된 용병은 '숨겨진 한 영혼을 찾기 위해 생명도 돌보지 않는 사람이구나' 하는 것을 느꼈다.

하나님은 복음이 전혀 들어가지 않은 곳에 숨겨진 그 한 사람, 한 족속까지도 구원하기를 원하신다. 이제 우리 한국 교회도 이들에게 눈을 돌려 구체적으로 기도하며 선교해야 한다. 그럴 때만이 땅끝까지 복음이 전해질 수 있다.

소외되고 가난한 나라

소외되고 가난한 나라를 위해서도 기도해야 한다. 북한, 소말리아, 에티오피아, 방글라데시, 네팔, 아프리카에 있는 많은 나라들을 위해서 기도해야 한다. 하나님은 가난하고 소외된 고아와 과부와 나그네에 대해서 늘 관심을 가지셨다. 우리가 선교할 때도 이런 가난한 나라를 배려하며 특별한 관심을 가지고 집중적으로 기도할 필요가 있다.

아프리카에는 에이즈가 만연해 있다. 엄마가 에이즈에 걸리면 자녀에게 전염이 된다. 케냐의 한 선교사는 에이즈에 걸린 아이들을 돌보는 사역을 하고 있다. 아이가 태어나서 1년 동안 먹을 분유와 이유식을 구입하는 데 드는 비용을 주면 에이즈의 전염을 막을 수 있다고 한다. 그런데도 당장 돈이 없어 모유를 먹이는 것이다. 그것을 막기 위해서는 한 아이에게 필요한 돈이 한 달에 5만 원 정도다. 그래서 그 선교사는 은행 구좌를 만들어 지원을 받음으로써 이 문제를 해결해 가고 있다.

아프리카에서 우물파기 운동을 하는 선교사도 있다. 가난한 나라 사람들을 살리기 위해서는 깊은 곳에서 깨끗한 물을 끌어 내는 사업이 대단히 중요하다.

방글라데시에 갔을 때 한 어린아이가 죽었다. 생후 1주일 만에 이유도 없이 죽은 것이다. 그 아이를 붙들고 한 시간 동안 기도했지만 결국 살려 내지 못했다. '하나님, 왜 이런 일이 일어났을까요? 왜 아기가 살지 못했나요?' 나는 계속해서 질문했다. 그 때 하나님은 이들에게 교회를 세워 주는 것도 중요하지만 깨끗한 물을 먹이는 것도 필요하다고 하셨다. 어떤 아이는 저항력이 있어 오염된 물을 먹어도 살 수 있지만 건강하지 않은 아이는 죽을 수도 있다. 이러한 모든 일들이 다 선교이므로 그들의 환경과 삶을 끌어안고 기도해야 한다.

세계의 작은 절반

전세계의 반을 차지하는 25세 미만의 어린이와 젊은이들을 위해서도 기도할 필요가 있다. 이슬람이 강한 말레이시아 동부에 들어가서 전도할 때 하나님은 어린이들에게 초점을 맞춰 복음을 전하라고 하셨다. 이슬람의 세력에 붙잡힌 어른들보다는 어린이가 더 효과적인 복음의 대상이기 때문이다. 기도할 때도 복음을 받아들일 준비가 되어 있는 이들을 위해 기도한다면 우리는 더 많은 복음의 열매를 얻을 것이다.

또한 세계 도처에서 굶주림과 전쟁과 질병으로 죽어가는 어린아이들을 위해서도 기도해야 한다. 어린이와 젊은이들은 이 세계의 미래다.

그리스도인은 더 이상 자신만 위하는 사람이 되지 말고 세계를 품어야 한다. 지금은 다른 나라에서 어떤 일이 일어나는지, 다른 나라의 대통령은 무슨 일을 하고 있는지, 유엔이나 안전보장이사회에서 결정된 사항은 무엇인지, 사무총장이 누구인지 쉽게 알 수 있는 시대다. 그러므로 우리는 세계에 대한 책임을 가지고 기도해야 한다.

아홉 개의 변방 지역은 주로 '10/40 창'에 있다. 위도 10도와 40도 사이에 퍼져 있는 아시아와 아프리카가 사각 지대임을 곧 알 수 있다. 이 지역 안에 있는 26억의 사람들이 아직도 복음을 듣지 못하고 있다. 이곳이 마지막 선교의 대열에 선 우리가 더 많이 영적 전투를 해야 하며 집중적으로 폭격을 가할 곳이다.

중보기도자는 이런 선교의 방향과 개념을 먼저 바르게 알아야 한다. 나는 중보기도자들이 하나님께서 기뻐하시는 기도의 자리에서 하나님을 만나는 기쁨을 누리게 되기를 바란다.

선교사를 위한 기도

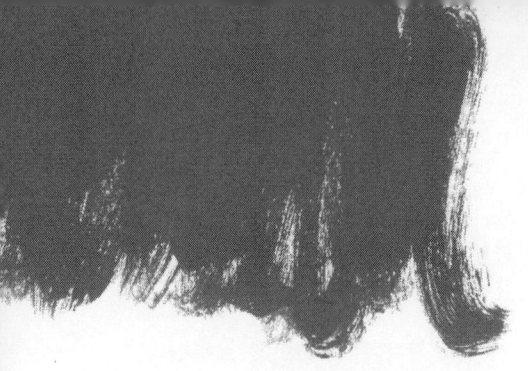

선교사들은 전사다. ♣ 펄벅

선교사들의 선교 방법, 그리고 그 결과에 대해 어떠한 결론을 내리든 간에 인간 역사상 그들이 삶을 통해 보여 준 헌신과 영웅적 신앙의 빛나는 면은 부인할 수 없다.

♣ 케네스 스코트 라토렛

"보라 내가 너희를 보냄이 양을 이리가운데 보냄과 같도다 그러므로 너희는 뱀같이 지혜롭고 비둘기같이 순결하라"(마 10:16).

나는 25개 이상의 나라들을 다니며 단기 선교하고 땅 밟기 기도를 했다. 그 중에서도 가장 소중한 기억은 그 신교지에서 열심히 사역하고 있는 선교사들을 만나서 교제하고 함께 기도하는 일이었다.

믿음의 조상 아브라함처럼 자신이 자라온 문화와 친지를 떠나 안정을 누릴 수 있는 많은 것들이 있음에도 스스로 포기하고 하나님 말씀에 순종하여 사역하는 선교사들을 볼 때마다 눈시울이 뜨거워진다. 그러나 이렇게 헌신한 선교사들이 우리의 기도와 후원이 부족해서 다시 돌아오거나 현지에서 어려움을 당한다면 그 책임은 본국에 사는 우리들에게 있다.

출애굽기 17장 8-16절에 나오는 승리는, 싸움의 현장에 있었던 여호수아에게 달려 있는 것이 아니라 하나님 앞에서 손을 들고 기도했던 모세와 연합 기도 팀에 달려 있었다. 즉, 교회가 모세처럼 기도하는 손을 내리지 않는다면 사역지의 선교사들은 승리할 것이요, 손을 내리면 참패할 것이다. 기도는 후방 부대가 아니라 싸움의 전초 기지임을 알려 주는 대목이다.

YWAM에서 파송된 선교사의 뉴스레터에 이런 글이 있었다. "여러분이 나를 파송하고 나서 만일 나를 위해 기도하기를 멈춘다면, 마치 우물에 빠진 사람을 건지려고 나를 밧줄에 묶어 내려보냈다가 그 밧줄을 놓아 나와 그 사람을 함께 죽게 하는 것과 똑같습니다."

그렇다! 선교사를 위한 기도를 멈춘다면 그것은 바로 선교사의 죽음을 의미한다. 선교사를 위해 기도할 것이 많이 있지만 하나님이 나에게 주신 기도의 부담감을 몇 가지만 함께 나누겠다.

문화 적응기에 있는 선교사를 위해

식물을 옮겨 심을 때는 조심해야 한다. 잘 적응하여 뿌리를 내릴 때까지는 특별한 돌봄이 필요하다. 뿌리를 내린 다음에는 그다지 신경을 쓰지 않아도 식물이 잘 자란다.

선교사도 마찬가지다. 타 문화 영역에 심기기 위해서는 많은 돌봄과 기도가 필요하다. 파송된 지 1~2년밖에 안 되는 선교사들은 언어를 배워야 하고 그 나라의 기후와 문화에 적응해야 하며 사역의 방향을 정해야 하는 많은 부담감을 안고 있다.

결혼한 선교사의 자녀 교육 또한 중요한 기도 제목 중 하나다.

선교사들의 건강을 위하여

선교사들이 '죽으면 죽으리라'는 마음으로 헌신하여 선교지에 간다 하더라도 그들 또한 육체를 가진 우리와 같은 사람임을 잊지 말아야 한다. 특히 아프리카의 말라리아, 가난한 지역의 열악한 교통 환경과 잦은 사고, 적도 근처의 무더운 날씨 등은 많은 선교사를 위협하는 장애물이다.

방글라데시의 한 선교사는 무더위 속에 사역하고 돌아와서도 여전히 에어컨 없는 방에서 계속 더위와 싸워야 했다. 그 모습을 본 우리 기도 팀에서 에어컨 살 수 있도록 헌금을 보냈다. 선교사가 현지인과 똑같은 환경에서 살아야지 에어컨이 웬 말이냐고 비난할 수도 있다. 그러나 그렇지 않다. 그들이 건강을 유지하려면 쉴 수 있는 공간과 기구들이 필요하다.

어떤 선교사는 차도 없이 먼지를 마시며 자전거나 대중 교통을 이용하면서 사역했다. 현지인과 같이 생활하고 싶었던 것이다. 하지만 목에 이상이 생겨 오랫동안 앓았다. 나 역시 캘커타 시를 한 시간 동안 돌아다닌 적이 있는데 금세 코에 새까만 매연과 먼지 등이 묻었다. 가난한 나라는 중고차를 많이 쓰기 때문에 공해가 심각하다. 잘사는 나라보다 못사는 나라에서 오히려 차가 더욱 절실히 필요하다.

또 어떤 선교사는 탄자니아에서 큰 교통 사고를 당해 팔이 잘리기까지 했다. 선교사들을 보호하기 위해 끊임없이 기도해야 함을 느꼈다.

선교사들의 정서를 위하여

많은 것을 포기했음에도 선교사들은 이따금 고국을 그리워하며 향수에 젖는다. 자연스러운 일 아닌가. 나는 단기 선교사로서 1년 동안 타국에 머문 적이 있었다. 그런데 6개월이 지나자 한국에 돌아가고 싶은 마음이 물밀듯 밀려 왔다. 부모 형제와 내가 거닐던 광화문 네거리를 보고 싶었고, 냉면과 자장면이 먹고 싶었다.

파푸아뉴기니에서 40여 일 머무는 동안 김치를 한 번도 못 먹을 때가 있었다. 김치를 먹지 못한 날수와 비례해 한국에 대한 그리움이 더해졌다. 그런데 그 다음 선교지에서 한 미국인 자매가 냉장고에 김치를 채워 놓고 나를 위한 깜짝 파티를 해 주었다. 그러자 우울했던 마음이 사라지며 기쁨이 되살아났다.

그래서 나는 지금도 선교지에 갈 때면 그들이 좋아하는 우리 나라의 라면, 커피, 과자를 가져간다. 미역, 떡볶이 재료, 번데기 등을 가지고 갈 때도 있다. 이런 음식들이 선교사들의 정서를 풀어 줄 수 있기 때문이다.

선교사의 아내나 아이들이 정서적으로 공격받지 않도록 기도하는 것도 잊지 말아야 한다. 나는 선교사의 아내가 우울증에 걸려 고통당하는 경우를 여러 번 보았다.

많은 사역의 열매를 갖고 있으면서도 눌림과 압박을 받으며 사역하는 선교사를 위해 기도할 때마다 이들의 정서가 회복돼야 할 필요성을 절실히 느낀다.

선교사들의 영적 건강을 위해

선교사들은 마귀가 득세하고 있는 지역에서 사역하고 있다. 그러므로 영적인 건강을 유지하며 사는 것에 주의를 기울여야 한다. 이슬람 지역은 기도 시간을 알리기 위한 방송을 매일 다섯 번씩 내보낸다. 이것은 그 지역에 살고 있는 사람들에게 영적인 영향을 미칠 수 있다.

세상 속에 들어가면 기도하기가 더 어려운 것처럼 선교지에서의 영적인 삶은 그보다 몇 배나 더 어렵다. 그러므로 선교사들이 그 지역을 장악한 영적인 세력과 대항하여 이길 수 있도록 중보기도해야 한다. 그리스도인으로서 그 지역에 영향을 끼치며 사명을 다할 수 있도록 기도를 아끼지 말아야 한다.

　많은 영적 지도자들이 선교사들의 영적 무장을 위해 선교지를 찾아가서 세미나를 하는 것은 참 감사한 일이다.

선교사들의 안식년과 은퇴를 위해

선교사들은 재충전을 위해 반드시 안식년을 가져야 한다. 나는 한국에 거처할 곳이 없거나 돕는 이가 없어 어려움을 겪는 선교사들을 보며 안식년을 맞는 선교사의 거처를 위해서도 기도해 오고 있다. 뿐만 아니라 선교사의 재교육도 반드시 필요하다.

　이러한 것을 선교 단체나 교회가 책임지지 않는다면 선교사들이 누려야 할 안식년은 '안 쉴 년'이 되기 쉽다. 큰 영적 전투를 한 후 죽는 것이 낫겠다고 하는 엘리야에게 하나님은 책망 대신 충분한 쉼을 주셨다. 마찬가지로, 적진에서 커다란 영적 전투를 벌인 선교사들은 깊은 안식이 필요하다. 이들이 본국에 와서 충분히 쉴 수 있는 여건이 준비되어야 한다.

　선교사들이 은퇴하여 완전히 본국으로 돌아올 때를 위해서도 기도로 준비해야 한다. 교회는 이들이 그동안 하나님께 배웠던 수많은 선교 경험을 나눌 수 있는 사역장을 마련해야 하며 또한 편안한 노후를 보낼 수 있도록 준비해야 한다. 선교는 이처럼 그리스도인들의 깊은 관심과 연합으로 이루어질 수 있는 것이다.

선교사들의 덫

선교사들을 옭아매는 덫이 있다. 선교사들이 덫에 걸리지 않도록 우리가 기도하고 영적으로 전투해야 할 것을 좀더 나누겠다.

사랑하고 섬기기 위해 갔지만 그 곳 사람들의 탐심, 거짓말 등 죄악된 모습을 보면서 사랑이 퇴색하고 오히려 판단하며 우월감마저 가질 수 있다. 이것은 선교사들이 늘 깨어 경계해야 할 중요한 기도 제목이다.

특별히 선교사들을 돈이 많은 사람들로 생각하여 물건 값을 더 받는다든지 괜히 트집을 잡고 돈을 요구하는 일들도 있다. 더구나 제자훈련까지 받은 현지인이 돈 때문에 선교사를 배신하고 재산마저 빼앗는 사례도 있다. 이럴 때는 낙담 속에 배신감으로 인한 쓴뿌리가 생길 수 있다.

그럼에도 불구하고 선교사는 그들을 용서하고 사랑해야 한다. 이런 부분에 공격 받아 넘어진다면 사랑 없는 선교 사역이 될 수 있기 때문이다.

또한 선교사들은 현지인들에게 많은 재정을 베풀기 때문에 극진한 대접을 받을 수도 있다. 이럴 때 사도 바울의 고백처럼 주님이신 예수님이 우리를 섬기기 위해 오셨던 것을 기억하여 높은 자리에 앉거나 우월감의 덫에 빠지지 말아야 한다. "우리가 우리를 전파하는 것이 아니라 오직 그리스도 예수의 주 되신 것과 또 예수를 위하여 우리가 너희의 종 된 것을 전파함이라"(고후 4:5).

서양인 선교사들이 제3세계에서 우월감을 갖고 선교했을 때, 결코 영향력을 드러내지 못했다. 그들이 왕처럼 대해도 그들의 발을 씻기는 태도로 선교 사역에 임하는 것이 승리의 비결이다.

이 외에도 중보기도자들이 선교지의 깨끗한 재정 사용과 선교사들 간의 관계 등을 위해 구체적으로 기도한다면 선교사들이 보다 더 능력있게 선교할 수 있으리라 믿는다.

오늘날 초대 교회의 모습이 어떠했는지를 상상하는 것은 어려운 일이다. 그러나 분명한 것은 초대 교회의 모습이 우리가 현재 알고 있는 기독교와는 상당히 다를 것이라는 점이다. 당시에는 멋있는 교회 건물이 없었다. 교회 내에 계급도 없었다. 신학교도 없었다. 기독교 대학도 없었다. 주일학교도 없었다. 성가대도 없었다. 오직 믿는 자들이 모이는 소그룹만이 있었다. … 소규모의 친교만이 있었다. 초대 교회의 교인들은 사회적 지위가 있는 사람들이 아니었다. 그러나 그들에게는 세상이 알지 못하는 능력이 있었다. 그 능력은 바로 그들 서로가 한 지체로서 행함에서 비롯되었다.

✟ 엘튼 트루블러드

(일대일양육과 같은) 의미 있는 관계를 맺게 하는 소그룹은 좋은 결과를 가져온다. 소그룹 사역을 통해 사람들을 사귀게 하는 것은 지역 교회가 해도 되고 안 해도 되는 선택 사항이 아니다. 소그룹 자체가 바로 작은 교회인 것을 알아야 한다. 이런 사귐이 없다면 사람들은 단지 교회에 출석하는 것뿐이지, 실제로 참여하는 것이 아니다. 하나님의 뜻에 따라 서로 사랑하는 소그룹의 구성원들은 그리스도께서 약속하신 생명을 가장 깊이 체험할 것이다.

✟ 빌 도나휴

| 7부 |
소그룹 기도

이제는 일어나 소그룹으로 기도할 때다

소그룹 기도의 필요성

오늘날 전세계적으로 많은 교회들이 소그룹에 관심을 갖게 되었다. 소그룹을 통하여 사람들이 더욱 친밀해지고 상호 영향을 줄 수 있기 때문이다. 서로 신뢰하고 사랑하는 소그룹은 그 잠재력이 엄청나다. 예수님이 훈련시킨 12명의 제자들은 강한 영향력을 끼친 삶을 사신 예수님께 배운 대로 거대한 로마 제국을 복음으로 정복하였다.

예수님은 소그룹 기도의 중요성을 제자들에게 가르치셨다. "진실로 다시 너희에게 이르노니 너희 중에 두 사람이 땅에서 합심하여 무엇이든지 구하면 하늘에 계신 내 아버지께서 저희를 위하여 이루게 하시리라 두세 사람이 내 이름으로 모인 곳에는 나도 그들 중에 있느니라" (마 18:19-20). 중보기도는 혼자 하는 것보다 소그룹으로 하는 것이 훨씬 효과적이다. 한국 교회의 부흥에는 새벽 기도, 철야 기도, 작정 기도 등이 큰 역할을 했다. 이 저력의 기반 위에 이제는 소그룹으로 연합하여 기도하는 훈련이 더해진다면 훨씬 능력 있는 기도를 할 수 있게 될 것이다.

나는 싱가포르 중보기도 학교에서 외국인들이 오랜 시간 들이지 않고 강력하고도 구체적으로 중보기도하는 것을 보았다. 그들이 그렇게 할 수 있는 이유를 살펴 보면 첫 번째는 정보를 가지고 기도하기 때문이었다. 인터넷에서 자료를 수집하고 전문가들의 이야기를 듣고 간증

자료나 책 등을 찾는 데 많은 시간을 들였다. 두 번째는 하나님의 음성을 듣기 위해 하나님 앞에서 기다리는 시간을 갖고 있었으며, 세 번째는 연합의 능력이 나타나는 소그룹 기도를 잘 활용하고 있었다.

나는 외국인들의 기도 모습을 보며 생각했다. 우리 나라가 갖고 있는 기도의 저력과 함께 정보를 토대로 하나님의 음성을 들으며 소그룹 기도를 한다면 마지막 때에 하나님께 더 강력하게 쓰임 받을 수 있을 것이다! 감사하게도 요즈음 많은 한국 교회들이 중보기도 세미나, 중보기도 학교 등을 통하여 소그룹 기도 훈련을 하고 있다.

막연하거나 날이 무딘 기도가 아니라 이가 날카로운 새 타작 기계처럼 효과적으로 기도해야 한다. 이제부터 나누게 될 소그룹 기도에 대한 내용이 한국 교회의 기도를 더욱 성장시키는 데 잘 활용되길 바란다.

소그룹 기도의 장점

개인 기도의 장점은 하나님 아버지와 개인적인 친밀감을 누리며 자신의 내밀한 문제까지도 구체적으로 기도할 수 있다는 점이다. 반면에 대중 통성 기도는 여럿이 함께 기도하기 때문에 성령 충만하지 않은 사람이라도 성령의 강력한 흐름 속에 들어가 성령 충만해질 수 있다.

소그룹 기도는 개인 기도와 대중 통성 기도의 장점을 다 가지고 있어서 강력하면서도 효과적인 기도가 될 수 있다. 또한 개인의 독특한 기도 스타일을 충분히 반영하면서 연합의 효과를 낼 수 있다.

나는 7년 이상 예수전도단의 모빌 팀과 공동 생활을 하면서 거의 매일 오전에는 소그룹 중보기도를 했다. 서로 깊이 위탁된 형제, 자매들과 함께 연합하여 기도하는 것은 내 일생에 하나님이 주신 가장 큰 복

중 하나였다. 우리 팀원들 모두 개성이 뚜렷했지만 성령 안에서 조화를 이루며 기도하였기에 더욱 역동적인 기도를 할 수 있었다.

나는 결혼 후에도 소그룹 기도를 계속하고 있다. 10년째 계속되는 이 기도 모임을 통해 하나님의 역사를 많이 경험하였다. 특히 선교사들을 위해 기도하며 실지로 그들을 위로하고 격려할 수 있어서 참 감사하다. 이 기도 모임에 가려면 왕복 6시간이 걸린다. 그래도 대가를 지불하며 계속 참석하는 것은 소그룹 기도의 매력 때문이다.

강한 확신의 기도를 할 수 있다
소그룹으로 기도하면 여럿이 함께 하나님의 음성을 듣고 확인할 수 있으므로 강한 확신 속에서 기도할 수 있다. 나는 이것을 소그룹 기도 팀에서 경험하였다.

어느 날, 우리 나라를 위해서 무엇을 기도해야 할지 묻고 기다리던 우리들은 경제계에 대한 부담을 느꼈다. 우리는 '그러면 경제의 어느 부분을 위해 기도할까요?'라고 다시 기도했다. 그러자 하나님은 우리 나라의 경제 성장을 막는 세 가지 요소를 팀원들 모두에게 동일하게 보여 주셨다. 첫째는 부동산 투기, 둘째는 카드 빚, 셋째는 다단계 판매로 인해 발생하는 부정적인 측면이었다. 서로에게서 하나님이 원하시는 기도 제목을 확인한 바였으므로 우리는 이 문제들을 놓고 확신 있게 기도하였다.

또 다른 예로 예전에 한 선교사 자녀의 질병을 놓고 기도할 때의 일이다. 이 선교사 부부는 성황당이 있던 지역에서 8년 동안의 영적 전쟁 끝에 성황당을 무너뜨리고 그 자리에 교회를 세웠다. 그런데 그 후 자녀에게 간질 증세가 나타났다. 결국 한국에 돌아와 간질이라는 진단을 받고 우리 기도 팀에게 기도 부탁을 하였다.

  이 문제 역시 우리는 하나님의 음성을 듣고 어떻게 기도할지 분별하기로 했다. '하나님! 이 병이 어디서 온 것입니까? 어떻게 기도할까요?' 하고 질문했다. 그리고 기도했던 10여 명이 하나님께서 주셨다고 생각하는 것들을 함께 나누면서 그 질병은 마귀로부터 왔으며 선교사 부부의 믿음을 위한 기도와 병마를 축출해내는 명령 기도를 해야 한다는 것을 서로 확인하였다.

  이런 확신이 들자 힘 있게 기도하게 되었다. 그리고 이 기도 후 간질은 오진으로 판명되었으며 기도한 지 6년이 지났어도 한 번도 재발하지 않았다. 이처럼 강한 확신 안에서 하는 기도는 능력이 있다.

하나님의 음성 듣는 훈련이 가능하다

또한 하나님의 음성을 듣는 훈련이 가능하다. 이를 위해서는 반드시 하나님의 성품 공부와 하나님의 말씀을 묵상해야 하고, 중보기도하는 소그룹에서 훈련해야 한다. 그래야 균형이 잡히며, 오류에 빠질 염려가 없다.

  어떤 집사님으로부터 하나님이 밤에 잠을 못 자게 하며 자신에게 말씀하신다고 하는 이야기를 듣게 되었다. 거의 매일 밤 8시간씩 하나님과 대화하며 기도한다고 하는 이야기를 들으면서 나는 그 집사님에게 무엇인가 문제가 있다고 생각했다. 하나님은 우리에게 밤을 주셔서 자게 하신다. 우리가 잠들지 못하도록 속삭거리는 것이 있다면 마귀의 역사일 가능성이 많다. 하나님과 대화를 많이 한다고 믿는 마음 안에는 영적인 우월감 혹은 교만이 있을 수 있다. 게다가 어느 날에는 그 집사님이 하나님의 음성을 들었다면서 다른 사람의 구체적인 문제에까지 영향을 주려 하는 것을 보게 되었다.

　이 집사님이 이렇게 된 이유 중 하나는, 처음 예수님 믿고 은혜 받았을 때 다른 그리스도인과 함께 하나님의 뜻을 분별하며 훈련하는 과정이 없었기 때문이다. 확인과 분별 없이 혼자서 하나님의 음성을 듣는다면 위험에 빠질 수 있다.

　그러면 하나님의 음성 듣는 훈련은 어디에서 할 수 있을까? 그것은 소그룹 기도를 통해 가능하다. 잘 훈련된 리더가 이끄는 건강한 소그룹 기도 팀에 들어가 기도할 때 한 성령 안에서 기도하므로 성령으로부터 오지 않은 음성은 자연히 드러나게 된다. 성령 안에서의 기도는 서로 확인이 된다. 물론 기도 모임에 한 번 참석했다고 바로 분별력이 생기는 것은 아니다. 정기적으로 이런 기도 모임에 참석할 때 점차 성장하게 되는 것이다.

혼자 기도할 때보다 덜 힘들다

혼자 기도할 때보다 훨씬 힘을 안 들이고도, 능력 있는 기도를 할 수 있다. 출애굽기 17장 8-14절을 보면 여호수아가 이스라엘 백성들과 함께 아말렉 군대와 싸우는 장면이 나온다. 그 때 산 위에서 기도하는 모세의 손이 올라가면 이스라엘이 이기고 내려가면 지는 것을 반복했다. 결국 아론과 훌이 모세의 피곤한 팔을 붙들었고, 그로 인해 승리하게 되었다. 이 말씀은 소그룹 기도 팀에게 아주 중요하다.

　혼자 기도하면 지치기 쉬운 것을 알기 때문에 나는 혼자 기도하는 것보다 함께 기도하는 것을 더 좋게 생각한다. 모빌 팀에 있는 동안 문제가 생길 때마다 리더들 혹은 팀원들과 함께 기도했다. 혼자 기도하면 그 문제가 무겁게 느껴져 힘이 들었지만, 함께 기도하면 아론과 훌이 모세의 무거운 팔을 받쳐 주었듯 기도가 힘들지 않았다.

오히려 기도에 힘이 더해져서 하나님의 큰 능력을 느끼면서 기도하게 되었다. 또한 함께 기도하는 사람들이 '아멘' 혹은 방언으로 동의할 때도 역시 기도의 능력이 더해지므로 어려운 문제도 쉽게 해결하며 나아가게 해 주었다.

소그룹 기도 팀에는 연합의 능력이 있다. 오랜 세월 동안 많은 사람들이 죄를 지어 마귀에게 내어준 영역, 그 견고한 진을 파하기 위해서는 기도의 능력이 필요하다. 가는 나무를 벨 때는 혼자의 힘으로도 단번에 가능하지만, 두꺼운 나무를 벨 때는 여러 사람이 함께해야 쉽고 빠르게 끝낼 수 있다.

국가의 문제도 마찬가지다. 혼자 기도하려면 힘이 들겠지만, 훈련된 소그룹 기도 팀이 연합하여 기도하면 혼자하는 것보다 힘들지 않게 문제가 해결되는 것을 볼 수 있다.

연합에는 강도가 중요하다. 남녀가 서로 사랑 고백을 했다고 해서 그들이 연합했다고는 할 수 없다. 사랑의 강도는 시련을 통해 알 수 있는데, 육적으로만 좋아했다면 쉽게 이혼해 버리고 말 것이다. 그러나 사랑을 통해 극복해 낸다면 그들에게는 연합이 생기는 것이다. 이것이 영적인 능력이다.

기도 팀도 그렇게 전진해야 한다. 처음부터 그렇게 될 수는 없다. 많은 과정을 겪어야 한다. 그렇게 훈련된 팀이 기도할 때 견고한 진을 파할 수 있는 것이다. 그런 팀을 만들고 거기서 함께 기도하라. 능력의 역사가 일어날 것을 믿는다.

효과적인 소그룹 기도를 위한 조건

"몸 가운데서 분쟁이 없고 오직 여러 지체가 서로 같이하여 돌아보게 하셨으니"(고전 12:25).

"새 계명을 너희에게 주노니 서로 사랑하라 내가 너희를 사랑한 것 같이 너희도 서로 사랑하라 너희가 서로 사랑하면 이로써 모든 사람이 너희가 내 제자인 줄 알리라"(요 13:34-35).

목적을 분명히 하는 것이 좋다
소그룹 기도 팀원들의 목적이 같지 않다면 서로 다른 것을 요구하게 될 것이고, 이는 한마음으로 기도하는 것을 방해한다. 또한 모임에 불만을 갖는 사람이 생기게 되어 효과적으로 기도를 진행하는 것이 어렵다. 중보기도의 목적과 방향이 선교인지, 국가와 민족을 위함인지, 아픈 사람의 치유인지, 교회와 각 부서의 부흥인지 분명히 하는 것이 좋다. 그렇게 하지 않으면 기도 팀의 목적을 잘 이해하지 못한 채 참석한 사람이 실망할 수도 있다.

또 기도 팀 자체도 어려움과 혼돈에 빠질 수 있다. 나와 함께 한 달에 한 번씩 모여서 기도하는 일산 소그룹 기도 팀은 예수전도단을 통해 파송된 선교사들을 위해 우선적으로 기도하고 있다. 물론 주님이 말씀하시면 국가와 열방들을 위해서도 기도한다.

그런데 만약 이 기도 모임에 누군가가 개인 문제를 해결하기 위해 참석한다면 그 사람은 곧 실망할 것이다. 우리 기도 모임에서는 개인을 위한 기도는 부수적으로 할 따름이다.

이렇게 목적을 분명히 하니까 우리 기도 팀에는 많은 선교사들이 연결되고 있다. 그들이 귀국하면 이 기도 모임에 와서 간증하고 기도 제목을 나누고 위로와 힘을 얻는다. 또한 우리 기도 팀도 선교사들을 위한 기도가 깊어지는 도움을 얻고 있다. 즉, 선교사를 위한 기도에 권위가 생기며 하나님의 기름 부으심이 배가되어 더욱 전문 기도 팀이 되는 것이다. 기도의 목적을 분명히 하는 것은 소그룹 기도 팀에게 매우 중요한 요소다.

기도 팀의 리더

기도 팀의 리더를 세우기 위해서는 신뢰성, 영적인 분별력과 성숙도, 하나님의 음성을 듣는 기도의 경험을 살펴야 한다. 또한 팀원들은 세워진 리더에게 자신을 철저히 위탁해야 한다.

리더가 소그룹 기도 팀을 이끌기 위해서는 다음 네 가지 사항을 주의하며 지켜야 한다.

첫째, 리더는 철저하게 성령님을 의지해야 한다. 자신의 경험과 생각을 의지하거나 습관에 젖어서는 안된다. 리더가 얼마만큼 성령님께 귀를 기울이고 순종하느냐는 그 팀이 성령 안에서 기도할 수 있느냐 없느냐의 관건이 된다. 이를 위해 리더는 정결하고 성령 충만하도록 준비하며 성령의 역사를 늘 기대해야 한다. 그러면 다양하고 창조적이며 역동적인 성령의 역사를 경험할 수 있다.

둘째, 리더는 성실하게 준비해야 한다. 하나님은 일반적으로 리더와 팀원들이 함께 하나님의 음성을 들으며 기도 제목을 정하게 하시지만, 특별한 경우에는 리더에게 먼저 기도 제목을 주실 때도 있다. 그럴 때 리더는 성실하게 준비해야 한다.

예를 들면, 무슬림의 라마단 금식 기도에 관한 제목을 주신다면 이 분야에 대한 정보를 준비하여 설명해 주거나 전문가를 초청하여 강의를 듣게 할 수 있다. 그러면 분명한 동기와 정보를 가지고 기도할 수 있게 될 것이다.

셋째, 리더는 목자의 마음을 가져야 한다. 리더는 팀원들의 영적, 육체적, 물질적, 정서적 필요에 민감하며 늘 그들에게 관심을 가져야 한다. 피곤한 지체가 있는지, 근심과 걱정 가운데 눌려 있는 지체가 있는지, 영적인 둔감과 묶임 속에 있는 지체가 있는지 계속해서 살피며 지혜롭게 도와야 한다. 이렇게 할 때 팀원들이 더욱 리더를 신뢰하며 위탁하고 충성하게 된다.

리더는 또한 팀원들에게 말씀하시는 하나님을 신뢰하며 그들의 의견과 기도에 늘 열린 마음을 가지고 받아들여야 한다. 혼자 주도적으로 인도하는 리더는 팀원들의 참여 의식을 저하시키고 소그룹 기도의 강점을 약화시킬 수 있다.

몰아가는 식의 기도도 안 된다. 자기가 혼자 기도하면서 한 방향으로 이끄는 것은 성숙하지 못한 리더의 모습이다. 예수전도단에서 14년 동안 간사 생활을 했던 나는, 간사 생활 초기에 팀원들을 내 생각대로 몰아갔다. 내 생각만 옳다고 여겼기에 그대로 따르지 않으면 정죄하고 판단했다. 그러나 후기에 사역했던 모빌 팀원들은 이러한 미성숙한 과정을 거친 후에 만났기에 좀더 편안하게 인도할 수 있었다. 하나님은 리더가 팀원들을 끌어안고 포용하면서 성장하길 원하신다.

리더는 이러한 하나님의 성품에 따라 일해야 한다.

넷째, 리더에게는 융통성과 분별력과 지도력이 필요하다.

특별한 기도 제목이 있을 때는 융통성 있게 인도해야 한다. 예를 들어, 선교사가 함께 참석했을 때는 그에게 집중하면서 해도 된다. 또한 새로운 사람이 참석하면 소개하게 해 주어 서로 서먹하지 않게 해야 한다.

리더는 성령님께 민감해야 하며 때로는 단호할 필요도 있다. 예를 들어, 팀원 중 한 명이 너무 길게 기도하면 그의 마음이 상하지 않게 하면서 정중하게 끊어줘야 한다. 마냥 참기만 해서는 안 된다.

나는 기도 팀에 새로운 사람이나 훈련되지 않은 사람이 참석했을 때 반드시 먼저 이러한 주의 사항을 이야기해준다.

처음 기도하는 팀이거나 혹은 처음 참석한 사람이 있다면 기도 제목을 나눌 때 반드시 지금 들은 것인지 확인을 해야 한다. 옛닐에 기도하던 것을 끄집어 내기보다, 지금 하나님이 원하시는 기도를 해야 하기 때문이다.

이처럼 기도 팀을 효과적으로 인도하기 위해 리더는 포용할 때도 있고 단호할 때도 있어야 한다.

또한 귀신의 음성을 듣고 있는지 분별해야 한다. 성숙하지 못한 팀원이 잘못된 영향을 받지 않도록 주의를 기울여야 한다. 리더가 분별력과 단호함을 가지고 하나님께서 주시지 않은 음성을 확인시켜 주어야 혼돈이 없다. 지적 받은 팀원에게는 기분 나빠하거나 좌절할 필요가 없음을 알려주는 것도 필요하다. 우리는 모두 배우는 사람이기 때문이다.

팀원들의 헌신과 위탁이 필요하다

활발하고 능력 있는 기도 팀이 되기 위해서는 팀원들이 헌신하고 위탁해야 한다. 한두 사람이 자꾸 빠지면 다른 사람들도 '나도 그만두어야겠다' 고 생각하게 된다. 사실 기도를 많이 하지 않고 그냥 함께 앉아 있기만 해도 다른 사람들에게 힘이 된다는 것을 기억하라.

교회 안에서도 지혜가 필요하다. 기도 모임을 시작했는데, 참여하겠다고 한 성도들이 자꾸 빠지면 차라리 3개월이나 6개월 단위로 기도 팀을 운영하는 것이 낫다. 그에 따라 이후에 다시 기도 팀을 만들고 해체시키고 해서 교회 전체가 공식적으로 팀을 운영해 보는 것이다. 그렇게 하면 3개월이나 혹은 6개월 정도 결심하면 되므로 많은 부담감 없이도 참여할 수 있고 그러다가 정말 오래할 수 있는 팀이 자연 발생적으로 생겨날 것이다. 이처럼 팀원들의 위탁과 헌신을 도와 주는 기술과 전략이 필요하다.

관계 형성은 기도의 능력과 효과에 아주 중요하다

모빌 팀과 일산의 기도 팀에서 기도하면서, 개인 상황이나 환경이 열악해도 소그룹에서 힘 있게 기도할 수 있는 이유가 무엇일까 생각해 본 적이 있었다. 그것에 대해 나는 오랫동안 형성해 온 관계가 중요한 영적 기반으로 작용했을 것이라고 생각한다.

기도의 능력을 싫어하는 사탄이 팀의 연합을 방해하고 있으므로 기도 팀은 소그룹 내·외의 관계 형성에 유의해야 한다. 내적으로는 서로가 이해하고 포용하며 사랑해야 하는데 사랑과 연합의 관계를 형성하기 위해서는 시간과 노력이 필요하다.

또한 신뢰가 깨어지지 않도록 해야 한다. 부정적인 기도 제목을 나눌 경우, 부연 설명을 하거나 감정을 드러내면 서로 간에 신뢰가 깨어질 수 있다. 게다가 험담하는 상황으로 발전할 수 있는데 이는 마귀에게 틈을 주는 것이기 때문에 주의해야 한다. 그래서 가능하면 기도 제목만 간단히 나누고 곧바로 기도하는 것이 좋다.

외적인 관계 형성을 위해서는 특히 교회 안에서 소그룹에 속하지 않은 다른 성도들에게 항상 열려 있어야 한다. 이질감이나 소외감이나 영적 열등감을 갖게 해서는 안된다. 이런 느낌을 외부 사람들이 받는다면 더 이상 기도 팀이 확대되지 못할 뿐더러 시기심, 질투심 등을 불러 일으킬 수 있다. 이는 기도 팀의 성장을 방해한다. 소그룹 기도 팀이 교회 안에서 잘 융화되며, 균형 있는 발전을 위해 노력해야 하나님의 뜻을 아름답게 교회 안에 이룰 수 있다.

우리 교회에서 나와 함께 수년간 기도한 몇 명의 성도님들은 마음을 나누며 기도했기에 더욱 친밀하다. 그러나 그들과만 특별한 관계인 것처럼 보이게 되면 다른 성도들에게 거리감을 줄 수 있으므로 언제든지 열려 있는 모임임을 나타낸다. 왜냐하면 아름답고 귀한 모임이 이런 부분에서 공격을 받아 상처 입고 깨지거나 교회에 문제가 된다면 하나님께서 기뻐하지 않으시기 때문이다.

권위자들에게도 마찬가지다. 폐쇄적인 인상을 주면 이 기도 팀에서 무엇을 하는지 의구심을 가질 수 있으므로 기도 내용, 목적 등을 권위자들에게 전달하는 것이 반드시 필요하다.

어떤 목사님은 소그룹 기도 팀에 대해 부정적으로 생각하였다. 자기들끼리 영적 단합을 도모하며 또 다른 세력을 형성한다고 여겼는데, 그 이유는 예전에 실제로 부정적인 기도를 하는 것을 보았기 때문이다. 이런 오해를 없애기 위해서 늘 열린 마음으로 권위자들과 의사

소통하는 것이 중요하다.

이처럼 소그룹 내·외의 관계 형성을 위해 노력할 때 더욱 성숙한 기도 팀으로 발전할 수 있다.

팀원들의 평소 삶이 중요하다

평소에 팀원들이 어떤 삶을 살고 있는지가 소그룹 기도에 영향을 미친다. 기도에는 우리의 삶이 반영된다. 평소에 팀원들이 하나님 앞에 올바르게 살지 않았다면 소그룹의 기도 모임이 힘없고 지루한 시간으로 전락할 수 있다. 그래서 팀원 개인의 삶이 하나님 앞에 올바르도록 격려해야 한다.

평소에 개인 기도 시간도 충분히 갖지 않고 묵상도 하지 않고 세상에 휩쓸려 살다 모임에 참석하면 기도가 막힌다. 그러므로 리더는 묵상을 나누도록 하거나 중보기도의 중요성을 강조하거나 선교사를 초청하는 등 경건한 삶에 대한 도전을 줄 수 있는 여러 프로그램을 마련해야 한다. 팀원들이 경건한 삶을 회복하고 중보기도자로 살 수 있도록 도와 주는 것이다. 그런 팀원 한 사람 한 사람이 모여 기도할 때 능력 있는 소그룹 기도 팀이 되는 것이다.

소그룹 기도를 실제로 인도하기

> 당신 속에 있는 모든 것이 주님께 귀기울이도록 하라. 하나님의 음성을 들으려면 모든 외적이고 세상적인 자랑과 우리 속에 있는 인간적인 생각들을 침묵시키지 않으면 안 된다.
> ✠ 프랑소아 페넬론

효과적인 소그룹 기도를 위한 10가지 원칙

소그룹 기도를 효과적으로 하기 위해서는 개인 기도나 대중 통성 기도와는 다른 원칙이 필요하다. 나는 그동안 조이 도우슨의 열 가지 기도 원칙(「스릴있고 성취감 넘치는 중보기도」, 예수전도단 역간)을 토대로 기도해 왔다. 이 원칙은 소그룹 기도를 효과적으로 이끌며 실제적인 열매를 맺게 하는 데에 도움이 되는 방법이다.

나는 이러한 경험을 바탕으로 이제 조이 도우슨의 열 가지 원칙을 기반으로 소그룹 기도를 인도하기 위한 좀더 실제적인 방법을 설명하겠다.

기도 원칙 (1) 하나님의 임재 속에 들어가기

첫째, 하나님을 찬양하고 하나님의 성품을 고백하는 시간을 갖는다. "이스라엘의 찬송 중에 거하시는 주여 주는 거룩하시니이다"(시 22:3). 하나님은 찬양 중에 임재하신다. 곡조가 있든 없든, 내가 처한 상황이 어떠하든 하나님의 성품과 그분이 하신 일을 기억하며 찬양하는 것은 중요하다. 그렇게 할 때, 불신앙이 사라지며 기도를 들으시는 하나님께 대한 믿음이 자라게 된다. 이 과정은 하나님과의 교제 속으로 들어가는 입문이다.

둘째, 죄에 대한 고백을 한다. "내가 내 마음에 죄악을 품으면 주께서 듣지 아니하시리라"(시 66:18). 죄는 하나님과 사람 사이에 벽을 만들며, 하나님의 음성을 듣지 못하게 하는 중요한 요인이다. 그러므로 성령님의 도우심으로 죄를 깨닫고 회개하는 과정을 가질 때 하나님과의 친밀감을 회복하며 다른 지체들에게도 열린 마음을 갖게 한다.

또한 서로의 관계에 있어서도 죄나 거리감이 있으면 겸손히 용서를 구하고 용서하는 시간을 갖는다. 이러한 과정 없이 기도하는 데에만 급급하다면 효과적이며 역동적인 기도를 할 수 없다. 하나님과의 관계, 지체들과의 관계 회복은 기도의 중요한 과정이다. (4부의 '거룩한 삶의 기도'를 참고하면 도움이 될 것이다.)

셋째, 성령의 도우심 없이는 효과적인 기도를 할 수 없음을 인정하고 성령님을 초청하는 기도를 한다. "이와 같이 성령도 우리 연약함을 도우시나니 우리가 마땅히 빌 바를 알지 못하나 오직 성령이 말할 수 없는 탄식으로 우리를 위하여 친히 간구하시느니라"(롬 8:26).

나는 한때 기도가 잘 되니까 성령님을 초청하는 기도를 무시했다. 그러나 내게 스스로 기도할 수 있는 능력이 없음을 철저히 깨닫고 이 세 번째 기도가 얼마나 중요한지 알게 되었다. 자신의 무력함을 인정하며 성령님의 도우심을 구하는 기도는 성령님이 운행하시도록 문을 열어 놓는 것이다.

기도 원칙 (2) 하나님의 음성을 듣기 위해 준비하기

넷째, 마귀를 대적하는 기도를 한다. 기도를 제일 싫어하는 존재는 마귀다. 마귀는 하나님의 손을 움직이는 통로가 기도라는 것을 알기 때문에 기도하지 못하도록 공격한다. 또한 기도의 자리에 앉아 있을 때에도 하나님께 집중하지 못하게 잡념을 주거나, 하나님의 음성을 듣는 것에 대한 불신과 두려움을 주어 혼미하게 한다.

그러나 그리스도인들은 마귀의 생각을 쫓아 내고 마귀의 모든 행사를 중지시키는 권세가 있다. 우리가 하나님께 순복하면서 예수님의 이름과 성령의 능력을 힘 입어 대적하면 마귀는 물러갈 수밖에 없다. "그런즉 너희는 하나님께 순복할지어다 마귀를 대적하라 그리하면 너희를 피하리라"(약 4:7)고 약속하셨다. 이 말씀을 붙들고, 예수님의 이름과 성령님의 능력을 의지하며 대적하고 명령 기도할 때 마귀는 물러갈 것이다.

다섯째, 나의 생각이나 소원, 심지어 좋게 보이는 기도 제목이나 부담감을 내려 놓는다. "여호와의 말씀에 내 생각은 너희 생각과 다르며 내 길은 너희 길과 달라서"(사 55:8). 하나님의 뜻이 이 땅 가운데 이루어지도록 기도하기 위해서는 나의 생각으로 하나님의 뜻을 제한하거나 왜곡하지 않아야 한다. 아무리 좋은 생각이라도 지금 기도하기를 원하시는 하나님의 생각과 다를 수 있기 때문에 일단 나의 것들을 내려 놓는 시간이 필요하다.

여섯째, 성령 충만을 구한다. "술 취하지 말라 이는 방탕한 것이니 오직 성령의 충만을 받으라"(엡 5:18). 성령 충만을 술 취함에 비유할 수 있다. 술에 취한 사람은 술 기운에 이끌려서 말을 하고 행동을 한다. 오순절 성령 강림 때에도 마치 새 술에 취한 것처럼 보였다고 했다. 즉, 성령 충만은 성령에 의해서 우리의 생각과 언어와 감정과 행동이 통제받는 것이다.

또한 얕은 개울가에서는 마음대로 걸어갈 수 있으나 깊은 강물에서는 흐르는 물결에 자신을 맡겨야 쉽게 수영할 수 있듯이, 깊은 기도 속에 들어가기 위해서는 생수의 강처럼 흐르는 성령의 물결에 자신을 맡겨야 한다. 이럴 때 우리는 성령님이 주도하시는 놀라운 기도를 경험하며 깊이 있는 역사 속에 들어갈 수 있다. 이러한 기도를 상상하며 믿음으로 성령 충만을 구하라.

기도 원칙 (3) 하나님의 음성을 듣고 기도하기

일곱째, 이제부터 갖게 될 놀라운 기도 시간에 대해 믿음을 갖고 하나님을 찬양한다. 믿음의 고백은 하늘의 문을 열게 한다. 하나님의 인도와 말씀에 대한 기대와 믿음은 하나님의 크고 놀랍고 비밀스러운 일을 경험하게 한다. "너는 내게 부르짖으라 내가 네게 응답하겠고 네가 알지 못하는 크고 비밀한 일을 네게 보이리라"(렘 33:3).

여덟째, 하나님의 음성을 잠잠히 기다리며 마음속에 떠오르는 것을 믿음으로 순종하며 기도한다. "내 양은 내 음성을 들으며 나는 저희를 알며 저희는 나를 따르느니라"(요 10:27). 이 때 기도를 효과적으로 하기 위해 하나님의 음성을 듣고 먼저 기도 제목을 정하는 것이 좋다. 그래야 같은 마음을 가지고 기도할 수 있다.

여러 기도 제목이 나온다면 비슷한 내용끼리 종합하여 큰 제목으로 묶는다. 예를 들어 대통령, 보안법, 국회, 이혼, 청소년 등에 대한 이야기가 나온다면 대통령, 보안법, 국회 등은 정치계로 묶고 이혼, 청소년 등은 가정계로 묶어서 한 제목씩 초점을 맞추어 충분히 성령의 인도함을 받으며 구체적으로 기도한다.

그러나 기도 제목이 너무 산만하다면 그것을 내려놓고 올바른 기도 제목을 정하기 위해 한두 번 더 기도해도 좋다.

기도 제목을 정한 후에는 구체적으로 기도하기 위해 모두가 하나님의 음성을 듣고 기도한다. 주의해야 할 것은 기도 제목에 관계되지 않은 내용이 떠오르면 그것을 기억해 두었다가 그 내용을 기도 제목으로 기도할 때 하면 된다. 그리고 리더는 한 제목에 대한 기도가 끝났다고 느끼면 다른 제목으로 기도할 수 있도록 인도한다.

아홉째, 하나님이 말씀을 통해 기도의 방향을 인도하시거나 확신을 주실 때를 대비해 가능한 한 성경을 펴놓고 기도한다. "주의 말씀은 내 발에 등이요 내 길에 빛이니이다"(시 119:105). (성경을 통해 하나님의 음성을 듣는 것에 관해서는 뒤에서 구체적으로 언급하겠다.)

기도 원칙 (4) 하나님께 감사 기도하기

열 번째, 하나님께서 더 이상의 기도 제목을 주시지 않으면 지금까지 기도를 인도해 주신 데 대해 그리고 기도에 응답하실 것에 대해 하나님께 감사와 찬양을 드리고 기도를 마친다. 이 때 리더가 기도의 내용을 정리하고 종합해 주면 조각조각 기도한 내용이 모자이크처럼 하나의 그림으로 완성되어 하나님의 뜻이 분명히 드러남을 알게 될 것이다.

하나님이 말씀하시는 몇 가지 방법

하나님의 음성을 듣고자 할 때 그분이 말씀하시는 다양한 방법을 아는 것은 아주 중요하다. 지금 우리는 성령님이 우리 안에 거하시는 영광스러운 시대에 살고 있다. 그분은 우리가 지, 정, 의를 가진 인격체임을 잘 아시기 때문에 침묵하시지 않고 여러 가지 방법으로 우리를 인도하신다.

기도하는 사람들은 자신 안에 계신 성령님의 임재를 인식하고 그분의 인도하심에 민감해야 올바르게 기도할 수 있다. 전인격적으로 말씀하시는 성령님의 음성을 제한하지 않고 들으며 기도하는 것은 즐거운 일이다.

하나님께서 말씀하시는 방법에는 주관적인 요소라고 할 수 있는 내적 음성, 꿈, 환상, 소원 등이 있으며 그분의 성품을 반영하는 성경과 외부적인 환경, 혹은 영적 지도자 등을 통한 다양한 방법이 있다. 이 중 몇 가지만 나누어 보자.

내적 음성

하나님의 음성에는 귀에 들리는 물리적인 소리도 있으나 나는 대체로 마음속의 세미한 음성을 듣는다. 이는 기도할 때 마음에 떠오르는 생각이나 단어를 의미한다. 우리의 생각을 주님께 복종하여 새롭게 변화된다면(롬 12:2) 하나님은 우리의 생각을 통하여 말씀하실 수 있다.

내적 음성은 하나님이 개인에게 알려 주시는 주관적인 특성이 있다. "사람의 영혼은 여호와의 등불이라 사람의 깊은 속을 살피느니라"(잠 20:27).

어느 기도 모임에서 있었던 일이다. 조이 도우슨의 열 가지 기도 원칙에 따라 기도한 후 하나님의 음성을 들으며 기도 제목을 정하는 순서가 되었다. 그 때 나에게 시편 133편이 떠올랐다. 이 말씀은 형제들의 연합에 관한 것인데, 이 때 '연합'이라는 단어는 막연했다. 그래서 또다시 질문했다. '어디의 연합을 위해서 기도할까요?' 그랬더니 예전에 강의한 적이 있는 한 대학의 교수들이 연합할 수 있도록 기도하라는 마음이 분명히 떠올랐다.

이것을 나누었더니 다른 한 지체가 '그것이 하나님의 음성이에요?' 하며 놀랐다. 왜냐하면 그 지체는 자신은 절대 하나님의 음성을 듣지 못한다고 낙심하고 있었기 때문에 나와 동일한 음성을 들어도 말하지 못하고 있었던 것이다.

나는 우리 마음속에 계신 성령님이 소원이나 내적 확신으로도 말씀하실 수 있음을 설명했다. 그 지체가 갖고 있던 하나님의 음성에 대한 개념은 외부에서 소리가 나서 귀에 들리는 물리적인 음성이었다. 그렇기 때문에 성령님의 세미한 인도하심을 무시하며 살았던 것이다.

그 후 우리는 '대학 교수들의 연합'으로 기도 제목을 정해 놓고 그에 맞는 구체적인 기도를 성령님께서 인도하시는 대로 믿음을 갖고 했다. 이렇게 기도하는 것은 전혀 어렵지 않다. 한 성령님이 여러 사람을 통하여 역사하시므로 힘이 있고 또한 흥미롭다.

물론 하나님의 뜻을 분별하며 기도하는 것이 부담스러울 수 있지만 훈련해 보면 훨씬 생명력 있고 즐겁다는 것을 알 수 있다.

성경 말씀을 통하여
하나님은 기록된 말씀으로도 들려주시기 때문에 성경을 펴놓고 기도하는 것이 필요하다.

내가 속한 교단의 사모님들과 한 달에 한 번씩 만나서 정기적으로 기도하고 있었는데, 그들 중 한 사모님의 기도가 매우 인상적이다. 그 사모님은 하나님께서 어떤 기도에 대한 마음을 주시면 그에 해당하는 성경구절을 고백하거나 선포하면서 기도했다.

평소에 성경 암송을 많이 했기에 하나님이 성경구절들을 통해서 기도하도록 인도하시는 것이다. 이 분이 기도할 때는 명료함과 힘이 느껴진다. 말씀은 곧 능력이며 말씀으로 선포하는 기도는 우리에게 강한 영감을 불어넣기 때문이다.

또 다른 예를 들면, 예전에 내가 인도하던 중보 팀에서 북한을 위해 기도할 때였다. 그 당시는 김대중 대통령과 김정일 국방위원장이 평양에서 손을 잡은 직후였다. 그래서 통일이 한 발짝 앞서 왔다는 설레임이 있었다.

그러나 하나님은 시편 105편을 통해 이스라엘 백성이 출애굽하는 것은 하나님의 뜻임에도 불구하고 모세가 바로 왕의 장벽에 부딪혀 열 번이나 영적 대결을 한 것처럼 통일을 이루기 위해서는 아직 넘어야 할 산들이 많음을 알게 하셨다. 그리고 영적 전쟁이 더욱 필요하므로 북한을 위해 지속적으로 기도하도록 도전을 주셨다.

이라크의 바그다드에 교회가 세워지고 100여 명의 성도가 예배를 드리고 있다는 기쁜 소식을 들은 후 얼마 지나지 않아 테러리스트들이 교회를 불태우고 성도들이 흩어지고 있다는 소식을 듣게 되었다.

낙담한 나는 '이런 상황 가운데 하나님이 하시는 일이 무엇입니까?'라고 원망 섞인 불평을 했다. 이 때 하나님은 시편 3편에 대한 설교 말씀을 통해 어떻게 기도할지 깨닫게 하셨다. 자신의 아들 압살롬에게 왕좌를 빼앗기고 쫓겨났던 참담한 상황에서 다윗은 고백했다. "여호와여 주는 나의 방패시요 나의 영광이시요 나의 머리를 드시는 자니이다"
(시 3:3). 하나님을 의뢰한 다윗은 결국 왕의 자리를 되찾았다.

　이 말씀을 통해 지금은 쫓겨나는 신세같이 암울해 보이는 이라크의 교회를 주님이 다시 세워주실 것이며, 주님을 예배할 날을 기대하는 소망과 하나님만이 이라크 교회의 방패요 피난처이심을 선포하며 기도했다. 성경 말씀이 레마로 우리에게 다가올 때 기도의 강력한 무기가 되는 것이다.

환상

때로는 환상을 볼 수도 있다. 어떤 뚜렷한 형체가 보이거나 마음에 이미지로 느껴지는 것 등을 포함한다. 고넬료나 마게도냐 사람이 본 환상은 사도행전에서 사도들의 선교 방향을 정하는 데 큰 역할을 하였다.
　YWAM의 치유 사역자인 제프 장로님은 다른 사람을 위하여 중보기도할 때 성령의 도우심으로 그 사람의 상황이 텔레비전을 보는 것처럼 눈앞에 그려진다고 했다. 이것은 하나님이 우리의 시각을 통하여 말씀하시는 것이다.
　나는 북한 용천에서의 가스 폭발로 울부짖는 아이들의 모습이 마음에 그려져서 그들을 위해 기도했는데 이것도 하나의 환상이다. 낙태를 위해 기도할 때는 찢겨지는 태아와 십자가에서 고통당하시는 예수님의 모습이 겹쳐져서 보였다. 이런 환상들은 하나님의 마음을 느끼게 해주며 하나님의 음성을 더욱 깊이 이해하는 데 도움이 된다.
　어떤 자매를 위해서 기도할 때는 그 자매의 모습이 찌그러진 바가지처럼 느껴졌다. 눈으로 보이는 선명한 그림은 아니지만 마음으로 느껴지는 것이었다. 그래서 많은 문제로 인해 상처받은 그 자매의 영혼을 위해 선포하는 기도를 했다. '하나님은 당신을 사랑하시며 당신 한 사람을 위해서도 십자가에 못박히실 만큼 당신은 귀한 존재다' 라고 선포하는 동안 그 자매의 영혼이 만져지고 있음을 느꼈다.

그러자 풍선이 부풀어 오르듯 자매의 찌그러진 마음이 새롭게 일어나는 것을 느꼈다. 그 후에도 하나님의 치유는 계속되었다. 이 자매는 딸로 태어난 설움 속에 거절감을 받으며 자라왔다. 자신은 태어나지 말아야 할 사람이란 거짓 메시지를 받아들이며 수치감 속에서 자신 없이 삶을 살아왔다. 하나님은 자매의 이러한 모든 상처를 치유하셨다. 그 자매는 지금 선교사로서 하나님의 사역에 적극적으로 임하는 일꾼이 되었다.

하나님은 이렇게 마치 텔레비전을 보는 것같이 선명한 그림을 통해 보여 주시기도 하지만 대부분 영감, 즉 내적 통찰력을 통해서 하나님의 뜻을 알 수 있도록 인도하신다.

하나님의 음성을 듣는 데 방해되는 것

하나님의 음성을 듣고 기도하는 데 방해가 되는 것은 불신앙, 고정 관념, 영적 무지, 두려움 등이다. 하나님이 우리에게 말씀하시길 기뻐하신다는 것을 믿지 않는다면 우리는 음성 듣는 것에 불안을 느끼거나 의기소침할 수밖에 없다.

하나님은 성경 외에 다른 방법으로는 말씀하지 않는다라든지 기도를 많이 하는 사람에게만 말씀하신다든지 하는 편견이나 고정 관념도 하나님의 말씀을 듣지 못하게 하는 장벽이다.

또한 영적 무지나 미성숙해서 듣지 못할 수도 있다. 예수님을 처음 믿은 1년 동안 나는 하나님의 음성을 듣기 위해 극단적으로 나아가면서 내가 들은 음성이 하나님의 음성인지, 사탄의 유혹인지 혹은 내가 원하는 것인지를 분별하는 데 혼돈을 겪기도 했다. 예를 들면, 학교 수업이 끝나면 집으로 돌아가는 것이 자연스러운 것처럼 우리가 하나님께 꼭 묻지 않아도 일반적으로 해야 할 일과 상황이 있다. 그런데도 나는 음성 듣는 것에 집착한 나머지 학교 정문 앞에서 '어디로 갈까요?' 묻다가 속살거리는 마귀 음성을 하나님의 음성인 줄 알고 실수를 하기도 했다.

마귀는 대체로 그 일을 하지 않으면 안 된다는 식의 강박 관념으로 몰아간다. 하나님의 성품을 공부하면서 이런 것들도 하나님의 음성이 아닌 것을 깨달았다. 마귀는 우리의 생각과 귀에 속살거리지만 하나님은 우리의 영혼에 평안과 확신으로 말씀하신다. 그리고 그것은 기록된 하나님의 말씀으로 확인할 수 있다.

만약 실수했을 때는 회개하고 다시 들으면 된다. 그런데 이 때에 많은 사람들은 마귀의 음성을 들을까 봐 하나님의 음성 듣기를 포기한다. 이런 실패의 두려움도 하나의 장벽이 될 수 있다.

실패하더라도 하나님 음성 듣는 것을 계속해서 연습해야 한다. 때가 되면 성숙하게 분별력을 가지고 들을 수 있게 될 것이다. 하나님의 음성을 듣는 것은 하나님의 성품 공부, 말씀 묵상 훈련, 소그룹 중보기도 모임을 통해 훈련받을 수 있다.

한국 교회 안에 소그룹 기도 팀을 일으키라

"서로 돌아보아 사랑과 선행을 격려하며 모이기를 폐하는 어떤 사람들의 습관과 같이 하지 말고 오직 권하여 그 날이 가까움을 볼수록 더욱 그리하자"(히 10:24-25).

"진실로 다시 너희에게 이르노니 너희 중에 두 사람이 땅에서 합심하여 무엇이든지 구하면 하늘에 계신 내 아버지께서 저희를 위하여 이루게 하시리라 두세 사람이 내 이름으로 모인 곳에는 나도 그들 중에 있느니라"(마 18:19-20).

이제는 실제적으로 교회 안에 하나님의 음성을 듣고 기도하는 소그룹 기도 팀을 일으키기 위한 방법을 나누도록 하겠다.

한국 교회의 부흥을 분명히 인식해야 한다

방법적인 것을 나누기 전에 먼저 교회에 도입할 때 가져야 할 태도를 살펴 보자. 신앙 훈련을 받고 나면 이전의 환경이나 사람들이 진부하게 여겨져 현실에 잘 적응하지 못하는 경우가 있다. 특히 예배 설교나 프로그램이나 기도에 대해 더욱 그렇게 느낄 때가 있다.

그러나 이러한 태도는 옳지 못하다. 교회 안에서 기존에 했던 기도가 지금까지 한국 교회를 부흥시켰고 자신을 만들었다는 것을 분명히 인식해야 한다. 그동안 쉬지 않고 했던 새벽 기도, 철야 기도, 구역 예배, 작정 기도들이 교회의 부흥을 일으킨 중요한 요소들이었다는 것을 인정하고 겸손해야 한다.

나는 '주여 삼창' 하는 통성 기도를 너무 인위적인 듯해서 부정적으로 생각했는데, 싱가포르 중보기도 학교에서 외국인들과 실습하면서 잘못된 생각임을 알았다. 그 학교에서는 통성 기도를 '코리안 프레어'라고 했다. 교장 선생님인 폴 호킨스는 나를 포함한 세 명의 한국 학생에게 '주여 삼창'을 선창하며 기도를 인도해 달라고 했다. 우리는 어색했지만 크게 세 번 '주여'를 외쳤다. 그랬더니 우리를 따라 크게 부르짖던 외국인들이 하나님의 임재 속으로 힘차게 들어가는 것을 볼 수 있었다. 이 후에 우레와 같은 기도가 이어지며 풍성한 기도의 시간을 가졌다(렘 33:3).

나는 그 일로 인해 기도하는 것은 어떤 모양이라도 판단해서는 안 되는 것임을 깨달았다. 펌프에서 지하수를 끌어올리기 위해서는 먼저 물 한 바가지를 부어주어야 하듯이 하나님의 임재 속에 들어가기 위해서 먼저 '주여' 혹은 '아버지!'라고 외치는 것도 필요하다. 이러한 노력을 통해서 하나님의 임재를 경험할 수 있는 것이다. 하나님이 약속하신 것이다.

어쨌든 하나님께 붙잡혀 그분의 임재 속에 들어가는 것이 필요하다. 그런 의미에서 부르짖는 기도, 통성 기도는 많은 열매를 맺었다. 그러나 이러한 기도가 개인의 필요에만 초점을 맞춘다면 기복으로 흐르는 기도, 주문처럼 중언부언하는 기도가 되기 쉽다.

소그룹에서 하나님의 음성을 듣고 하는 기도는 하나님의 뜻을 기다리며 다른 사람의 기도를 들으며 하기 때문에 내 중심적인 기도로 치우칠 염려가 없다. 특히 이러한 소그룹 기도를 통해 우리는 연합하는 것을 배우기도 한다. 두 가지 기도의 이런 장단점을 이해한 후 올바른 태도로 교회에 도입하는 것이 필요하다.

동역자를 구하라
함께 기도할 수 있는 동역자를 달라고 기도해야 한다. 2~3명이 시작해도 된다. 결단하고 모여 기도하면 적은 수일지라도 강팀이 될 수 있다. 배우자나 자녀하고 시작할 수 있다. 그러므로 교회 안에서 두 명이라도 함께 소그룹 기도를 시작하는 것이 중요하다. 그렇게 하면서 하나님이 더 많은 사람들이 참여할 수 있는 문을 열어주시도록 기다리는 것이다.

교회의 허락을 받아라
성도 2~3명이 모여 기도할 때는 문제가 되지 않지만 모이는 사람의 수가 늘어나기 시작하면 교회의 공식적인 허락이 필요하다. 그래야 기도 모임이 보호를 받을 수 있으며 더욱 신뢰받을 수 있는 통로가 된다. 먼저 목사님께 이런 기도 방법을 소개하거나 이해시키며 중보기도 책자 등을 선물하는 것도 좋다. 권위자는 모든 조직의 방패와 보호자가 될 수 있기 때문이다.

만약에 허락이 되지 않는다면 확산시키거나 조직화하지 마라. 허락을 받을 때까지 순종하고 기다리는 것이 오히려 하나님의 의를 이루는 방법이다. 그러므로 소그룹 기도를 도입하려는 사람이 교회에서 신뢰받고 인정받는 것이 중요하다.

나는 가끔 선교 단체에서 훈련받은 사람들이 교회 안에서 정착하지 못하고 방황하거나 교회와 갈등 관계에 놓일 때 마음이 아프다. 한 단체에서 기름 부음 받은 어떤 프로그램이 지역 교회 안에 들어가 열매 맺기를 주님은 원하실 것이다. 그런데 이 일은 겸손하고 충성되며 신뢰받는 사람을 통하여 가능하다.

소그룹 기도 팀의 팀원 모집과 훈련

이제 허락이 되었다면 여러 성도들에게 도전과 동기 부여가 될 수 있도록 중보기도 세미나와 강의 등을 열어서 말씀의 기반이 세워지도록 해야 한다. 강의를 들은 사람들 안에 자연스럽게 중보기도하고 싶은 마음이 일어나면, 이 때 자원하는 사람들을 모집한다.

모든 교인들이 참여하면 좋겠지만 도전받고 순종하는 사람들 중심으로 시작하는 것이 가장 좋다. 혹은 교회의 부서들이 자체적으로 이런 형태의 기도 방식을 도입하는 것도 좋다.

어느 교회는 중보기도 학교라는 프로그램으로 성도들을 모집해 훈련시키기도 한다. 나는 이것이 가장 바람직하다고 생각한다. 이 때 이미 훈련되고 준비된 다른 선교 단체들의 도움을 받는 것이 필요하다.

어떤 선교 단체는 훈련된 간사들이 팀을 이루어 사역한다. 한 지역 교회에서 그들을 초청하면 그들은 중보기도를 정착시키기 위해 일주일에 한 번, 4~8주 동안 돕는다. 오전에는 강사를 초청하여 강의를 듣고 오후에는 각 간사들이 한 조씩 맡아 실습을 시키는 것이다. 중보기도 학교의 컨설팅까지 해주는 경우도 보았다.

기도 팀의 확산

이제 기도 팀이 훈련되었다면 6~8명 단위로 여러 팀들을 만들어 확산시킨다. 리더를 세울 때는 잘 훈련되고 신뢰받는 사람이 세워질 수 있도록 주의해야 한다. 팀 리더의 자질과 영적 수준은 그 팀을 좌우할 수 있다.

유의해야 할 점
교회 안에 소그룹 기도 팀들이 일어날 때 배타적이며 이질감을 주지 않도록 해야 한다. 또한 신비주의에 빠져 한쪽으로 치우치는 일이 없도록 해야 한다. 언어 사용에 있어서 하나님의 음성을 들었다고 하는 것이 부담스럽다면 '성령의 인도하심을 받았다, 하나님께서 이런 깨달음을 주셨다' 등으로 바꿔 표현할 수 있다.

팀의 종류
일반 팀: 교회 안에 여러 종류의 기도 팀을 만들어 활성화시킬 수 있다. 이미 조직된 부서, 즉 남녀 선교회, 교회 학교, 중·고등부, 교사들 팀으로 만들어 기도할 수 있다. 어느 교회는 구역별로 책임지고 기도할 나라들(예를 들면 네팔 팀, 중국 팀, 몽골 팀 등)을 분할해 나누고 있다. 각 구역을 기도 팀으로 만드는 것이다.

교회 안에 어떤 특별한 목표나 사역이 있을 때 집중적으로 기도하는 팀을 만들 수도 있다. 예를 들면, 성전 건축, 교육관이나 청소년 센터 건축을 앞두고 기도 팀을 결성하는 것이다.

특히 요즘에는 지역 교회 안에 단기 선교를 다녀온 사람들이 많다. 그들이 다녀온 선교지를 중심으로 그 나라와 선교사를 위한 기도 팀을 일으키는 것은 매우 바람직한 일이다. 이 기도 팀들이 꾸준히 성실하게 모여 기도한다면 더욱 훈련된 소수 정예 기도 팀으로 발전할 수 있다.

소수 정예 팀: 기도에 대한 강한 부르심 속에 헌신한 사람들을 한 팀으로 만들어 정예 팀을 만들 수 있다. 이들은 교회, 국가, 열방 등 구체적인 부분에서 대가를 지불하며 파수꾼의 역할을 하고 담대하게 영적 전쟁을 할 수 있는 팀이다.

이런 팀에게 하나님은 비밀을 보여 주시며 사명을 감당할 수 있도록 특별한 은사를 부어주신다.

응답될 때까지 결코 포기하지 않는 것이 중요한 요점이다. … 계속해서 꾸준히 기도하지 않는 것이 하나님의 자녀들의 큰 결점이다. 하나님의 자녀들은 그분의 영광을 위해서 간구한 것을 받을 때까지 연합하면서 능력있는 기도를 해야 한다.

✢ 조지 뮬러

| 8부 |
중보기도자의 덫과
탐 마샬의 기도서클

중보기도자의 덫

> 하나님은 그분이 택하신 그릇을 중보의 삶으로 인도하시기에 앞서 육신적인 모든 것들을 하나도 남김없이 다스리신다.
> ✛ 리즈 하월즈

> 비록 아무리 겸손한 자세로 하나님께 아뢴다 할지라도 하나님께 불순종하는 삶을 사는 한 하나님은 그 사람의 기도에 응답하지 않으신다.
> ✛ A.W. 토저

일상 생활을 하다 보면 자신의 부주의로 적들의 계획에 따라 함정에 빠질 때가 있다. 요셉은 아버지의 사랑을 독차지한 데다가 형들이 시기할 만한 꿈을 두 번이나 꾸었기에 형제들의 미움을 사게 된다. 어느 날 아버지의 심부름으로 형들을 찾아간 요셉은, 시기심에 사로잡힌 형들이 파놓은 함정에 빠져 결국 노예로 팔려간다.

사냥꾼은 들짐승이 잘 다니는 길목에 함정을 파거나 덫을 놓는다. 짐승이 함정이나 덫에 걸리면 피를 흘리거나 큰 상처를 입고 죽게 된다. 이와 같은 함정과 덫이 중보기도자들에게도 있다. 함정과 덫에 걸리면 자신에게도 상처가 되고 또한 남을 살리는 중보기도가 아니라 자신을 소진시키는 역반응이 일어날 수 있다.

하나님은 성 무너진 데를 막아서며 수축하길 원하시지, 성을 쌓다가 돌에 깔리기를 원하지 않으신다. 결렬된 틈에서 기도하다가 그 사이로 떨어지는 것도 원치 않으신다. 하나님은 중보기도자들이 중보기도를 통해서 더욱 건강한 삶을 살고, 더 온전한 데로 나아가길 원하신다. 중보기도자들은 다음과 같은 함정과 덫을 조심해야 한다.

사랑의 결여

인간의 존재 목적은 온 마음으로 하나님을 사랑하고, 이웃을 내 몸처럼 사랑하는 것이다(마 22:37-40). 어느 신학자는 "그리스도인은 다른 사람을 위한 삶을 사는 존재다"라고 말했다. 그런 의미에서 중보기도는 남을 섬기기 위한 사랑의 기도이며 비이기적인 기도다. 사랑으로 하는 일은 수고가 아니라 기쁨이다. 힘들지 않고 자연스럽다. 물론, 대가를 바라지도 않는다.

나는 식사 준비를 할 때면 가족에게 맛있고 건강에 좋은 것을 주고 싶어서 이것저것 만든다. 가족을 사랑하기 때문이다. 기도도 이러한 동기에서 시작해야 한다. 숙제를 하듯이 의무감으로, 혹은 자기 자랑이나 정욕으로 기도한다면 심한 압박감을 느낄 수 있는 것이다.

예수님은 끝까지 제자들을 사랑하셨다(요 13:1). 자신을 배반할 가룟 유다까지도 끌어안고 발을 씻기며 사랑의 떡을 주셨다. 대제사장이신 그분은 유다로 인해 덫에 빠지지 않고도 제자들을 위해 중보하셨다. 십자가에 달려 돌아가시는 순간에도 사람들의 죄악을 용서해 달라는 사랑의 기도를 하셨다(눅 23:34).

우리는 세상이 변화되는 것을 보기 위해 예수님처럼 사랑의 동기로 기도해야 한다. 사랑에서 흘러나오는 기도가 개인, 가정, 직장, 나라, 세계를 변화시킬 수 있다. 사랑 없이 하는 기도는 중요한 함정 가운데 하나다(고전 13:2-3).

지나친 중압감

하나님은 기도하는 사람에게 짐을 지워주신다. 기도의 짐이란 중보기도자를 간절한 기도로 이끄시는 성령님의 부르심이다. 다시 말하면 성령님이 중보기도자에게 하나님의 관심을 느끼게 하시는 것이다. 중보기도자는 하나님이 주신 부담감을 감당해야 한다.

그러나 그 부담감에 눌린다면 사탄의 함정에 빠지는 것이다. 난공불락인 이슬람교, 힌두교, 라마불교 같은 영역을 기도하다 보면 너무 강하다거나 혹은 짐이 너무 무겁다는 느낌이 자주 찾아온다. 그리고 나의 기도가 과연 이런 견고한 세력을 무너뜨릴까 하는 의구심마저 생긴다.

더구나 장기간 기도했음에도 응답받지 못했다고 여겨질 때는 기도에 대한 회의를 느끼고 포기하기에 이르며 동시에 하나님을 불신하는 죄까지 짓게 된다. 이것이 마귀의 함정이다. 기도의 짐을 주시는 하나님은 그 짐을 지고 기도할 수 있도록 도와 주시는 분이시다.

"수고하고 무거운 짐진 자들아 다 내게로 오라 내가 너희를 쉬게 하리라 … 이는 내 멍에는 쉽고 내 짐은 가벼움이라"(마 11:28, 30).

"너희 염려를 다 주께 맡겨 버리라"(벧전 5:7).

중보에 대한 중압감에 눌리거나 그 눌림이 몸의 질병으로 나타나 두려움을 느낀 나머지, 이제 더 이상 기도의 짐을 지기를 원하지 않는다고 고백하는 사람들을 여러 명 만났다. 기도의 부담감에 눌려 무너지는 것은 하나님의 뜻이 아니다. 그러므로 부담감을 빨리 하나님께 올려드려 올무에 빠지지 말아야 한다. 하나님은 기쁨으로 날마다 우리의 짐을 지는 분이시다.

영적인 교만에 빠질 때

약속에 대해 책임지는 신실하신 하나님의 성품 때문에 우리는 기도의 응답을 받고, 크고 놀라운 일들을 경험하는 것이다. 그런데 기도 중에 하나님의 음성을 듣고 환상을 보는 등의 영적 체험을 했다면, 자아도취에 빠지며 신앙적인 우월감을 갖게 될 우려가 있다. 또한 자신과 비슷한 경험을 하지 않은 사람을 믿음이 연약하다든지 영적인 세계를 모른다고 하면서, 판단하거나 무시하기 쉽다. 자신이 기도했기 때문에 역사가 일어난 것이라고 자기의 의를 내세우는 사람도 있다.

영적인 교만이 있는 사람들은 마귀가 만들어 놓은 함정에 곧잘 빠진다. 교만은 독립적이어서 그리스도인 공동체의 질서 속에 순복하지 않게 하며 자기만의 영적 세계에 몰입하고 타락하는 결과를 가져온다.

이미 소천되신 예수원의 토레이 신부님은 아픈 사람을 위해서 기도할 때 여러 명이 합심해서 기도하도록 인도했다. 합심 기도의 능력을 믿기도 했지만, 치유가 일어났을 때 자기 의가 드러나지 않도록 하기 위한 것 같다.

바리새인은 자기 의에 빠져 기도했다. 그들은 기도할 때마다 매주 두 번 금식 기도한 것, 정확히 십일조를 한 것, 자신이 세리와 같지 않은 것을 드러내면서 자신의 업적과 의를 하나님께 진술했다. 그렇지만 예수님은 이런 바리새인보다 가슴을 치며 용서해 달라고 회개하는 세리를 더 의롭게 평가하셨다(눅 18:9-14).

만일 누군가가 40일간 금식 기도를 했다면 그것은 하나님의 은혜다.

매일 오랜 시간 기도하는 습관을 가졌다면 그것 또한 은혜다. 이렇게 기도하는 것은 참으로 귀한 일이며 이 모두가 하나님의 은혜인 것이다. 그런데 이런 것을 업적 삼아 다른 사람에게 반복해서 이야기하며 자신을 대단한 존재로 생각하고 평가받으려 한다면 교만의 수렁에 빠지게 될 것이다.

영적으로 교만한 사람은 남들을 영적인 열등의식에 빠뜨리기도 한다. 지도자의 영적 권위를 인정하지 않으며 현실을 등한시하는 신비주의에 빠지기도 쉽다.

이런 유혹이 올 때마다 수많은 권능을 행하면서도 자신을 드러내지 않으시고, 십자가에 못박혀 돌아가시기까지 순종하시고, 오직 하나님께만 영광을 돌렸던 예수님의 겸손을 묵상하라(빌 2:5-11). 겸손은 기도하는 사람에게 반드시 필요한 성품이다. 말없이, 드러내지 않으며, 온 세상을 품고 기도하는 중보기도자들이야말로 참으로 하나님의 사람들이다.

"왕 앞에서 스스로 높은 체하지 말며 대인의 자리에 서지 말라"(잠 25:6).

추측하는 것

자신이 다 안다고 착각하며 자신의 경험을 의지하면서 하나님이 하실 일에 대해 추측하여 말하거나 행할 수 있다. 그러나 하나님은 그리스도인들이 추측하는 죄에 빠져 하나님의 뜻을 혼미하게 하길 원하지 않으신다. 우리가 때마다 하나님의 음성을 들으며 기도하고 그대로 순종하며 행하는 것이 최선이다.

여호수아는 하나님의 음성을 듣고 출전하여 여리고 성에서 승리했다(수 6:1-5). 하지만 그보다 작은 아이 성 전투에서는 하나님의 음성을 듣지 않고 출전하였다가 패하였다(수 7:3-5). 여호수아는 여리고 성에서 승리했기 때문에 아이 성에서도 승리할 것이라고 추측했던 것이다. 그러나 자신의 잘못을 깨닫고 다시 하나님의 음성을 듣고 출전하여 승리를 쟁취한다(수 8:1-2).

여호수아가 하나님께 묻지 않고 기브온 족속들과 약조한 일이 있다(수 9). 곰팡이가 핀 음식과 해어진 옷과 신을 보며 먼 지방에서 왔다는 그들의 말을 그대로 믿고 약조를 맺었던 것이다. 그것 때문에 백성들의 원성을 샀고 가나안 족속을 다 멸하라는 하나님의 명령을 지킬 수도 없었다.

그러나 다윗은 많은 전투 경험이 있었음에도 항상 하나님의 음성을 들었다. 블레셋이 르바임 골짜기에 침입했을 때도 다윗은 하나님께 구체적으로 물었다. "치러 올라가도 되겠습니까? 그들을 제 손에 넘겨주시겠습니까?" 다윗은 '올라가라' 는 하나님의 응답을 받고 그들과 싸워 승리했고, 블레셋의 우상들을 모조리 불태웠다(대상 14:8-17).

제2차 블레셋 공격 때도 다윗은 추측하거나 자신의 경험에 의지하지 않고 하나님께 기도했다. 그럴 때 하나님은 그들 뒤로 돌아가서 뽕나무 꼭대기에서 걸음 걷는 소리가 나면 싸우라고 말씀하셨다. 싸워야 할 대상은 똑같았지만 하나님은 1차 전쟁과는 다른 전략을 주셨던 것이다.

영적 전쟁에서도, 싸워야 할 때가 있고 싸우지 말아야 할 때가 있다. 우리에게 맡기지 않은 전쟁일 수도 있는 것이다. 작은 일까지 하나님께 묻는 것이 다른 사람의 눈에는 미성숙한 어린아이처럼 보일지라도, 하나님께 묻고 그분의 음성을 듣고 행하는 것이 지혜다. 우리의 이성과 경험으로 조급하게 추측하고 하나님의 계획에 없는 것을 행할 때 함정에 빠지는 것이다.

신체적으로 약하고 피곤할 때
몸이 약해지면 마음도 약해지기 쉽고, 그러면 기도할 의욕 또한 잃게 된다. 제자들이 왜 겟세마네 동산에서 깨어 기도하지 못하고 시험에 들었는가? 마음은 원했을지라도 육신이 약하고 피곤하여 잠이 들었기 때문이다. 육체의 피곤은 원수에게 틈을 주는 문이 될 수 있다. 피곤하고 육체가 약할수록 더욱 기도하라고 하는 것은 지나친 생각이다.

하나님의 사람 엘리야는 하나님께 자신을 죽여 달라고 호소했다(왕상 19:4). 사실 엘리야는 갈멜산에서 바알과 아세라 선지자들과 영적 싸움을 하느라 육신적으로 피곤했다. 더구나 바알 선지자 450명을 기손 시냇가에서 죽이고, 비를 피하기 위해서 아합 왕이 탄 마차보다 27km 이상을 앞서 달렸다. 엘리야는 육신적으로 탈진되었던 것이다.

바로 이러한 때에 이세벨이 자신을 죽이려 하자, 그렇게도 용감했던 엘리야는 몸을 피해 달아났으며 하나님께 죽여 달라고 요청했다(왕상 19:4). 엘리야는 기도의 사람, 불의 사자였지만 육신이 피곤할 때 모든 것이 귀찮아지고 죽고 싶은 상태에까지 이르렀던 것이다.

하나님은 이런 엘리야에게 기도하라고 강요하지 않으셨다. 오히려 로뎀 나무 아래에서 잠을 재우고 또 요즘처럼 스포츠 마사지도 해주시고 먹을 것도 주셨다. 그리고 기력이 회복된 후에 새로운 사역을 맡기셨다(왕상 19:5-18).

육체가 허약하고 질병이 있다면 아무리 기도의 부담감이 크더라도 쉬면서 회복하는 시간을 갖는 것이 좋다. 몸을 돌보지 않고 극단적으로 기도하는 것은 중보기도자의 올무가 될 수 있다.

사람들로부터 기도의 대가를 받을 때

사람이 돈을 사랑하면 신앙이 흔들리기 쉽다(딤전 6:10). 가룟 유다도 돈에 대한 탐심 때문에 스승인 예수님을 은 30냥에 팔았다. 아간은 하나님의 명령을 어기고 은과 금과 외투 한 벌을 장막에 숨겨서 이스라엘 군대를 패하게 하고, 그의 가족들과 함께 아골 골짜기에서 비참한 최후를 맞이했다. 부자 청년도 재물이 많기 때문에 근심하며 주님의 제자가 되는 것을 포기했다. 에스겔 22장 25절에서는 선지자들이 사람의 영혼을 삼키고 돈과 보물을 탈취했다고 했다.

그러나 기도의 사람 엘리사는 고침 받은 나아만 장군이 수레에 가득 실린 보물을 주었으나 단호하게 거절한다(왕하 5:15-16). 그래서 계속 능력을 유지할 수 있었다.

기도하는 사람들이 다른 사람들을 위해서 기도하고 응답받을 때 그들은 하나님께 감사하기보다 기도한 사람에게 영광을 돌리며 사례를 하는 경우가 있다. 이 때 물질에 대한 탐심으로 삯꾼 선지자가 될 수도 있다. 그러나 재물을 단호히 거절하면, 엘리사처럼 하나님께 계속 쓰임 받는 사역자가 될 것이다. 돈을 좋아하는 바리새인처럼 돈과 물질에 탐심이 생기면, 중보기도자 역시 늪에 빠지게 된다.

100% 기도의 응답

기도하면 100% 다 응답받는다는 생각도 잘못된 오류에 빠지게 하는 함정이 될 수 있다.

아브라함은 소돔과 고모라의 심판을 거두어 달라고 기도했으나 하나님은 롯과 그의 가족만 구원해 주셨다. 모세도 금송아지를 만들어 우상 숭배하던 백성의 심판을 거두어 달라고 간구했지만 민족 전체의 멸함은 면해도 백성 중 3,000명이나 심판을 받았다. 아모스는 이스라엘 백성을 치시려는 하나님께 뜻을 돌이켜 달라고 기도하여 첫 번째, 두 번째 간구에는 응답을 받았다. 그러나 세 번째에는 기도할 새도 없이 다림줄의 환상을 통해 하나님의 심판에 관한 선언을 듣게 된다(암 7).

요단강을 건너고 싶은 모세의 간구와, 몸의 가시를 제해 달라는 바울의 간구를 하나님은 거절하셨다.

똑같은 헤롯의 핍박에 대해 요한의 아들 야고보는 죽임을 당하도록 침묵하셨고 베드로는 살려 주셨다.

하나님의 뜻대로 구하면 응답하신다(요일 5:14-15)는 말씀이 모든 기도에 다 응답하신다는 뜻은 아니다.

문제는 우리가 하나님의 뜻과 섭리를 모두 다 이해할 수는 없다는 것이다. 우리는 이 땅에서 하나님을 부분적으로 알고 예언할 뿐이다(고전 13:9).

1984년 LA 올림픽 때, 예수전도단에서는 200명이 전도 여행을 가려고 준비했다. 그러나 여권 받기가 어려웠던 그 당시에 외무부에서 여권을 내주지 않아 뜻이 좌절되었다. 그 때 이 전도 여행을 준비하며 이 팀을 인도했던 나는 하나님의 음성 듣는 것에 회의를 느끼며 응답하지 않으신 하나님을 원망했다.

그러나 하나님은 '부활'이라는 단어를 통해 나를 격려해 주셨다. 그 이후 세계로 나가는 문이 활짝 열리게 되어, 1996년 미국 애틀란타 올림픽에는 예수전도단에서 1,000여 명이 참석하게 되었다. 나는 개인적으로 이 일을 부활의 응답으로 생각하게 되었다.

우리는 2004년에 이라크에서 테러리스트들에 잡혀 있던 김선일 씨를 위해 살려달라고 간절히 기도했다. 그러나 그는 무참히 살해당했다. 그러나 김선일 씨의 죽음도 전능하신 하나님의 주권과 섭리에 달려 있음을 고백해야 한다. 선하고 인자하신 하나님이 김선일 씨의 순교의 피를 통해 이라크 땅에 아름다운 역사를 일으키실 것이다.

태풍이 온다는 소식을 들을 때 나는 우리 나라를 비껴가게 해달라고 간구한다. 내가 구한 대로 응답받은 적도 있지만, 어떤 때는 태풍이 우리 나라를 강타하기도 했다. 이 때 나는 기도가 부족하기 때문이라고 정죄감에 빠지지 않는다. 또한 기도에 응답하지 않으신 하나님을 원망하지도 않는다. 기도의 응답은 하나님의 주권임을 기억해야 중보기도자들이 함정에 빠지지 않게 될 것이다.

부정적인 면만을 보는 것

하나님은 중보기도자들이 기도할 수 있도록 국가나 교회 안의 부정적인 면을 볼 수 있는 감각을 주신다. 그런데 기도하는 사람들이 이 감각을 잘못 사용할 때 여러 사람에게 어려움이 될 수 있다.

어느 교회에서 세미나를 하는데 한 청년이 다가와 물었다. "이해할 수 없어요. 왜 기도 많이 하신다는 권사님들이 도리어 목사님과 교회에 대해 험담을 하고 다니실까요?"

난처한 질문이었다. 나는 "하나님이 교회를 위해 기도하라고 보여주신 것을 잊은 게 아닐까요? 좋은 뜻에서 이야기한다는 것이 마귀의 덫에 걸려들어 잡음을 만들어 내는 통로가 되고 만 거죠. 그렇지만 그 분들이 새벽 3시부터 나와서 교회를 위해 기도하는 헌신과 노력은 인정해 주고 감사합시다"라고 대답했다. 하지만 사실 이 권사님들은 하나님이 기도하라고 보여 주신 부정적인 부분을 여기저기에 이야기함으로 인해 소문을 만들어 내는 마귀의 덫에 걸린 것이다.

에스겔은 예루살렘 성전에서 한 이상을 보았다. 이스라엘 백성들이 하나님이 아닌 우상들을 섬기는 것에 대한 이상이었다. 이스라엘의 장로로부터 여인까지 우상에게 경배하는 것을 보신 하나님은 살육하는 기계로 이스라엘을 심판하고자 하셨다. 에스겔은 이스라엘을 판단하거나 정죄하지 않고, 대신 홀로 하나님께 부르짖어 기도했다. "오호라 주 여호와여 예루살렘을 향하여 분노를 쏟으시오니 이스라엘 남은 자를 모두 멸하려 하시나이까"(겔 9:8).

그렇다. 하나님은 기도하는 사람에게 사회 구석구석의 어두운 면뿐 아니라 한 개인의 죄까지도 보여 주실 수 있다. 그러나 이러한 영적 감각을 잘못 사용하여 판단하고 정죄하는 데 머문다면, 심지어는 다른 사람에게까지 부정적인 영향을 미치는 심각한 함정에 빠질 수 있다.

보는 것을 너무 의지하는 것과 좋았던 것만을 계속하는 것
"저가 그 본 것을 의지하여 그 육체의 마음을 좇아 헛되이 과장하고"(골 2:18). 골로새 교회의 문제점 중 하나는, 신비주의에 빠지도록 보는 것을 의지하게 하는 거짓 교사들의 가르침이었다.

기도할 때 가끔 환상을 보기도 한다. 이것은 하나님의 음성을 듣는 여러 통로 중 하나다. 그러나 이렇게 환상을 보는 것만 의지해서 기도한다면 균형 잡힌 기도 생활에 오류가 생길 수 있다. 영적인 특별한 경험을 일반화시킬 때는 그리스도 몸 안에서 융화되기 어려운 것이다.

나는 하나님께 헌신된 어느 모임에서 기도하는 시간을 가졌다. 그런데 그 모임의 사람들은 처음부터 끝까지 "무엇이 보이는데요?"라며 보이는 것만을 나누고 기도하였다. 그것은 건강한 기도가 아니다. 하나님의 깊은 마음을 헤아리며 드리는 기도는 보이는 환상만으로는 부족하다. 초자연적인 방법을 많이 경험한 기도 그룹은 이런 형태만 고집할 위험이 있다.

성령의 역사가 강하게 드러나면 만족감이 커질 수 있다. 만일 우리가 너무 초자연적인 역사만 생각하고 기도한다면, 보는 것을 통해서만 말씀하시는 하나님으로 제한할 수 있다. 그렇게 기도하지 않으면 기도한 것 같지 않다는 생각에 빠지게 되는 것이다. 그래서 기도할 때마다 더욱 큰 표적이 강하게 나타나기를 사모하게 된다.

그러나 하나님은 그분의 고유한 주권을 행사하시며 그분의 성품에 맞는 다양한 방법으로 균형 있게 말씀하신다. 참된 중보기도는 하나님 아버지의 마음을 품고, 그분의 뜻이 이 땅 위에 이루어지도록 하는 데 초점을 맞추는 것이다. 보는 것을 너무 의지하여 기도한다면 수렁 속에 빠지게 된다.

탐 마샬의 기도 서클

"가라사대 아버지여 만일 아버지의 뜻이어든 이 잔을 내게서 옮기시옵소서 그러나 내 원대로 마옵시고 아버지의 원대로 되기를 원하나이다 하시니"(눅 22:42).

중보기도 학교에서 들었던 여러 강의 중, 지금은 고인이 되었지만 당시에는 뉴질랜드의 장로님이셨던 탐 마샬(Tom Marshall)의 강의를 잊을 수가 없다. 참으로 인상적인 그분은 삶에서 묻어 나오는 가르침을 주었다. 특히 '기도 서클(Circle)'에 대한 강의를 듣고 적용하면서 기도 생활이 더욱 부요해졌다.

그 내용을 그림으로 그려 보면 다음과 같다.

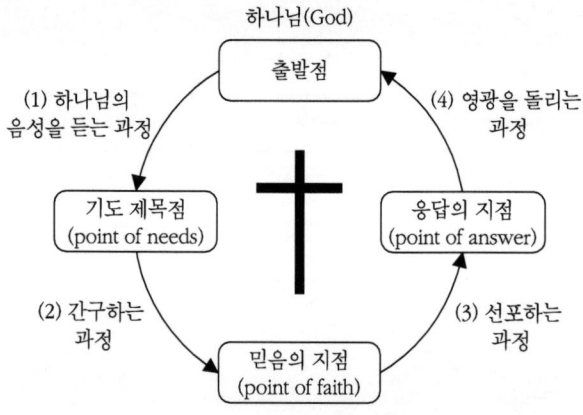

탐 마샬의 기도 서클 - (1) 하나님의 음성을 듣는 과정

기도를 시작할 때 우선적으로 고려해야 할 요소는 나의 소원이나 욕구가 아니라, 하나님의 뜻이다. 만일 그분의 뜻을 외면하고 자신의 욕구 충족을 위해서 기도한다면 응답을 기대하기가 어렵다(약 4:2-3). 사람들은 자신의 문제, 욕망, 필요를 기초로 기도 제목을 정하는 것에 익숙하다. 그러나 하나님은 그분의 마음과 의도를 알고 기도하는 것을 더 기뻐하신다.

효과적인 기도를 하고 싶다면 기도 제목을 스스로 정해서는 안 된다. 내가 결정한 기도 제목이 하나님의 뜻에 일치하지 않을 수 있으며 또한 덜 중요할 수 있다. 교회의 일 년 목표와 계획을 정할 때에도, 목사님을 포함한 지도자들이 먼저 하나님의 목표와 계획이 무엇인지 들어야 한다. 그리고 그것이 이루어질 수 있도록 분명하고 이해하기 쉽도록 기도 제목을 만들어서 성도들에게 나누어 주어야 한다.

한 가정에서도 1년 동안 주력해야 할 기도 제목을 하나님께 들어야 한다.

단기 선교 팀에서는 하나님께 들은 기도 제목을 기도 카드에 잘 정리하여 기도 부탁을 해야 한다.

탐 마샬의 기도 서클 - (2) 간구하는 과정

하나님께 들은 기도 제목, 약속의 말씀, 비전 등이 있으면 하나님이 그것을 이루실 것을 믿고 있지만 말고 기도로 구해야 한다.

에스겔 선지자는 이스라엘이 회복될 것에 대한 약속의 말씀을 선포했다. "너희 사면에 남은 이방 사람이 나 여호와가 무너진 곳을 건축하며 황무한 자리에 심은 줄 알리라 나 여호와가 말하였으니 이루리라"(겔 36:36).

그러나 하나님은 계속되는 말씀에서 그런 약속과 비전이 주어져도 이스라엘 족속이 자신들에게 이루어 주시도록 그분께 구해야 한다고 말씀하셨다. "나 주 여호와가 말하노라 그래도 이스라엘 족속이 이와 같이 자기들에게 이루어 주기를 내게 구하여야 할지라 내가 그들의 인수로 양 떼같이 많아지게 하되"(겔 36:37).

하나님은 이렇게 하나님의 뜻이라 할지라도 우리가 동참하여 구할 때 역사하신다. 우리의 마음에 하나님이 해주시겠다는 확신이 올 때까지 간구해야 한다. 이 때가 기도의 부담감이 사라지는 지점, 혹은 레마의 말씀을 받는 지점이다.

탐 마샬의 기도 서클 - (3) 선포하는 과정

믿음의 지점에 이르렀을 때 기도가 끝났다고 생각해서는 안 된다. 그 다음에는 아직 현실적으로는 응답이 오지 않았지만 하나님이 말씀하신 대로 응답하심을 믿고 감사하며 고백하는 과정이 필요하다. 또한 감정과 상황이 아닌 약속의 말씀을 붙들고 선포하는 것은 하나님과 동역하는 좋은 기회다.

하나님은 말씀으로 온 세계를 창조하셨다. 그리고 하나님은 그분의 형상대로 만든 우리에게도 부분적이지만 창조의 능력을 주셨다. 바로 우리 입술에 주신 권세다. "죽고 사는 것이 혀의 권세에 달렸나니"(잠 18:21).

우리의 선포에는 능력이 있다. 부정적인 말을 반복한다면 부정적인 상황이, 긍정적인 말을 반복한다면 긍정적인 상황이 만들어질 것이다. 긍정적인 말을 많이 듣고 자란 아이는 건강하지만, 부정적인 말을 많이 듣고 자란 아이는 비뚤어질 가능성이 높다. 말에는 능력이 있기 때문에 하나님의 말씀을 기반으로 기도하고 선포한다면 창조의 역사가 일어날 것이다.

탐 마샬의 기도 서클 – ⑷ 영광을 돌리는 과정

하나님이 주신 약속의 말씀을 붙들고 실제로 응답이 올 때까지 감사, 고백, 선포의 기도를 해야 한다. 그리고 응답을 받았다면 문둥병을 고침 받은 사마리아 사람이 예수님께 와서 감사하며 하나님께 영광을 돌렸던 것처럼(눅 17:15-16), 사람들에게 간증하며 하나님께 감사와 영광을 돌려야 한다.

탐 마샬의 기도 서클을 적용했던 경험

이 강의를 듣고 난 이듬해에, 방글라데시에 강사로 초청되었다. 나는 이 기도 서클을 적용하여 보았다. 방글라데시에서 강의하기 위해 기도해야 될 기도 제목이 무엇인지 하나님께 물었다. 여기가 **기도 제목** 점이다. 그러자 5가지 기도 제목이 떠올랐고 나는 우리 팀원들에게 기도 제목을 나누고 기도 부탁을 했다.

  5가지 기도 제목은 다음과 같다.

- 방글라데시의 선교사들
- 내가 해야 하는 강의
- 현지 조사
- 가는 데 필요한 재정
- 태국 난민촌에서 일하고 있던 김연오 선교사

그 기도 제목 중 재정이 응답되는 과정을 나누겠다. 재정을 위해 기도할 때 하나님은 100만 원을 구하라고 하셨다. 그래서 나는 간구의 기도를 했다. 다른 때 같으면 어느 시점이 되면 응답의 사인으로 작은 구름이 떠오르듯 재정의 일부가 채워지기 시작하는데, 이번에는 예정된 시간이 되어도 돈이 들어오지 않았다.

그래도 이 기도 서클대로 간구하며 묵상하던 중, 주님을 위해 열심히 일하는 자에게 먹을 것을 주지 않겠느냐(고전 9:9-11)는 말씀이 강하게 다가왔다. 하나님이 재정을 채워 주시리라는 내적인 확신이 생겼다. 이 지점이 **믿음의 지점**이다.

그런데 계속해서 재정이 채워지지 않았다. 이 때 인간적인 방법으로 돈을 구할까 하다가 기도 서클 그대로, 재정이 아직 다 채워지지 않았음에도 믿음으로 감사의 고백을 드렸다. "하나님이 채워 주실 줄 믿습니다." "공항에서라도 채워 주세요."

방글라데시로 떠나는 날, 재정이 완전히 채워지지 않은 채 공항으로 갔다. 그 때 한 자매님이 만 원은 빵을 사먹고, 30만 원은 여비에 보태라며 31만 원을 헌금해 주었다. 그 헌금을 통해 내가 후원받은 재정이 100만 원을 넘어섰다. 나는 말씀대로, 기도한 대로 채워 주시는 신실하신 하나님께 감사하며 영광을 돌렸다. 이 곳이 **응답의 지점**이다.

12일간의 강의 일정 동안 다섯 가지 기도 제목이 모두 이루어졌다. 강의가 목적이었지만 하나님은 선교사들을 위해 기도하도록 하셨고 현지에서 낙담하고 있던 선교사들을 돕는 데 나를 사용하셨다. 그리고 내가 선교사들을 위해 무엇을, 어떻게 기도해야 할지 구체적으로 배우게 하셨다.

물론, 강의도 잘 마쳤다.

현지 조사도 부족 목사님이 내가 간 그 시간에 맞춰 돌아오시는 등 방글라데시를 조사할 수 있도록 극적으로 인도해 주셨다.

재정도 채워 주셨다.

돌아오는 길에 태국 난민촌에서 선교하던 김연오 선교사를 만나 그의 사역을 돌아보며 기도하는 시간을 가졌다. 하나님은 개인 문제까지도 함께 해결받도록 인도하셨다.

효과적인 기도는 효과적인 응답을 가져온다.

그리스도인의 중보기도

지은이 이광임

2004년 12월 17일 1판 1쇄 펴냄
2022년 7월 27일 1판 32쇄 펴냄

펴낸곳 도서출판 예수전도단
출판 등록 1989년 2월 24일(제2-761호)
주소 서울특별시 관악구 신림로7나길 14
전화 02-6933-9981 · **팩스** 02-6933-9989
전자우편 ywam_publishing@ywam.co.kr
홈페이지 www.ywampubl.com

ISBN 89-5536-187-4

책값은 뒤표지에 있습니다.

본 저작물의 저작권은 도서출판 예수전도단에 있습니다.
잘못된 책은 바꾸어 드립니다.